Zu der Buchreihe «Kulturgeschichte der Naturwissenschaften und der Technik»

Naturwissenschaftliche und technische Gegenstände sind nicht eindeutig, sondern vieldeutig. Ihre humanen, sozial- und geistesgeschichtlichen Beziehungen zeigen sich nicht in Funktionsbeschreibungen. Ebenso sagt die rein fachliche Darstellung der Geschichte von Naturwissenschaft und Technik nichts aus über deren gesellschaftliche, wirtschaftliche und allgemein geistesgeschichtliche Voraussetzungen und über die sich ergebenden Konsequenzen. Demgegenüber versucht die gemeinsam vom Deutschen Museum und dem Rowohlt Taschenbuch Verlag herausgegebene neue Buchreihe ‹Kulturgeschichte der Naturwissenschaften und der Technik› auch jene Bezüge, welche die Fachgebiete übergreifen, zu beschreiben und durch Bilder zu veranschaulichen.

Die Bände richten sich an Lehrer und Ausbilder; doch sind sie so gestaltet, daß jeder interessierte Laie sie verstehen kann. Es zeigt sich, daß der Weg durch die Geschichte nicht eine zusätzliche Erschwerung des Lehr- und Lernstoffes bedeutet, sondern das Verständnis der modernen Naturwissenschaften und der Technik erleichtert.

Rudolf Lindner/Bertram Wohak/
Holger Zeltwanger

Planen, Entscheiden, Herrschen

Vom Rechnen
zur elektronischen Datenverarbeitung

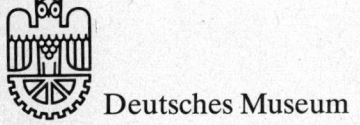

Deutsches Museum

Rowohlt

Die Buchreihe zur Kulturgeschichte der Naturwissenschaft und der Technik entstand im Rahmen zweier Projekte am Deutschen Museum, die vom Bundesminister für Bildung und Wissenschaft und der Stiftung Volkswagenwerk finanziell unterstützt wurden. Verantwortlich für die Konzeption der Reihe: Bert Heinrich, Friedrich Klemm †, Michael Matthes, Jürgen Teichmann. Die Interpretation der Fakten gibt die Meinung des Autors, nicht die des Deutschen Museums wieder.
Redaktion im Deutschen Museum: Bert Heinrich
Bildredaktion: Ludvik Vesely
Bildrechte: Rolf Gutmann
Redaktionsassistentin: Edeltraut Hörndl

Diese Veröffentlichung wurde mit Mitteln des Bundesministers für Bildung und Wissenschaft gefördert.

Originalausgabe
Umschlagentwurf: Werner Rebhuhn
(Holzschnitt aus A. Ries: Rechnung auff der Linihen und Federn, auff allerley handthierung gemacht ... Erfurt 1533, Titelblatt/Foto: Moderner Computer, Archiv Siemens)
Redaktion: Jürgen Volbeding
Layout: Edith Lackmann
Veröffentlicht im Rowohlt Taschenbuch Verlag GmbH, Reinbek bei Hamburg, Dezember 1984
Copyright © 1984 by Rowohlt Taschenbuch Verlag GmbH, Reinbek bei Hamburg
Satz Times (Linotron 202)
Gesamtherstellung Clausen & Bosse, Leck
Printed in Germany
1480-ISBN 3 499 17715 3

Inhalt

Einleitung

Als Anfang der fünfziger Jahre die ersten Computer für den Markt produziert wurden, kosteten sie mehrere Millionen Mark und wogen einige Tonnen. Nur ein kleiner Kreis hochqualifizierter Experten vermochte sie zu programmieren. Diese ‹geheimnisvollen› Geräte waren noch vor zehn Jahren fast ausschließlich in den klimatisierten Rechenzentren finanzkräftiger Organisationen zu finden. Heute kann man für nur wenige tausend Mark handliche und um vieles leistungsfähigere Personalcomputer kaufen. Die noch billigeren Heimcomputer wurden zum Renner des Weihnachtsgeschäftes 1983, und für viele Jugendliche sind Taschenrechner und Spielcomputer heute so selbstverständlich wie andere technische Geräte. Es zeichnet sich ab, daß der Computer in naher Zukunft ebenso ein Alltagsgerät sein wird wie die Bohrmaschine, die Schreibmaschine oder der Kühlschrank.

Neben diesem ‹Heimwerkermarkt› der elektronischen Datenverarbeitung wächst jedoch auch eine undurchschaubare Computerwelt. Kein Mensch weiß mehr, welche Institutionen über welche Daten von ihm verfügen und mit welchen Programmen und zu welchen Zwecken sie diese Daten verarbeiten. Die wachsende Sensibilität der Bürger gegenüber dieser als bedrohlich empfundenen ‹Verdatung› drückte sich in der Bundesrepublik Deutschland erstmals massiv in der Bewegung gegen die Volkszählung 1983 aus. Während die an ihr interessierten Kreise Kritiker als überängstlich, hysterisch oder gar verfassungsfeindlich hinstellten, gab das Bundesverfassungsgericht in seinem Urteil vom Dezember 1983 den Volkszählungsgegnern in wesentlichen Punkten recht und erklärte das Volkszählungsgesetz für teilweise verfassungswidrig.

Auch die betrieblichen Personaldatensysteme gerieten in den letzten Jahren in den Brennpunkt der Diskussion. Wie die Verfechter der Volkszählung argumentierten die Betriebsleitungen damit, daß sinnvolle Zukunftsplanungen ohne die Erfassung und Verarbeitung einer Vielzahl personenbezogener Daten nicht mehr möglich seien. Diese Meinungsverschiedenheiten entstehen aus der Grundsatzfrage nach dem *Wie* gesellschaftlichen Planens und Entscheidens. Sollen – im Zuge zunehmender Verdatung – zentralisierte und herrschaftliche Strukturen gestärkt oder aber Planungs- und Entscheidungsprozesse für die betroffenen Menschen durchschaubarer und damit beeinflußbarer gestaltet werden? Diese Frage stellen wir an den Beginn unseres Buches; unter diesem Leitthema haben wir die Entwicklung von den ersten Datenverarbeitungsverfahren zum Computer dargestellt.

Zeittafel

Zeit	Verfahren und Methoden (Software ○) sowie Geräte und Anlagen (Hardware +)	Zeit	Gesellschaftliche, wissenschaftliche und technische Entwicklungen im Zusammenhang mit Datenverarbeitungstechniken
Vor ca. 2 Mill. Jahren	○ Einfachste Formen von Denken und Sprechen	Vor ca. 300000 Jahren	Eiszeitliche Treibjagden
um 30000 v. Chr.	+ Älteste bekannte Werkzeuge Kerbzählung auf Knochen		
um 3000 v. Chr.	○ Erste Schreib- und Rechenverfahren + Schreibwerkzeuge und neue Schriftträger (Papyrus)	um 3000 v. Chr.	Staatsbildung und Anfänge der Verwaltung in Ägypten und Mesopotamien
1200 v. Chr.	○ Phönizische Alphabetschrift		
1100 v. Chr.	+ Chinesischer Abakus	1100 v. Chr.	Ausbreitung des Handels über den gesamten Mittelmeerraum
800 v. Chr.	○ Griechisches Alphabet mit Vokalen		
n. Chr. um 500	○ Einführung der Null und Stellenschreibweise in Indien	**n. Chr.**	
820	○ Erstes Buch über das Rechnen mit indischen Ziffern von Al Chwarazmi		
1202	○ Fibonacci bringt das Buch ‹Liber abaci› heraus (arabisches Zahlensystem in Europa)	ab 1200	Italienische Stadtrepubliken treiben Handel im gesamten Mittelmeerraum
×1494	○ Doppelte Buchführung von Pacioli		
		1519	Jakob Fugger finanziert die Wahl Karls V. zum deutschen Kaiser
1529	○ Adam Ries propagiert das arabische Zahlensystem in Deutschland		
1623	+ Schickard entwickelt die erste urkundlich erwähnte mechanische Rechenmaschine		
1643	+ Pascal führt in Paris seine mechanische Rechenmaschine vor		
um 1650	○ ‹Politische Arithmetik› (Statistik) von Sir Petty		
		1662	Gründung der wissenschaftlichen Akademie ‹Royal Society› in London
1673	+ G. W. von Leibniz führt vor der Royal Society in London seine mechanische Rechenmaschine vor		

Zeit	Verfahren und Methoden (Software ○) sowie Geräte und Anlagen (Hardware +)	Zeit	Gesellschaftliche, wissenschaftliche und technische Entwicklungen im Zusammenhang mit Datenverarbeitungstechniken
1679	○ G. W. von Leibniz erfindet das duale Zahlensystem		
um 1685	○ J. Bernoulli faßt in seinem Buch ‹Die Kunst des Vermutens› die damals bekannten Erkenntnisse über die Wahrscheinlichkeitsrechnung zusammen		
		1699	Die Londoner Witwen- und Waisenkasse berechnet ihre Beiträge mit Hilfe von Sterbetafeln
um 1750	○ D. Bernoulli entwickelt die Nutzentheorie		
		1790	Erste Volkszählung in den USA
		1801	Napoleon läßt in Frankreich und in den eroberten Gebieten eine Volkszählung durchführen
1812	+ Ch. Babbage entwirft das Konzept der ‹Difference Engine›	1806	Zweite französische Volkszählung
1820	+ C. Thomas beginnt mit der Serienherstellung von mechanischen Rechenmaschinen		
1833	+ Ch. Babbage stellt das Konzept der ‹Analytical Engine› vor		
ab 1848	○ Der Engländer G. Boole entwickelt eine formale Aussagenlogik	um 1848	In vielen Staaten werden statistische Ämter eingerichtet
		um 1880	Anfänge einer Büromaschinenindustrie in den USA
1883	+ H. Hollerith konstruiert eine Lochkartenmaschine		
		1890	Die 11. amerikanische Volkszählung wird mit Hollerith-Maschinen ausgewertet
		1914– 1918	Erster Weltkrieg: Die deutsche Kriegswirtschaft wird mit Hilfe von Lochkartenmaschinen geplant
		1933– 1945	Statistik und Lochkartentechnik werden zum Aufbau des nationalsozialistischen Herrschaftsapparats eingesetzt
1938	○ Entwicklung von Operations-Research-Verfahren in England ○ Der Amerikaner Shannon und der Russe Kolmogoroff entwickeln unabhängig voneinander eine ‹Theorie der meßbaren Information› + Erster mechanischer Rechenautomat von Zuse (Z1)		
1941	+ Fertigstellung der elektro-mechanischen Z3 durch Zuse		
1943	+ Entwicklung des Röhrenrechners ‹Colossus› in England	1943	Die Engländer brechen mit ‹Colossus› das Verschlüsselungssystem der deutschen Wehrmacht

Zeit	Verfahren und Methoden (Software ○) sowie Geräte und Anlagen (Hardware +)	Zeit	Gesellschaftliche, wissenschaftliche und technische Entwicklungen im Zusammenhang mit Datenverarbeitungstechniken
1944	+ Bau des Relaisrechners MARK I von Aiken		
1945	○ Konzept der Speicherprogrammierung (von-Neumann-Maschine)		
1946	○ Spieltheorie von O. Morgenstern und J. von Neumann + Fertigstellung des ersten amerikanischen Röhrenrechners ENIAC		
1947	○ Simplex-Methode von Dantzig + Entdeckung des Transistoreffektes	ab 1947	Verstärkte Computerentwicklungen mit Beginn des ‹Kalten Krieges›
		1948	Gründung der RAND-Corporation
1949	+ Erste von-Neumann-Maschine: EDSAC in England		
1950	+ SEAC: die erste von-Neumann-Maschine in den USA		
		1950–1953	Korea-Krieg: Einsatz der Simplex-Methode zur Planung des amerikanischen Nachschubs (Logistik)
1951	+ UNIVAC I (Magnetspeicher) + WHIRLWIND (MIT): Prototyp eines Computers für die Luftraumüberwachung		
1953	+ IBM 701 (Defense Calculator) für den militärisch-industriellen Komplex		
ab 1954	○ Entwicklung der ersten höheren Programmiersprache FORTRAN ○ Systemanalyse (einfache Kriegssimulationen)	ab 1954	Nach der Aufhebung des Verbots der Alliierten beginnt in der Bundesrepublik Deutschland die industrielle Produktion von Computern
1955	+ Erster Transistorrechner: TRADIC + Beginn der Entwicklung der Supercomputer LARC und STRETCH		
		1956	Die Bundesversicherungsanstalt für Angestellte (BfA) nimmt als erste öffentliche Behörde in der BRD einen Computer in Betrieb
1957	○ Netzplantechnik PERT + Magnetplattenspeicher Fertigstellung des computergestützten Luftraumüberwachungssystems SAGE in den USA	ab 1957	Beschleunigung der Entwicklung von Transistorrechnern durch den ‹Sputnik-Schock›
um 1957	○ Erste Betriebssysteme für Computer		
1958	○ Höhere Programmiersprache ALGOL		

Zeit	Verfahren und Methoden (Software ○) sowie Geräte und Anlagen (Hardware +)	Zeit	Gesellschaftliche, wissenschaftliche und technische Entwicklungen im Zusammenhang mit Datenverarbeitungstechniken
1959	+ Erste integrierte Schaltungen Beginn des Aufbaus eines computergestützten Raketenfrühwarnsystems mit IBM-Rechnern 7090 in den USA (BMEWS)		
1960	✗ ○ Höhere Programmiersprache COBOL		
1961	○ Erste Datenbanksysteme	ab 1961	Verstärkter Einsatz von Computern in der militärischen Verwaltung durch die Kennedy-Administration
		1961–1964	Der überwiegende Teil der mikroelektronischen Produktion der USA geht in die Raketenrüstung (z. B. Minuteman II-Projekt)
ab 1966	+ Auslieferung der ersten Computer IBM/360 mit Betriebssystem OS/360 + Erstes größeres Rechnerverbundnetz in den USA (ARPA)		
1968	○ Erste NATO-Tagung über Software-Engineering in Rom		
1970	+ Beginn der Entwicklung von Halbleiterspeichern	1970	✗ Erste Beratungen über ein Datenschutzgesetz in der BRD
1971	✗+ Der erste Mikroprozessor (INTEL 4004)	1972	Beginn des Aufbaus von INPOL
ab 1975	○ Das Bundeskriminalamt wendet zunehmend das Verfahren der ‹Rasterfahndung› an ○ Das Pentagon (USA) beginnt mit der Entwicklung der Programmiersprache ADA		
1977	○ Personalinformationssysteme + Erste Personalcomputer	1977	✗ Verabschiedung des Bundesdatenschutzgesetzes (BDSG)
		1983	Bürgerbewegung gegen die für April 1983 geplante Volkszählung. Das Bundesverfassungsgericht setzt die Volkszählung zunächst aus und erklärt im Dezember 1983 wesentliche Teile des Volkszählungsgesetzes für verfassungswidrig
		1984	✗ Die Ausgabe maschinenlesbarer Personalausweise an die Bürger der BRD wird auf 1985 verschoben

1. Der Beginn des Planens – Denken, Sprechen, Zählen

Die Entwicklung von Denken und Sprechen

In den sechziger Jahren dieses Jahrhunderts stießen amerikanische Archäologen in Zentralspanien auf Überreste mehrerer Treibjagden, die eiszeitliche Jäger vor rund 300 000 Jahren veranstaltet hatten: Tierknochen – u. a. die einer heute ausgestorbenen Elefantenart –, verkohltes Holz und Werkzeuge (Abb. 1). Aufgrund ihrer Funde konnten die Altertumsforscher die frühzeitliche Jagdtechnik rekonstruieren: Die Jäger trieben die Herden mit Feuer und Speerwürfen in ein Sumpfgebiet und erschlugen die Tiere, wenn sie sich im Morast kaum noch bewegen konnten. Nicht die Menschen flohen vor den ihnen körperlich weit überlegenen Elefanten, sondern die Tiere ergriffen die Flucht in den Sumpf, wie die Jäger es beabsichtigt hatten. Offensichtlich hatten sie ihre Aktion im voraus bedacht und besprochen, also ‹geplant›, und waren somit den ‹planlosen› Beutetieren überlegen. Die Jäger benötigten selbstverständlich zahlreiche Informationen für ihr Vorhaben, u. a. über die Eigenschaften und Gewohnheiten der Tiere, die Größe der Herde und die Lage und Ausmaße des Sumpfgebietes. Grundlage ihres Planens war eine gemeinschaftliche Verarbeitung dieser Informationen im Denken und im Gespräch.

Einfache Formen von Denken, Sprechen und Planen sind wahrscheinlich so alt wie die Menschheit. Schon die ersten Menschen, die vor etwa einer Million Jahre Werkzeuge schufen, ‹überlegten› sich zunächst zweckmäßige Formen der Faustkeile, bevor sie diese mit ihren ‹Händen› herstellten, und überlieferten mündlich die Techniken der Steinbearbeitung.

Die Gedanken und Worte der frühen Menschen sind uns nicht bekannt. Jeder Versuch, die Entwicklung von Denken und Sprechen bis tief in die vorgeschichtliche Zeit hinein zu rekonstruieren, blieb letztlich Spekulation (Lenneberg, 1977, Kap. 6); nur für die letzten Entwicklungsphasen lassen sich Grundzüge angeben. Da alle Rassen das gleiche intellektuelle Potential besitzen, hatten wahrscheinlich spätestens die gemeinsamen Vorfahren vor etwa 50 000 bis 30 000 Jahren die physiologischen Voraussetzungen zum Denken und Sprechen, die wir heute besitzen. Die unterschiedlichen Lebensformen aus diesem Zeitraum waren bei den heutigen Naturvölkern vermutlich noch teilweise vorhanden, als sie mit der westlichen Zivilisation in Berührung kamen. So lebten die Buschmänner Afrikas sowie die Ureinwohner Sri Lankas und Australiens wie unsere Vorfahren vor Zehntausenden von Jahren von der Jagd und dem Sammeln von Pflanzen. Andere Völker, z. B. einige Indianerstämme Amerikas, betrieben unterschiedliche Arten der Landwirtschaft (z. B. Brandrodung im Urwald, Anlegen künstlicher Bewässerungssysteme), die wahrscheinlich den jeweiligen Entwicklungsstufen der Nahrungsmittelproduktion seit etwa 10000 v. Chr. entsprechen. Mehr als 2000 Sprachen dieser Naturvölker sind uns bekannt.

Erstaunlicherweise befindet sich darunter keine einzige primitive Sprache; komplexe Sprachen gibt es deshalb wahrscheinlich schon seit einigen zehntausend Jahren. E. Sapir, ein Spezialist für die Sprachen von Naturvölkern, schrieb dazu:

«Nichts ist an der Sprache überraschender als ihre Universalität. Man kann darüber streiten, ob es Stämme gibt, die keine Religion oder keine Kunst haben, aber wir kennen kein Volk ohne eine vollentwickelte Sprache. Die primitivsten südafrikanischen Buschmänner drücken sich in den Formen eines reichen symbolischen Systems aus, das durchaus der Sprache moderner Franzosen vergleichbar ist» (Schwidetzky, 1973, S. 135).

1: Planen vor 300000 Jahren. Aus archäologischen Ausgrabungen wie hier bei Torralba und Ambrona in Zentralspanien wurden die Methoden der vorgeschichtlichen Großtierjagd rekonstruiert. Die Jäger trieben die Tiere (abgebildet sind Knochenreste einer riesigen, heute ausgestorbenen Elefantenart mit drei Meter langen Stoßzähnen) in einer geplanten Aktion mit Feuer und Speerwürfen in ein Sumpfgebiet und erlegten sie dort.

Der Reichtum dieses ‹symbolischen Systems› wird durch einen Vergleich mit den Kommunikationsmöglichkeiten unserer nächsten tierischen Verwandten deutlich. Im Gegensatz zu Menschenaffen können Menschen sich zeitlich und räumlich entfernte Gegenstände, die sinnlich nicht erfaßbar sind, ‹vorstellen›. Die Anführungszeichen sollen deutlich machen, daß der Vorgang durch ein Sprachbild treffend beschrieben wird: Man stellt den nicht vorhandenen Gegenstand gedanklich vor sich. Nur auf dieser Grundlage sind Planungen für die Zukunft möglich. Um über etwas Unsichtbares sprechen zu können, muß man ein Zeichen benutzen, dessen ‹Bedeutung› auf den Gegenstand verweist, so wie man auf einen sichtbaren Gegenstand mit dem Finger deuten kann. Zwar stoßen auch Tiere Schreie aus, z. B. Warnrufe, die eine bestimmte Bedeutung haben, sie können jedoch keine neuen Lautzeichen erfinden. Menschen können dagegen neue Zeichen und neue Wörter bilden, um bisher ungesagte Dinge auszudrücken. Schließlich können Menschen dieses Zeichensystem als Teil ihrer Kultur sprachlich vererben.

Die vorgeschichtlichen Jägerhorden bestanden höchstens aus einigen Dutzend Menschen, da jeder Jäger rund 20 km^2 Jagdgrund für eine ausreichende Ernährung benötigte. Die ersten Dörfer, die mit der Entwicklung der Landwirtschaft entstanden, hatten wohl nicht mehr als einige hundert Einwohner; in einem der ältesten ausgegrabenen Dörfer bei Qalat Jarmo in Mesopotamien wohnten beispielsweise um 7000 v. Chr. rund 150 Menschen. In diesen überschaubaren vorgeschichtlichen Gesellschaften gab es kaum eine soziale Schichtung. Die Informationstechniken waren Allgemeingut, die Pläne und Entscheidungen für jedermann verständlich. Meist wird dieser Gesichtspunkt nicht erwähnt, da er selbstverständlich erscheint. Wir betonen ihn, da die später in den herrschaftlich organisierten Gesellschaften entwickelten Datentechniken meist nur von der Elite beherrscht wurden und die Pläne und Entscheidungen dieser herrschenden Gruppen für die Mehrheit der Bevölkerung oft nicht verständlich waren.

Der Beginn der Datenverarbeitung – das Zählen

Beim Planen wird ein Ziel und seine Verwirklichung gedanklich vorweggenommen; wir benutzen dazu heute ein überwiegend quantitatives Denken und eine Fülle von Zahlen. Die älteste bekannte Zahl findet sich auf einem Wolfsknochen (Abb. 2), auf dem wahrscheinlich ein eiszeitlicher Mammutjäger vor rund 30000 Jahren die Anzahl der erlegten Tiere notierte. Ebenso wie Kellner heute für jedes Bier einen Strich auf dem Bierdeckel machen, schnitt der Jäger für jedes Tier eine Kerbe in den Knochen; auch eine Bündelung (heute üblicherweise ‖‖‖) nahm er vor: Die

Zahl 25 ist durch einen längeren Strich gekennzeichnet. Diese Kerbtechnik war wohl in vorgeschichtlicher Zeit weit verbreitet. Unser Wort ‹Zahl› stammt von dem indogermanischen Verb für ‹kerben› oder ‹schnitzen› ab und bedeutete ursprünglich Eingekerbtes oder Einschnitt.

Der eiszeitliche Jäger konnte zwar 55 erfolgreiche Jagdzüge auf dem Knochen vermerken, aber es ist unwahrscheinlich, daß er die Zahl fünfundfünfzig aussprechen konnte. Naturvölker, die die Lebensweise und Gesellschaftsform der vorgeschichtlichen Jäger und Sammler bis heute beibehalten haben, beherrschen nur sehr einfache sprachliche Zähltechniken. Die Wedda-Pygmäen in Sri Lanka, deren Name ‹Wedda› von dem Sanskrit-Wort für Jäger ‹vyadha› abstammt, verfügen sogar nur über ein einziges Zahlwort für die Eins und zählen ähnlich wie der eiszeitliche Mammutjäger. Sie legen für jeden Gegenstand ein Stäbchen zur Seite oder machen einen Strich in den Sand und sagen dazu jedesmal ‹ekemai›, ‹das ist eins›. Die Eingeborenen Australiens, ebenfalls Jäger und Sammler, besitzen nur Zahlwörter für kleine Zahlen. In keiner der mehreren hundert australischen Eingeborenensprachen gibt es ein höheres Zahlwort als ‹vier›. In vielen Sprachen wird nur gezählt ‹eins, zwei, viele›, andere Stämme zählen ‹eins, zwei, zwei und eins, zwei und zwei›.

Trotz des fehlenden oder mangelhaften Zahlensystems können diese Menschen Quantitäten erfassen. M. Dobritzhoffer (1717–1791), Jesuitenmissionar bei Indianerstämmen im heutigen Paraguay, schrieb vor rund zweihundert Jahren eines der ersten ethnologischen Bücher mit dem Titel ‹*Geschichte der Abiponen*›. Er berichtete darin auch von den Versuchen der Patres, den Abiponen das Rechnen beizubringen.[1] Obwohl diese einige höhere Zahlwörter kannten, war ihnen das Rechnen fremd und fast widerwärtig. Um so überraschter war der Jesuit, als er feststellte, daß sie Quantitäten erfassen konnten, ohne zu zählen:

«Sowie sie beim Aufbruch zur Jagd im Sattel sitzen, schauen sie um sich herum, und wenn einer der zahlreichen Hunde, die sie hatten, fehlen sollte, so beginnen sie ihn zu rufen ... Ich habe es oft bewundert, wie sie, ohne zählen zu können, trotz der beträchtlichen Meute auf der Stelle sagen konnten, daß ein Hund dem Ruf nicht Folge geleistet habe» (Hartner, 1968, S. 86).

Vermutlich war ein Abipone viel ausgeprägter zur quantitativen und ganzheitlichen Wahrnehmung fähig, als wir dies heute sind:

«In der Vorstellung, die er davon hat, wird die genaue Summe dieser Wesen oder Gegenstände implicite enthalten sein; es ist dies gleichsam eine Qualität, durch die sich die Menge von einer anderen Menge unterscheidet ...» (Hartner, 1968, S. 86).

Etwa um 10 000 v. Chr. begann im Vorderen Orient die landwirtschaftliche Produktion. Die Bauern mußten dabei auch quantitativ planen, u. a. weil ein bestimmter Anteil der Ernte als Saatgut aufgehoben und bestimmte Zeiten für die Aussaat eingehalten werden mußten. Bei den heutigen Naturvölkern, die Landwirtschaft betreiben, gibt es eine Vielfalt unterschiedlicher Zählweisen, die einen Eindruck von der Entwicklung am Ausgang der Vorgeschichte geben können. Bei vielen Stämmen wird mit einer Mischung aus Wörtern und Gebärden gezählt, z. B. bei einem Papuastamm auf Neuguinea, bei dem die Zahlen 1 bis 22 durch Körperteile, von der rechten Hand ausgehend, über die Schulter, das Gesicht, linke Schulter und Arm, bis zur linken Hand, charakterisiert werden.

1	anusi	=	kleiner Finger der rechten Hand
2 ⎫			⎧ Ringfinger
3 ⎬ doro	=	⎨ Mittelfinger
4 ⎭			⎩ Zeigefinger

usw. bis

22	anusi	=	kleiner Finger der linken Hand

‹Anusi› und ‹doro› sind Wörter für Finger und keine echten Zahlwörter; zur Unterscheidung zwischen 1 und 22 bzw. 2, 3 und 4 muß der Zählende auf den jeweiligen Finger zeigen. Andere Stämme können ohne Gebär-

17

den zählen, ihre Zahlwörter gelten jedoch nur für eine Gruppe von Gegenständen. Wir können heute mit unseren abstrakten Zahlwörtern ganz unterschiedliche Gegebenheiten zählen, z. B. drei Männer, drei Tage, drei Ideen, und lassen dabei außer acht, daß Männer, Tage und Ideen eine jeweils andere Beschaffenheit haben.

Bei Naturvölkern gibt es dagegen mehrere Zählreihen für unterschiedliche Gruppen von Gegenständen. So verwenden einige Indianersprachen Kanadas bis zu zwanzig unterschiedliche Zählreihen für beladene oder bemannte Boote, gefüllte oder leere Schalen, Mengen im Haus oder am Strand usw.

Auf den ersten Blick scheint eine solche Zählweise umständlich zu sein; bei genauerem Hinsehen wird jedoch die Funktion solcher Unterscheidungen deutlich. Ein Beispiel dafür liefert die Sprache der Hopi-Indianer, einem Stamm der Pueblo-Indianer im Südwesten der USA, die in autarken Dörfern leben (Pueblo ist das spanische Wort für Dorf). Sie besitzen ein abstraktes Zahlensystem, dessen höchste Einheit 400 ist; größere Zahlen wie etwa 1984 sind für sie kaum vorstellbar und offensichtlich unnötig. Nach den Untersuchungen des amerikanischen Linguisten Whorf (1963, S. 80) unterscheiden sie beim Zählen zwischen den Qualitäten von Raum und Zeit: räumliche Gegenstände werden mit Kardinalzahlen (eins, zwei, drei), zeitliche Abläufe dagegen mit Ordinalzahlen (erster, zweiter, dritter) erfaßt. Ein Hopi-Indianer sagt also nicht ‹nach drei Tagen›, sondern statt dessen ‹am vierten Tag›. Whorf vermutete, daß der andere Umgang mit der Zeit, den die Hopi-Indianer pflegen, sich auch in dieser Zählweise ausdrückt: Vorhaben, die die Zeit in kleine Einheiten aufteilen oder sie daraus zusammensetzen, wie Akkordarbeit, Terminplanung oder Zeitmessung bei Wettläufen, sind in der Hopi-Kultur nicht üblich. Die Bedeutung des Zählens und die Planung der Landwirtschaft beschrieb der Hopi-Indianer Talayesva in seiner Autobiographie:

«Bis zwanzig lernte ich an meinen Fingern und Zehen zählen. Nur so hoch gingen wir. Wollten wir etwa vierundvierzig ausdrücken, so pflegten wir zu sagen: zwei Zwanziger und vier. Beim Messen sagten wir ‹einen Finger breit› für ungefähr einen Zoll, ‹die Spanne vom Daumen zum Mittelfinger› für etwa sechs Zoll ... Weite Entfernungen zählten wir nach Schritten ...

Eine weitere wichtige Aufgabe war, den Verlauf der Zeit oder der Jahreszeiten durch Beobachtung der Punkte am Horizont zu verfolgen, an denen jeweils die Sonne auf- und unterging. Der Punkt des Sonnenaufgangs am kürzesten Tag des Jahres hieß das Winterheim der Sonne, und der Punkt des Sonnenaufgangs am längsten Tag ihr Sommerheim. Der alte Talasemptewa, der fast blind war, pflegte draußen auf dem Dach des dafür bestimmten Sonnenklanhauses zu sitzen und das Fortschreiten der Sonne zu ihrem Sommerheim zu beobachten. Für jeden Tag löste er einen Knoten in einem Bindfaden. Wenn die Sonne über bestimmten Mesagipfeln aufging, gab er die Losung aus, daß es an der Zeit wäre, Süßmais zu pflanzen, gewöhnlichen Mais, Brechbohnen, Melonen, Kürbisse, Limabohnen und anderes.

An einem bestimmten Tag verkündete er dann, daß es nun zum Pflanzen überhaupt zu spät wäre» (Gipper, 1972, S. 195).

Die vorgeschichtlichen Menschen kamen bei ihren Planungen offensichtlich weitgehend ohne Zahlen und Rechnungen aus. Die größten benutzten Zahlenwerte entsprachen der Anzahl der Menschen in den Gemeinschaften oder waren sogar kleiner: unter zehn bei vielen Jäger- und Sammlerkulturen und bis zu mehreren hundert bei entwickelter landwirtschaftlicher Produktion. Die soziale und natürliche Umwelt war für die frühen Menschen überschaubar; die zum Planen notwendigen Informationen konnten sie unmittelbar mit ihren Sinnen einholen.

2. Rechnen und Schreiben in den Verwaltungen der Antike

Etwa eine Million Jahre lang hatten die vorgeschichtlichen Jäger und Sammler in kleinen Gruppen zusammengelebt und ihre Pläne, z. B. für die Großtierjagd oder die Herstellung von Werkzeugen, fast ohne Zahlenangaben bedacht und besprochen. Nach dem Beginn der landwirtschaftlichen Produktion vor rund 12 000 Jahren war zwar die Anzahl der Menschen, die jetzt in Dörfern zusammenwohnten und ihre Handlungen absprechen mußten, bis auf jeweils einige hundert angewachsen, ihre Pläne waren jedoch überschaubar und die Bedeutung abstrakter Zahlen gering geblieben. Etwa 9000 Jahre später trat eine im Vergleich zur langen Dauer der Vorgeschichte nahezu schlagartige Änderung ein: Es entstanden Großreiche und Stadtstaaten mit Millionen bzw. Zehntausenden von Einwohnern, zuerst um 3000 v. Chr. in Mesopotamien und Ägypten, später u. a. in Indien (um 2500 v. Chr.), in China (um 1500 v. Chr.) und in Mittelamerika (Maya-Kultur um Chr. G.). Jetzt mußte nicht mehr für die Ernährung Dutzender oder Hunderter, sondern Hunderttausender oder Millionen von Menschen gesorgt werden; zum Bau von Bewässerungsanlagen und Tempeln zog man bis zu 100 000 Menschen heran. Die Pläne dafür wurden nicht mehr gemeinschaftlich, sondern in den Verwaltungen der königlichen Herrscher erstellt. Während also, bildlich gesprochen, in vorgeschichtlicher Zeit einige zehn oder hundert Augen- und Ohrenpaare Informationen aufgenommen, ebenso viele Gehirne diese Informationen verarbeitet und ebenso viele Paare von Händen die Arbeiten ausgeführt hatten, mußte jetzt ein einziger Verwaltungsbeamter die Arbeit für eine Vielzahl von Menschen planen und ihre Versorgung mit Nahrungsmitteln organisieren. Für die Verwaltungsbeamten wurden die Planungsaufgaben unüberschaubar; um planen zu können, mußten sie die Wirklichkeit vereinfachen: Menschen und Gegebenheiten wurden standardisiert, Vorgänge quantifiziert und anhand einer Buchhaltung kontrolliert. Für das ägyptische Reich ist diese Entwicklung genau untersucht worden (Eggebrecht, 1980; Helck, 1958; Helck, 1968; Helck, 1975).

Herrschaft, Verwaltung und Buchführung
im alten Ägypten

Im 5. Jahrhundert v. Chr. bereiste der griechische Historiker Herodot Ägypten; von ihm stammt die treffende, immer wieder zitierte Formulierung, Ägypten sei ein ‹Geschenk des Nils›. Ohne das Wasser des Nils und den fruchtbaren Schlamm, den er aus den Gebirgen Äthiopiens mitbrachte, wäre das Land eine riesige Wüste gewesen. Die Bewässerung und Düngung des Bodens besorgte der Nil selbst: Er trat jedes Jahr, wenn der im Frühjahr in Äthiopien gefallene Monsunregen abfloß, für drei Monate über die Ufer und lagerte beim Rückgang des Hochwassers fruchtbaren Schlamm ab. Das Niltal war jedoch kein Schlaraffenland. Die Bauern mußten den Flußlauf regulieren, da die Schwankungen des Hochwasserpegels zu Flut- oder Dürrekatastrophen führen konnten, und Sümpfe trockenlegen, um neues Ackerland zu gewinnen. Beim Trockenlegen der Sümpfe, beim Bau der Deiche, Kanäle und Wasserbecken arbeiteten die Einwohner vieler Dörfer zusammen. Die Beherrschung des Nils führte innerhalb weniger Jahrhunderte zu größeren politischen Einheiten und damit letztlich zur Entstehung eines Staatswesens und politischer Herrschaft. Noch um 3500 v. Chr. gab es im Niltal voneinander weitgehend unabhängige Bauerndörfer, später bildeten sich Königreiche in Ober- und Unterägypten (im oberen Niltal bzw. im Delta), die um 3000 v. Chr. ein König namens Narmer vereinigte. Zu Beginn dieser Umwälzung konnten die Ägypter weder schreiben noch mit hohen Zahlen zählen, innerhalb von wenigen Jahrhunderten wurden die Grundzüge der ägyptischen Hieroglyphenschrift und ein Zahlensystem mit Zahlenwerten über eine Million entwickelt. Wie eng Schrift-, Zahlen- und Staatsentwicklung zusammenhängen, wird auch daran deutlich, daß eine der ersten Inschriften und die allerersten Zahlen, die aus Ägypten überliefert sind, einen unmittelbaren Bezug zur Reichseinigung hatten. Der Name des Königs Narmer wurde auf eine Schminkplatte geschrieben – er war damit einer der ersten Menschen, deren Name erhalten geblieben ist –, auf der die Eroberung Unterägyptens dargestellt ist (Abb. 3). Auf einer Prunkkeule des gleichen Königs wurde die enorme Beute dieser Eroberung notiert (Abb. 4): 120000 Gefangene, 400000 Rinder und 1422000 Ziegen. Die Bevölkerung Ägyptens betrug nach diesen Zahlen offensichtlich einige hunderttausend bis einige Millionen Menschen (Helck, 1975, S. 98 ff).

Zunächst konnte der König seine Herrschaft über diese vielen Untertanen nur begrenzt ausüben. Zwar war die besiedelte Fläche mit nur einigen 10000 km^2 deutlich kleiner als das heutige Bayern, aber mehr als 1000 km lang. Die Bauern erlebten deshalb ihren Herrscher anfänglich nur alle zwei Jahre, wenn er turnusgemäß durchs Land reiste, Recht sprach und Abgaben eintrieb. Die Entwicklung der Verwaltung begann erst, als der

3: Reichseinigung und Beginn der Schriftentwicklung in Ägypten; Schminkpalette des Königs Narmer, um 3000 v. Chr. In dieser symbolischen Darstellung der Reichseinigung erschlägt der siegreiche König, der die Krone Oberägyptens trägt, einen Gegner; ihm folgt links ein Diener und unter seinen Füßen liegen zwei besiegte Gegner. Ein Falke führt dem König ein Fabelwesen zu, das auf dem Rücken Papyrusstauden trägt. Diese Palette ist eine der ältesten Belege für die Schriftentwicklung in Ägypten. Das Fabelwesen ist ein Symbol für das ‹Papyrusland› Unterägypten und bei den Figuren befinden sich Schriftzeichen. Über der Figur des Königs ist eine Palastfassade gemeißelt, in der vermutlich der Name des Königs Narmer durch einen stilisierten Fisch (ägyptisch nar) und Meißel (ägyptisch mer) angegeben ist.

4: Reichseinigung und Zahlensystem; Triumphkeule des Königs Narmer, um 3000 v. Chr. In der Mitte thront der König Narmer auf einem hohen Podest; er trägt die Krone Unterägyptens. Rechts daneben ist die Beute bei der Eroberung Unterägyptens aufgeführt: Ein Königskind in einer Sänfte, 400 000 Rinder (ein Rind und darunter viermal die Kaulquappe, das Zahlzeichen für 100 000), 1 422 000 Ziegen (eine Ziege und rechts davon das Zahlzeichen für eine Million, darunter viermal das Zahlzeichen für hunderttausend, zweimal für zehntausend und zweimal für tausend) und 120 000 Gefangene (rechts unten die Zahlzeichen für einhunderttausend und zweimal für 10 000). Das ist die älteste bekannte Darstellung einer Zahl in Ägypten.

König in eine feste Residenz zog und die Rechtsprechung und die Erhebung der Abgaben an Beamte delegierte. Aus dieser Zeit sind die ersten Zählungen von Menschen und Vieh zur Festlegung der Höhe der Abgaben überliefert. Die Bürokratie wuchs erstaunlich rasch. Mit dem Beginn der 3. Dynastie um 2650 v. Chr. erfaßten die Verwaltungsbeamten die gesamte Bevölkerung in Listen. Für die Vereinfachung der geplanten Bauvorhaben wurde wahrscheinlich ein großer Teil der Bevölkerung aus ihren angestammten Dörfern in geplante Domänen zwangsweise umgesiedelt, und aus ehemals freien Bauern wurden Hörige.[2] Von dort konnten die Bauern leicht für öffentliche Arbeiten rekrutiert werden. Während der dreimonatigen Überschwemmungszeit, in der auf den Feldern nicht gearbeitet werden konnte, waren nach Angaben Herodots allein beim Pyramidenbau etwa 100 000 Menschen beschäftigt.

«So wurde nicht nur eine allumfassende Beamtenhierarchie geschaffen, sondern man war bestrebt, jeden einzelnen Einwohner des Landes zu erfassen. Noch am Ende der 3. Dynastie ... lebten ... die Ägypter noch weitgehend in ihren alten gewachsenen Dörfern, deren Namen uns z. T. unverständlich sind. Jedoch waren sie alle bereits schriftlich erfaßt; in der Residenz lagen die Akten mit den Angaben über jede Person im Lande. Damit war die Möglichkeit gegeben, die alten Dörfer aufzulösen und ihre Einwohner zu versetzen. Damals wurden an vielen Stellen Ägyptens neue Güter angelegt und innere Kolonisation betrieben, für die die Menschen aus ihren heimatlichen Dörfern ausgehoben wurden. Damit wurde die Möglichkeit gegeben, die großen Bauunternehmen der 3. und 4. Dynastie durchzuführen. Denn nur, wenn genügend Lebensmittel, Kleidung, Schuhwerk, usw. produziert wurden konnten die Arbeitermassen zusammengezogen werden, die den Bau der Pyramiden durchzuführen hatten. Es setzte eine straffe Organisation der gesamten Bevölkerung voraus, die von einem Tag zum anderen versetzt werden konnte, sowie eine durchgreifende Planung für den Getreideanbau wie für die Handwerkerstuben» (Helck, 1968, S. 85).

Geplant wurde nicht nur die Umsiedlung der Bevölkerung und die Rekrutierung zur Arbeit, sondern auch die Versorgung mit den Grundnahrungsmitteln Bier und Brot; die Arbeiter erhielten sogar täglich neue Sandalen, die im heißen Wüstensand offensichtlich schnell verschlissen. Aus dieser Zeit sind kaum Verwaltungsakten erhalten geblieben. Die Erfassung der Bevölkerung, die Umsiedlung und Rekrutierung Hunderttausender von Hörigen und ihre tägliche Versorgung muß jedoch eine Unmenge von Kontrollen, Schriftvorgängen und Buchungen erfordert haben.

Dieses starr zentralisierte alte Reich existierte mehr als 500 Jahre; nach seinem Zerfall[3] entstand um 2050 v. Chr. ein neuer zentralisierter Staat mit neuen Organisationsformen. Die Bauern wurden nicht mehr als Hörige behandelt; sie erhielten von unterschiedlichen Institutionen Land als Lehen, mußten dafür Steuern zahlen, und zwar direkt in Naturalien,

5: Landvermessung in Ägypten; Malerei aus einem Grab in Theben aus der Zeit der 18. Dynastie, 16.–14. Jahrhundert v. Chr. Zur Festlegung der Steuern wurden die Felder jährlich von Katasterkommissionen vermessen. Rechts zwei Beamte mit einer Meßschnur, links zwei Schreiber, von denen einer die Kommission leitete.

da es noch keine Geldwährung gab. Am Beispiel der Getreideabgaben (Getreide wurde u. a. zur Herstellung von Brot und Bier benötigt) wird der Verwaltungsaufwand deutlich, der sich aus einigen Dokumenten rekonstruieren läßt. Zunächst wurde die Höhe der Steuer nach der Fläche und der Güte des Bodens festgelegt. Dazu gab es besondere Katasterkommissionen mit einer strengen und formalisierten Arbeitsteilung; sie wurden von einem Katasterschreiber geleitet, ein Strickträger und ein

6: Steuererklärung um 2300 v. Chr., Relief aus einem Grab in Sakkara. Der Schreiber links notiert die Angaben der drei knienden ‹Ortsleiter›, ein vierter wird von einem Büttel zum Niederknien genötigt.

25

Strickspanner legten die Meßstricke an, und zwei Feldschreiber notierten die Ergebnisse (Abb. 5). Diese Vermessungen waren jedes Jahr neu durchzuführen, da die Feldmarkierungen bei den Überschwemmungen gelöscht wurden. Nach der Ernte mußten die Bauern das Getreide zu den Tennen bringen, die direkt am Flußufer lagen. Dort maßen die Kornschreiber der Institutionen, die das Lehen vergeben hatten, ihre Kontingente ab. Die Atmosphäre bei der Eintreibung der Steuern wird aus einer zeitgenössischen Schilderung deutlich: «Der Schreiber landet am Uferdamm und will die Ernte aufschreiben; die Türhüter haben Stöcke und die Polizisten Ruten» (Helck, 1958, S. 146; Abb. 6). Die Mannschaften der Schiffe, die die Abgaben zu den Institutionen brachten, wurden mit Teilen der eingetriebenen Abgaben bezahlt. Bei Unregelmäßigkeiten gab es sogar den Beschwerdeweg; jedenfalls hielt ein Schreiber die Beschwerde einer Mannschaft fest, die um ihre Heuer geprellt worden war: «Ich ließ sie schwören (und sie sagten) ‹Es ist uns (kein) Korn aus unserer Ladung gegeben worden›. Man legte das schriftlich fest und schickte an den (Kapitän): ‹Hast du ihnen Getreide aus eurer Ladung gegeben oder hast du dort bei dir aus deiner Scheune gegeben?›» (Helck, 1958, S. 150). Bei den Institutionen wurden die Einnahmen und Ausgaben anhand einer Buchführung erfaßt. Einem Schreiber des königlichen Hofes in Theben gab man im 18. Jahrhundert v. Chr. ein Rechnungsbuch mit in sein Grab, in dem er täglich die verschiedenen Einnahmen und Ausgaben für die Verpflegung der königlichen Familie, des Hofes und der Hofbeamten abgebucht hatte (Abb. 7).

Die Zahl der Verwaltungsbeamten in Ägypten, die diese Menge von Daten zu erfassen hatten, ist nicht bekannt; sie dürfte gering gewesen sein. So waren beispielsweise im 20. Jahrhundert v. Chr. für die Leitung und Verwaltung einer Expedition von 20000 Arbeitern zu einem Steinbruch nur 78 Mann (d. h. weniger als ½%) verantwortlich. Nur ein kleiner Teil der Bevölkerung konnte den Traumberuf eines Schreibers ausüben, die überwältigende Mehrheit der Bevölkerung bestand aus Analphabeten.[4] Wer schreiben konnte, galt viel; die Schreibwerkzeuge waren das Würdezeichen hoher Beamter (Abb. 8). Noch deutlicher wird dies in der ‹Lehre des Cheti›, die in den Schreibschulen des alten Ägypten oft als Übungsaufgabe kopiert wurde. Die heranwachsende Elite beschrieb dabei die Vorzüge ihres künftigen Berufes gegenüber der Arbeit von Handwerkern und Bauern:

«Aber ich habe den Erzarbeiter über seiner Arbeit beobachtet, an der Öffnung seines Schmelzofens. Seine Finger sind krokodilartig, er stinkt mehr als Fischlaich ... Der Bauer schreit ewig ... Er wird müde mitten in den Sümpfen. Stets ist er in seinen Lumpen. Es geht ihm so gut, wie es einem unter Löwen gut geht. Schmerzhaft ist die Peitsche gegen ihn ... Der Weber ist immer in der Werkstatt ... seine Knie drücken auf seinen Magen und er bekommt keine Luft. Wenn er ... gemacht

7: Einfache Buchführung vor knapp viertausend Jahren; Rechnungsbuch des thebanischen Hofes aus dem 18. Jahrhundert v. Chr. 1860 wurde in einem Grab ein Papyrus gefunden, auf dem ein Beamter täglich die Einnahmen und Ausgaben des königlichen Hofes erfaßt hatte. Abgebildet ist die Buchführung für den letzten Tag des zweiten Monats der Überschwemmungszeit im dritten Regierungsjahr des Königs Sebekhotep. Die eingerahmten Stellen sind im Original mit roter Tinte geschrieben. Mit dieser einfachen Buchführung konnten Fehler nicht erfaßt werden. Der Schreiber verrechnete sich bei den Bierausgaben (!).

	verschiedene Brotsorten (Laibe)	Bier (Krüge)
Konto der Einnahmen des Königs vom Jahr drei, zweiter Monat der Überschwemmung, letzter Tag		
Einnahmen des Königs vom Jahre drei, zweiter Monat der Überschwemmung, letzter Tag	1680	135
wurde ihm gebracht als Überschuß vom Jahr drei, zweiter Monat der Überschwemmung, Tag 29	200	
wurde ihm als des Königs Lebensmittel gebracht, die von dem Amun-Tempel gebracht werden	100	10
Summe	1980	145
Ausgaben von diesem Betrag		
Wurde in den Palast am Eingang des Hausmeisters des Harems gegeben	625	45
Zuteilung für das Arbeitshaus, die den Leuten des Hauses der Kinderfrauen gegeben wird	630	61
Zuteilung für das Arbeitshaus, die den gewöhnlichen Mitgliedern des Haushaltes gegeben wird	525	38
Summe	1780	143 (!)
SALDO	200	2 (!)

8: Hoher ägyptischer Beamter; Holztafel aus dem Grab des Hesirê, um 2600 v. Chr. Oben ist der Name des Beamten und seine Titel in Hieroglyphenschrift geschrieben. In der rechten Hand hält er ein Zepter, in der linken einen Stab und die Schreibwerkzeuge (eine Palette mit zwei Tintenpastillen für schwarze und rote Schrift, Rohrfeder und Behälter) als Statussymbole.

hat am Tage ohne zu weben, dann wird er geschlagen mit fünfzig Peitschenhieben ...

Siehe, es gibt keinen Beruf, in dem einem nicht befohlen wird, außer dem des Beamten; er ist es, der (selbst) befiehlt. Wenn du schreiben kannst, so wird dir das nützlicher sein als alle Berufe, die ich dir vorgetragen habe ... Sieh, es gibt keinen Schreiber, der ohne Nahrung wäre, ohne die Dinge des Palastes» (Brunner, 1944, S. 22 ff).

Die Entwicklung der Schrift

Nahezu alle frühen Staaten entwickelten eigene Schriften. Zuerst etwa gleichzeitig um 3000 v. Chr. Mesopotamien und Ägypten und später um 1500 v. Chr. u. a. China. Am Anfang stand die Entdeckung, daß man einen Gegenstand durch eine stark vereinfachte Zeichnung, ein Bildzeichen, ‹bezeichnen› konnte. So gab es in der ägyptischen Hieroglyphenschrift Bildzeichen, in denen mit wenigen Strichen z. B. ein Soldat oder ein Pflug dargestellt wurde. Eine solche reine Bilderschrift hatte jedoch enge Grenzen, da abstrakte Begriffe wie ‹Zank›, ‹Ehrfurcht› oder ‹überall› nicht unmittelbar gezeichnet werden konnten. Für die Darstellung solcher Worte mußte man auf Assoziationen zurückgreifen. So hatten die Chinesen Bildzeichen für ‹Kind› und ‹Frau›; die Darstellung zweier Kinder war ein Bildzeichen für ‹Zwillinge›, die zweier Frauen wurde jedoch nicht als ‹Schwestern›, sondern als ‹Zank› gelesen. Mit entsprechenden Assoziationen ließ sich jedes Wort durch eigene Wortzeichen darstellen. Eine solche Wortschrift benötigte aber so viele unterschiedliche Zeichen, wie es Worte gab; die chinesische Schrift ist bis heute eine reine Wortschrift mit rund 50000 – inzwischen abstrakt gestalteten – Schriftzeichen geblieben. Selbst für die Umgangssprache werden noch etwa 2000 Zeichen benötigt.

Die Umständlichkeit der Wortschrift konnte vermieden werden, wenn die Grundlaute durch Lautzeichen dargestellt wurden. In Ägypten und Mesopotamien begann die Entwicklung der *Lautschrift* schon sehr früh. Auf der in Abb. 3 gezeigten Schminkpalette wurde wahrscheinlich der Name des Königs in der Art unserer heutigen Rebusrätsel (Bilderrätsel) mit dem Zeichen eines Fisches (ägyptisch ‹nar›) und eines Meißels (ägyptisch ‹mer›) geschrieben; vermutlich klang der Name dieses Königs also etwa wie ‹Narmer› (Fischmeißel). Von hier aus war es ein kleiner Schritt, Lautzeichen für eine Silbe einzuführen, z. B. das Bild eines Meißels für die Silbe ‹mar›; da in der ägyptischen Schrift Vokale vernachlässigt wurden, war der Meißel ein Zeichen für das Konsonantenpaar ‹m-r›. Allerdings wurde die Schrift beim Weglassen der Vokale mehrdeutig. Würde man im Deutschen beim Schreiben des Wortes ‹Lob› den Vokal ‹o› fortlassen, dann könnte man ‹l-b› genausogut als ‹Elbe›, ‹Liebe›, ‹Lab› oder ‹Elba› lesen. Die ägyptischen Schreiber erreichten eine eindeutige Schreibweise durch Deutzeichen, die jeweils auf eine Gruppe von Gegenständen hinwiesen. So konnte die Konsonantenfolge m-n-h im Ägyptischen als Papyruspflanze, Jüngling oder Wachs gelesen werden; erst durch ein hinzugefügtes Deutzeichen für Pflanze, Mann bzw. Mineral wurde erkennbar, was gemeint war.

In der ägyptischen Hieroglyphenschrift gab es insgesamt etwa 700 Schriftzeichen (gegenüber 50000 bei der chinesischen Wortschrift), darunter Bildzeichen, Deutzeichen, Lautzeichen für drei bzw. zwei Konsonanten und sogar 24 Zeichen für einfache Konsonanten. Mit diesen 24 Zeichen hätte man schon eine Alphabetschrift schreiben können. Statt dessen benutzten die Schreiber in den Verwaltungen fast dreitausend Jahre lang diese umständliche Schrift[5], bei der sogar das gleiche Wort durch unterschiedliche Zeichenkombinationen geschrieben werden konnte (Vogel, Band I, 1958, S. 25). Die überraschende Stagnation der Schriftentwicklung über Tausende von Jahren, nachdem die Grundidee der Schrift in wenigen Jahrhunderten entwickelt worden war, dürfte wohl eine Folge der starren Bürokratisierung der ägyptischen Gesellschaft gewesen sein. Für die 13. Dynastie um 1700 v. Chr.

«können wir ... eine Schichtung in folgender Form annehmen: Eine Masse abhängig produzierender Menschen, über der eine Schicht von Bürokraten herrscht, die jedoch – und das unterscheidet diese Beamtenschicht der 13. Dynastie von der des alten Reiches – anscheinend ihre wirtschaftlich gesicherte Lage nicht für geistige Überlegungen benutzt, sondern wohl die bürokratische Verwaltung des Landes als Selbstzweck empfunden hat. Daher erscheint die 13. Dynastie wie eine versteinerte Epoche ohne innere Bewegung und ohne neue Gedanken» (Helck, 1975, S. 197).

Auch die Verwaltungsbeamten in den anderen frühen Staaten blieben bei ihren umständlichen Schriften; die vereinfachte Alphabetschrift war das Werk von Kaufleuten im Gebiet des heutigen Libanon und der syrischen Küste. Dort entstanden im 2. Jahrtausend v. Chr. die phönizischen Städte als Handelszentren für den Mittelmeerraum und die benachbarten Staaten. Da die Kaufleute beim Schriftverkehr mit ihren Handelspartnern ursprünglich sechs unterschiedliche und jeweils umständliche Schriften benutzen mußten, hatten sie im Gegensatz zu den Beamten in den staatlichen Verwaltungen ein Interesse an einer vereinfachten und einheitlichen Schrift. Nach einigen Vorläufern (Barthel, 1972, S. 84 ff) entstand etwa um 1200 v. Chr. in der phönizischen Stadt Byblos eine Alphabetschrift mit 22 Konsonantenzeichen, bei der ebenso wie bei der ägyptischen Schrift keine Vokale notiert wurden. Bei dieser Alphabetschrift konnten die fortgelassenen Vokale wahrscheinlich meist aus dem Wortzusammenhang erraten werden, ebenso wie es bei den heutigen verstümmelten Zeitungsanzeigen in der Form ‹S. 2-Z-Whg.m.Grt.z. 1. 9. 84 b. 700 DM› möglich ist.

Alle späteren Alphabetschriften auf der gesamten Welt stammen vom phönizischen Alphabet ab. Die lateinischen Buchstaben, die wir heute noch benutzen, sind nur zeichnerische Veränderungen der griechischen Zeichen. Die Griechen wiederum lernten das Alphabet von phönizischen Kaufleuten kennen und vervollständigten es durch die Hinzufügung von Vokalzeichen.

Der Beginn des Rechnens

Das ägyptische Zahlensystem war zur Zeit der Reichseinigung um 3000 v. Chr. schon voll entwickelt (s. Abb. 4). Die Schreiber notierten die Zahlen zwischen 1 und 9 durch Aneinanderreihung des Zählstriches, wie es schon die eiszeitlichen Jäger taten (s. Abb. 2):

1: | 2: || 6: ||| ||| 9: |||| | |||| |

Für ein Bündel von zehn Zählstrichen wurde ein neues Zeichen, $\cap$, eingeführt, das bei der Darstellung der Zahlen zwanzig, dreißig usw. wieder aneinandergereiht wurde:

10: $\cap$ 20: $\cap\cap$ 60: $\cap\cap\cap$ $\cap\cap\cap$ 90: $\cap\cap\cap\cap\cap$ $\cap\cap\cap\cap$

Dieses Prinzip der *Reihung* wurde für höhere Einheiten fortgesetzt; mit insgesamt sieben Zahlzeichen für die Werte 1, 10, 100 bis 1 Million

ägyptisch:			römisch:		
1	|||||||||	**1.** Reihung	V·||||| |||||·V	1
10	$\cap$	Bündelung	X		10
100	$\cap\cap\cap\cap\cap\cap\cap\cap\cap\cap$ 9	**2.** R............ B............	L = XXXXX XXXXX = L C		50×2 100
1000	9999999999	**3.** R............ B............	D = CCCCC CCCCC = D (I)		500×2 1000
10 000	1111111111	**4.** R............ B............	((I)= (I)(I)(I)(I)(I) (I)(I)(I)(I)(I) = I)) (I)		5000×2 10 000
	||||| || 99 9 $\cap\cap\cap$||| $\cap\cap\cap$		42 374	(I)(I)(I)(I)(I)(I)(I)CCCLXXIIII	

9: Ägyptisches und römisches Zahlensystem. Beide Systeme beruhen auf einer Reihung von Zeichen für die Werte 1, 10, ... 1 Million, bzw. 1, 5, 10, 50, ... 1 Million.

(Abb. 9) konnte ein ägyptischer Schreiber alle Zahlen zwischen einer und zehn Millionen schreiben. Die insgesamt 145 eingenommenen Biereinheiten schrieb der Schreiber des thebanischen Hofes (s. Abb. 7) als:

$$\begin{matrix} \cap\cap \; ||| \\ \mathcal{P} \;\; \cap\cap \; || \end{matrix} = 100 \quad \begin{matrix} 10 \; 10 \; 1 \; 1 \; 1 \\ 10 \; 10 \; 1 \; 1 \end{matrix}$$

Bei dieser Kurzform für neun Additionen
$(100 + 10 + 10 + 10 + 10 + 1 + 1 + 1 + 1 + 1)$ war die Stelle, an der die einzelnen Zeichen standen unwichtig. Die Zahl 145 hätte genauso gut geschrieben werden können als:

$$\begin{matrix} ||| \;\; \cap\cap \;\; \mathcal{P} \\ || \;\;\;\; \cap\cap \end{matrix} = \quad \begin{matrix} 1 \; 1 \; 1 \;\; 10 \; 10 \\ 1 \; 1 \;\;\; 10 \; 10 \end{matrix} \quad 100$$

oder

$$\begin{matrix} ||| \;\; \mathcal{P} \;\; \cap\cap \\ || \;\;\;\;\; \cap\cap \end{matrix} = \quad \begin{matrix} 1 \; 1 \; 1 \;\;\;\; 10 \; 10 \\ 1 \; 1 \;\; 100 \;\; 10 \; 10. \end{matrix}$$

Im Gegensatz zu dieser Reihungsschreibweise muß bei unserer heutigen *Stellenschreibweise* jede Ziffer an einer bestimmten Stelle stehen, die den Gewichtungsfaktor angibt:

$145 = 1 \times 100 + 4 \times 10 + 5 \times 1$

ist eine andere Zahl als
$541 = 5 \times 100 + 4 \times 10 + 1 \times 1$ oder $514 = 5 \times 100 + 1 \times 10 + 4 \times 1$.

Die ägyptischen Schreiber benötigten wesentlich mehr Zeichen zur Darstellung einer Zahl als wir heute; für die 145 eingenommenen Biereinheiten waren es zehn Symbole, für die 1980 eingenommenen Broteinheiten sogar achtzehn.

Die wenigen Belege über die ägyptische Rechentechnik (vor allem zwei mathematische ‹Lehrbücher›, der Papyrus Rhind und der Papyrus Moskau, sowie das Rechnungsbuch des thebanischen Hofes) stammen erst aus dem 19. und 18. Jahrhundert v. Chr.; wahrscheinlich beherrschten die ägyptischen Verwaltungsbeamten die vier Grundrechnungsarten jedoch viel früher. Aus der Buchführung des thebanischen Hofes kann man die Methoden der Addition und Subtraktion erkennen. Bei der Addition

32

wurden z. B. die einzelnen Symbole gedanklich aneinandergereiht, bis das entsprechende Bündel voll war und durch das kürzere Zeichen ersetzt werden konnte (das entspricht dem heutigen Übertrag); die restlichen Symbole wurden einfach übernommen. Bei der ägyptischen Zahlenschreibweise waren nur die Multiplikationen mit 10 und 2 leicht ausführbar. Bei der Verzehnfachung wurden jeweils die nächsthöheren Zahlzeichen geschrieben:

$$\cap || \quad (\times) \cap \quad (=) \text{?} \cap \cap \, \hat{=} \, 12 \times 10 = 120,$$

bei der Verdopplung wurde jedes Zeichen zweimal geschrieben:

$$\cap || \quad (\times) || (=) \begin{matrix} \cap || \\ \cap || \end{matrix} \quad 12 \times 2 = 24.$$

Die Verwaltungsbeamten entwickelten ein Verfahren, mit dem jede beliebige Multiplikation als eine Folge von Verdopplungen und Additionen ausgeführt wurde. Beispielsweise berechneten sie bei der Aufgabe 12×12 zuerst die fortlaufenden Verdopplungen 12×2, 12×4 und 12×8 und stellten dann fest, welche Verdopplungen benötigt wurden:

$$12 \times 12 = 12 \times (4 + 8) = 12 \times 4 + 12 \times 8.$$

Für diese Multiplikation benutzte ein ägyptischer Schreiber drei Verdopplungen und eine Addition von zwei Zahlen (Abb. 10); das heutige Rechnen benötigt dagegen nur zwei Multiplikationen und eine Addition von zwei Zahlen. Bei größeren Zahlenwerten wird der Unterschied noch

10: Ägyptische Multiplikationstechnik (Rechenbeispiel aus dem Papyrus Rhind, der in der Hyksoszeit [1788 bis 1580] nach einer Vorlage aus dem 19. Jahrhundert v. Chr. abgefaßt wurde). Links Hieroglyphenschreibweise, rechts Übersetzung (van der Waerden, 1956, S. 29). Die Hieroglyphenzahlen sind von links nach rechts zu zählen. Bei der Berechnung von 12×12 werden zuerst die laufenden Verdopplungen von 12×2, 12×4 und 12×8 gebildet. Die Zahl 12 ist die Summe der 2er Potenzen 4 und 8; 12×12 ergibt sich demnach durch die Addition der Werte 12×4 und 12×8, die durch einen schrägen Strich hervorgehoben sind.

krasser. So verlangte die ägyptische Multiplikationstechnik bei der Aufgabe 129 × 38 fünf Verdopplungen und eine Addition von drei Zahlen und war deshalb vermutlich zeitaufwendiger als das schriftliche Rechnen mit der Stellenschreibweise, bei der man mit zwei Multiplikationen und einer Addition von zwei Zahlen auskommt. Die Nachteile des ägyptischen Zahlensystems traten noch stärker beim komplizierten Divisionsverfahren zutage (Gericke, 1970, S. 13; Vogel, 1958, Band I, S. 36). Diese Rechentechniken blieben in der ägyptischen Verwaltung mindestens zweitausend Jahre lang unverändert; noch in hellenistischer Zeit kurz vor Christi Geburt wurde die beschriebene Art der Multiplikation als ‹ägyptisches Rechnen› bezeichnet.

Die Entwicklung der Rechenverfahren verlief in Ägypten ähnlich wie die der Schreibverfahren. In wenigen Jahrhunderten hatten die Verwaltungsbeamten mehr als 700 Schriftzeichen entwickelt, mit denen jedes Wort, wenn auch umständlich, darstellbar war; die Entwicklung der wesentlich einfacheren Alphabetschrift gelang ihnen trotz mehrerer tausend Jahre Schreibarbeit nicht oder ließ sich vielleicht nur nicht durchsetzen. Ebenso hatten Ägypter in wenigen Jahrhunderten ein Zahlensystem geschaffen, mit dem sich Zahlen bis zu zehn Millionen schreiben und die Grundrechnungsarten ausführen ließen; sie benutzten diese vergleichsweise umständliche Rechentechnik ebenfalls für über zweitausend Jahre, ohne zu der wesentlich einfacheren Stellenschreibweise zu gelangen.

Der römische Militärapparat

In den letzten Jahrhunderten v. Chr. Geburt entstand mit dem römischen Reich ein riesiger Verwaltungsapparat, der den gesamten Mittelmeerraum kontrollierte. Angaben über die Anzahl der Beamten, die Staatsausgaben und -einnahmen sind nicht erhalten. Der größte Ausgabenposten im römischen Kaiserreich war mit Sicherheit das Militär; 250 000 Berufssoldaten waren zur Grenzsicherung in Europa, Asien und Afrika eingesetzt und mußten versorgt, verpflegt, ausgerüstet und untergebracht werden. Sogar die Pension der überlebenden Soldaten war geplant; sie erhielten eine Landzuweisung. Der zweite wichtige Ausgabenposten war die Bürokratie selber; daneben planten staatliche Stellen den Straßenbau, die Wasserversorgung der großen Städte und sogar die Versorgung der bedürftigen römischen Bürger. Die Staatseinnahmen flossen aus unterschiedlichen Quellen; die Haupteinnahmequelle war die Grundsteuer (entsprechend unserer heutigen Lohn- und Einkommensteuer), die in den meisten Provinzen als Geldsteuer erhoben wurde. Dazu wurden die gesamte Bevölkerung und der Boden in Zählungen erfaßt; über eine die-

11: Die Umständlichkeit des römischen Zahlensystems; Inschrift auf der columna rostrata, einer Gedenksäule für den Seesieg über die Karthager im Jahre 260 v. Chr.
In den letzten fünf Zeilen des Bruchstücks steht:
(AURO)M CAPTOM.NUMEI 1000 1000 1000 500
(ARGEN)TOM CAPTOM.PRAEDA.NUMEI 100000
(OMNE)CAPTOM AES (mehr als zwanzig mal) 100000
d. h.:
Erbeutetes Gold: 3500 Münzen
Erbeutetes Silber, die Beute: 100000 Münzen
die Beute zusammen: (mehr als) 2000000 aes.
Aes (Erz) war eine römische Geldeinheit.

ser Volkszählungen wird in der Weihnachtsgeschichte des Lukasevangeliums berichtet.

Trotz des hohen Verwaltungsaufwandes gelang auch den römischen Beamten die Erfindung der Stellenschreibweise nicht. In der lateinischen Sprache wurden zwar die Zahlen fast ‹stellenweise› gesprochen:

quattuor	milia	octingenti	septuaginta	novem
vier	tausend	achthundert	siebzig	neun,

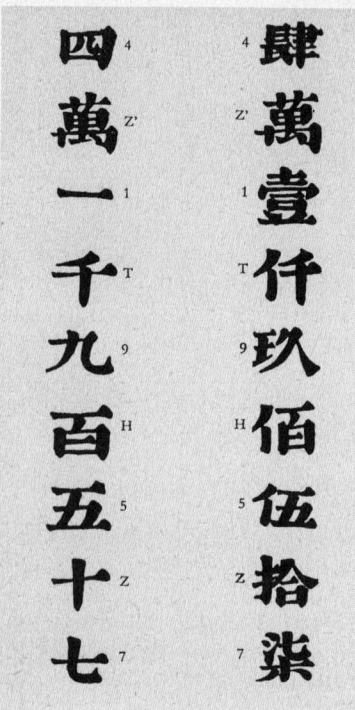

12: Chinesische Zahlschrift, links Grund-, rechts Amtsschrift. Die Zahlen werden in der chinesischen Schrift ‹wörtlich› geschrieben; die Zahl 41 957 als ‹vier zehntausend ein tausend neun hundert fünf zehn sieben›. Die Schriftzeichen sind von oben nach unten angeordnet.

aber immer noch mit einer Reihungsschreibweise notiert

$$(I) \ (I) \ (I) \ (I) \quad \text{DCCC} \quad \text{LXX} \quad \text{VIIII.}$$

Als Weiterentwicklung gegenüber der ägyptischen Zahlenschrift wurden zusätzliche Kurzzeichen für die Werte 5, 50 usw. benutzt (s. Abb. 9), die jedoch die Schreibweise und das Rechnen nicht wesentlich vereinfachten (Abb. 11). Ein Hemmnis für die Entwicklung der Stellenschreibweise könnte die Schwierigkeit gewesen sein, etwas zu schreiben, was es nicht gab und für das auch kein Wort existierte: die Null. Bei der Zahl ‹viertausendachthundertfünf› hätte man zwar schreiben können,

4 1000 8 100 5

wie es in China üblich war (Abb. 12), hätte man dagegen einfach 485 ge-

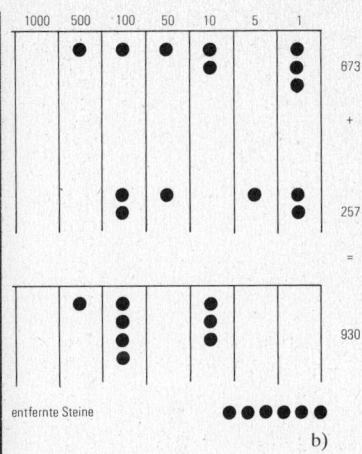

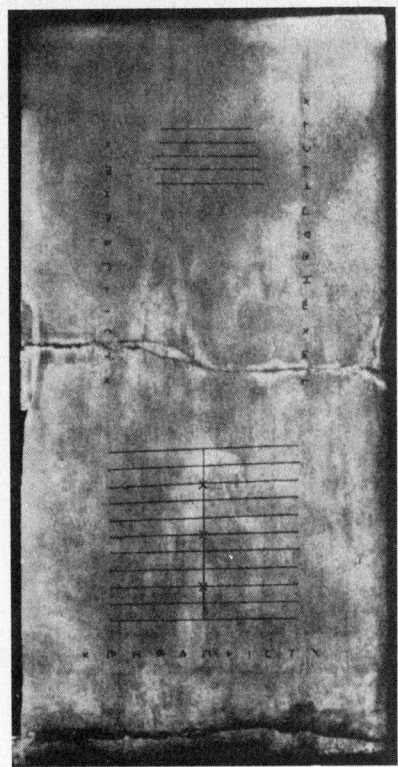

a)

1000	500	100	50	10	5	1	

b)

entfernte Steine

13: Die salaminische Rechentafel. Eine Rechenvorschrift für diese Tafel (a) ist nicht erhalten. Wahrscheinlich wurde mit ihr wie folgt gerechnet. Der Benutzer stand an der rechten Langseite vor der Tafel. An den Zahlzeichen (unten, oben links und rechts) konnte er Zahlenwerte durch gelegte Steinchen speichern und in Spalten (ganze Zahlen unten bzw. Brüche oben) mit Steinchen rechnen. In der schematischen Skizze (b) sind die Zahlenwerte 673 und 257 mit Steinchen gelegt und durch Zusammenfassung und Übertrag addiert.

schrieben, wie es teilweise in Babylonien geschah, dann wäre unklar geblieben, ob wirklich die Zahl 4805 gemeint war oder 4085 oder 4850 usw. Zur Vereinfachung der Rechnungen übernahmen die römischen Beamten aus Griechenland den Abakus (Abb. 13 a, b), eine Rechentafel, deren Prinzip wohl zuerst in China vielleicht schon 1000 v. Chr. entwickelt worden war. Die Grundidee war einfach: Die Zahlen wurden nicht geschrieben, sondern ‹gelegt›. Es war offensichtlich schwierig, ein Zeichen für das Nichts zu erfinden, viel einfacher war es, nichts zu legen. Auf dem Rechenbrett wurden die Einheiten 1, 10, 100 usw. durch Spalten oder Striche markiert und die jeweilige Zahl durch eine entsprechende Anzahl von Steinchen charakterisiert, die dort abgelegt wurden: die Zahl vier durch vier Steine und entsprechend die Null durch keinen Stein. Durch Legen und Entfernen der Steine ließen sich alle Grundrechenarten zwar um-

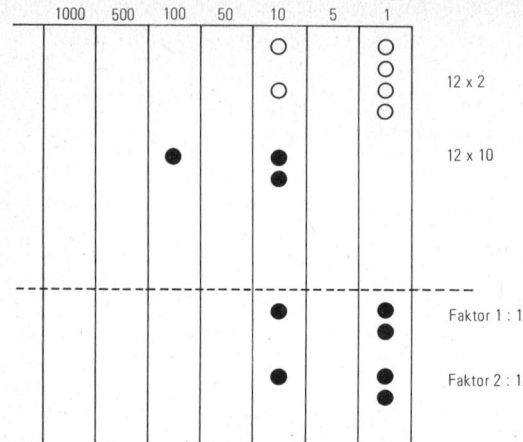

14: Multiplikation mit einer Rechentafel. Bei der Multiplikation (z. B. 12 × 12, vgl. Abb. 10) legt man die beiden Faktoren (12, 12) unten ab. Bei der ersten Multiplikation 12 × 2 = 24 (leere Kreise) wird zweimal die Zahl zwölf in den entsprechenden Spalten gespeichert; bei der zweiten Multiplikation 12 × 10 = 120 (gefüllte Kreise) wird die Zahl zwölf zwei Spalten nach links verschoben abgelegt. Das Ergebnis 12 × 12 = 144 ist in diesem Fall sofort ablesbar.

15: Verbreitung der Rechentafel; römisches Relief aus dem 2. Jahrhundert n. Chr. In einem Metzgerladen macht die Frau die Abrechnung mit einer Rechentafel.

ständlicher, aber im Prinzip ähnlich wie beim heutigen schriftlichen Rechnen ausführen (Abb. 14).

Die römischen Verwaltungsbeamten bildeten ähnlich wie ihre früheren Kollegen im alten Ägypten eine privilegierte soziale Schicht.

«Aus dem geschlossenen bürokratischen Apparat gab es kaum soziale Kontakte zu der Masse der Bevölkerung. Die ständische Bürokratie der ersten Jahrhunderte und die militärische der Spätantike standen den verwalteten Menschen beinahe wie Angehörige getrennter Gesellschaften gegenüber, wenn nicht sogar der eine den anderen als Tyrannen und Feind bzw. als bequemes Ausbeutungsobjekt ansah» (Bleicken, 1978, Band I, S. 184).

Die Beamten hatten jedoch kein Monopol mehr auf die Datentechniken; die Rechentafeln wurden auch von kleinen Händlern und Kaufleuten benutzt (Abb. 15).

Einfaches Rechnen mit den arabischen Ziffern

Die eindeutige Stellenschreibweise wurde in zwei Kulturen unabhängig voneinander erfunden: bei den Mayas in Mittelamerika und in Indien. In dem Mayastaat benutzte man ein System mit der Basis 20. Neben einer Hieroglyphenschreibweise für monumentale Inschriften gab es eine einfache Version, die aus nur drei Elementen bestand: einem Muschelzeichen für die Null, einem Punkt für die Eins und einem Strich für die Fünf. Dieses Zahlensystem ist für die weitere Entwicklung jedoch ohne Bedeutung geblieben; es wurde außerhalb Mittelamerikas erst bekannt, als die arabischen Ziffern in Europa schon einige Jahrhunderte in Gebrauch waren. Dieses ‹arabische› Zahlensystem wurde ursprünglich in Indien (spätestens um 600 n. Chr.) entwickelt. Wer oder welche Gruppe von Menschen dort die grundlegende Idee hatte, jede Zahl zwischen Null und Neun durch ein eigenes Zeichen zu schreiben und alle Zahlen durch eine stellenweise Anordnung dieser Zahlzeichen (Ziffern) darzustellen, ist nicht bekannt. Wir wissen nur, daß dieses Zahlensystem später in Bagdad bekannt wurde, wo der Mathematiker Muhammed ibn Musa al Hwārizmī (gesprochen al Chwarismi; ca. 787–847 n. Chr.) um 820 n. Chr. ein Lehrbuch über das Rechnen mit den indischen Ziffern verfaßte. Dieses Buch wurde im 12. Jahrhundert ins Lateinische, die damalige wissenschaftliche Fachsprache in Klöstern und Schulen, übersetzt, wobei man den Namen des Autors zu Algorithmus (auch Algorismus) latinisierte. Heute benutzt man das Wort ‹Algorithmus› als Fachausdruck in der Computertechnik. Als das arabische Zahlensystem in Europa eingeführt wurde, bereitete es erneut Schwierigkeiten, die Null als ein Symbol für nichts zu akzeptieren. So versuchte z. B. ein Mönch, der um 1200 n. Chr. als einer der ersten in Deutschland das neue System beschrieb, die Null theologisch zu begründen:

«Hier beginnt das Buch des Algorithmus. Alle Weisheit und alles Wissen stammt von Gott dem Herrn; wie geschrieben steht (nach dem Buch der Weisheit 1,7): Was das All umfaßt, ist voll Weisheit, und weiter: Alles hast du eingerichtet nach Maß, Gewicht und Zahl ...
Jede Zahl entsteht aus der Eins, diese aber aus der Null. Zu wissen ist, daß in ihr ein großes Heiligtum verborgen liegt: Durch das, was ohne Anfang und Ende ist, wird

ER versinnbildlicht; und wie Null sich weder vermehrt noch vermindert, so erhält ER weder Zufluß noch Abgang. Und wie sie alle Zahlen verzehnfacht, so verzehnfacht er nicht bloß, sondern vertausendfacht, ja daß ich richtiger sage, ER schafft alles aus dem Nichts, erhält und lenkt es» (Menninger, 1957, Band II, S. 227/240).

Vielleicht war die Schwierigkeit, die Null zu begreifen, auch der Grund dafür, daß mit dem Zahlensystem auch das Wort für die Null übernommen wurde. Die Araber nannten sie in Anlehnung an die indische Bezeichnung (śūnya = leer) al-ṣifr, die Leere. Im mittelalterlichen Latein wurde daraus cifra und später das Wort Ziffer als Bezeichnung für jedes Zeichen von null bis neun.

Informationen und Daten

In vorgeschichtlicher Zeit hatten die Menschen noch weitgehend ohne Zahlen geplant; die *Informationen,* die sie zur Vorausschau brauchten, konnten sie mit ihren Sinnesorganen unmittelbar wahrnehmen. Seit der Gründung von Staaten (um 3000 v. Chr.) war der einzelne Beamte nicht mehr in der Lage, die Auskünfte für die Verwaltung einer Vielzahl von Menschen mit ihren Bedürfnissen selbst unmittelbar einzuholen. Zur Information dienten ihm nun mit Hilfe von Zahlen und Schriftzeichen festgehaltene *Daten.* Um 800 v. Chr. waren die Buchstaben, spätestens um 600 v. Chr. die Ziffern bekannt, die gegenwärtig zur Darstellung von Daten für die Eingabe in Computer benutzt werden. Im folgenden geht es ausschließlich um die *Verarbeitung von Daten.* Man nimmt heute vielfach an, Daten und Informationen seien letztlich miteinander identisch, und es wäre nur eine Frage der Zeit, bis jede Information, die ein Mensch wahrnimmt, auch anhand von Daten (in Form von Buchstaben und Zahlen) dargestellt und von Computern verarbeitet werden kann. Dies würde in der Konsequenz bedeuten, daß jede Planung in naher oder ferner Zukunft von genügend leistungsfähigen Computern ausgeführt werden kann. Wir bezweifeln diese Behauptung aus mehreren Gründen:

● Computer können nur die *Teile* der Informationen wahrnehmen, die als Daten darstellbar (codierbar) sind. Computer können z. B. bei einem Satz ‹Warum bist du nicht nach Hause gekommen› nicht unterscheiden, ob es je nach Tonfall eine echte Frage oder ein als Frage verkleideter Vorwurf ist. Ebensowenig können sie die Lüge erkennen, wenn jemand sagt ‹Schön, daß Sie kommen› und mit dem Gesicht das Gegenteil ausdrückt. Menschen können Informationen qualitativ und *ganzheitlich* erfassen und nehmen den Gesprächspartner als gesamte Person wahr, deren Tonfall, Körperhaltung, Mimik und Gestik sich überhaupt nicht voneinander trennen lassen.

● In der Datenverarbeitung kann ein Zeichen eine beliebige Bedeutung haben, sie muß nur eindeutig sein. Die natürliche Sprache lebt dagegen von Sprachbildern und Assoziationen. Eine Lagerstätte für atomare Abfälle kann man z. B. als Buchstabenfolge ‹Atommülldeponie› oder ‹Entsorgungspark› codieren. Ein Mensch assoziiert mit diesen Worten ‹Gefahr› und ‹Schmutz› bzw. ‹Sorglosigkeit› und ‹Freizeit›. Mit dem Verzicht auf Verarbeitung von Assoziationen werden Erkenntnismöglichkeiten verhindert. Beispielsweise wäre es dann nicht mehr möglich, aus dem Sprachbild ‹Enttäuschung› zu lernen, daß damit nicht nur Leid verbunden ist, sondern auch die tröstliche Erfahrung, daß man nicht mehr getäuscht wird.

3. Die Anfänge der modernen Planung – Buchhaltung und Statistik

In den antiken Staaten wurden für die einfache Buchführung und die Auswertungen der Volks-, Ernte- und Viehzählungen Ziffernsysteme verwendet, mit denen nur umständlich und zeitaufwendig gerechnet werden konnte. Nach der Einführung der arabischen Zahlen in den Kontoren der Fernhändler und Bankiers sowie den staatlichen Bureaus wurden diese Verwaltungstechniken weiterentwickelt:

● Mit der doppelten Buchführung konnten Einnahmen und Ausgaben sowie Gewinne und Verluste detailliert überwacht werden. Mit dieser genauen Kontrollmethode konnten beispielsweise die Fugger ihre weitreichenden Unternehmungen zentral planen.

● Mit der Statistik konnten die verschiedenen Daten einer Zählung so kombiniert werden, daß neue Daten entstanden. Die aus diesen Daten ‹errechneten› sozialen, ökonomischen und politischen ‹Gesetzmäßigkeiten› erlaubten die Planung ‹unüberschaubarer› Projekte, beispielsweise den Aufbau von Versicherungen.

Das arabische Zahlensystem hatte noch einen weiteren Vorteil: Die Multiplikation und die Division ließen sich durch einen einfachen Algorithmus auf die Addition bzw. Subtraktion zurückführen. Da das Addieren und Subtrahieren auch auf einer einfachen Rechenvorschrift basiert, dem Zehnerübertrag, wurden Maschinen entwickelt, die die vier Grundrechenarten halbautomatisch und später sogar automatisch ausführen konnten.

Das arabische Zahlensystem in Europa

Im 12. Jahrhundert gründeten Kaufleute aus den oberitalienischen Städten in den Ländern Nordafrikas und des Vorderen Orients ständige Niederlassungen. Dort lernten sie von ihren arabischen Handelspartnern die arabischen Zahlen kennen. Leonardo Fibonacci (um 1180–1250), dessen Vater in Bugia (heute: Bougie in Algerien) Vorsteher der Handelsvertretung von Pisa war, propagierte in seinem Rechentraktat ‹Liber Abaci› das Rechnen mit den arabischen Zahlen.

Als die Kaufleute und Bankiers in ihren Geschäftsbüchern zunehmend die arabischen Zahlen verwendeten, wurde in vielen italienischen Städten die Buchführung mit den ‹neuen Zahlen› verboten. So untersagte beispielsweise der Rat von Florenz im Jahre 1299 mit der Verordnung ‹Statuto dell'Arte di cambio›, die Geldbeträge im Geschäftsbuch in arabischen Zahlen zu schreiben. Er begründete dieses Verbot damit, daß die Zahlen leicht zu fälschen wären, z. B. durch Anhängen von Nullen. Noch heute muß man wegen der Fälschungsgefahr auf dem Scheck die Zahlen in Worten ausschreiben.

Bis zum 15. Jahrhundert wurde die Kenntnis über das Rechnen mit den arabischen Zahlen nur mündlich oder durch handgeschriebene Bücher weitergegeben. Eine weite Verbreitung fand dieses Zahlensystem erst, als nach der Erfindung des Buchdruckes durch Johannes Gutenberg (um 1400–1468) gedruckte Rechenbücher in größerer Auflage erschienen. Das älteste deutsche Rechenbuch mit beweglichen Lettern veröffentlichte 1483 der Nürnberger Rechenmeister Ulrich Wagner. In den Rechenbüchern wurde auch auf spezielle Probleme des kaufmännischen Rechnens eingegangen. Die folgende Geldwechselaufgabe stammt aus dem Rechenbuch von Johannes Widmann aus dem Jahre 1489:

«Eyner geet zu wyen yn eyn wechsselpanck vnd hat 30 Nurmberger. alsso sprechen zu dem wechsseler liber wechssel mir die 30 vn gieb mir wiener dafür als viel sy dan wert seyn. alsso weyß der wechssler nit wie viel er ym wiener ßol geben. vnd begert der muncz vnderrichtung, alsso vnterweyst jener den wechssler vnd spricht 7 wyener geltn 9 linczer vnd 8 linczer geltn 11 passawer vnd 12 passawer geltn 13 vilsshofer vnd 15 vilsshofer geltn 10 regensperger vnd 8 regensperger geltn 18 neumerker vnd 5 neumerker geltn 4 nurmberger wie vil kummen wiener umb 30 nurmberger» Menninger, 1957, S. 246 f.).

Das Ergebnis lautet: 30 Nürnberger gelten 13 Wiener

$$\left(\text{genau: } \frac{30 \times 5 \times 8 \times 15 \times 12 \times 8 \times 7}{4 \times 18 \times 10 \times 13 \times 11 \times 9} = 13 \frac{23}{429}\right).$$

Obwohl solche multiplikations- und divisionsintensive Aufgaben wesentlich schneller mit den arabischen Zahlen ausgerechnet werden konnten, setzte sich die Stellenschreibweise nur langsam durch. Viele Rechenmeister, so auch Adam Ries (1492–1559), mußten die Überlegenheit des Rechnens ‹mit der Kreyden› immer wieder verdeutlichen (Abb. 16).

Handelskontor und doppelte Buchführung

Die reichen italienischen Handelsfamilien des 15. Jahrhunderts zogen nicht mehr wie die Kaufleute des 11. und 12. Jahrhunderts von Ort zu Ort, sondern verwalteten ihre Imperien, Netze von Niederlassungen und Faktoreien von einem zentralen Kontor aus. Um die vielfältigen Geschäfte –

neben dem Handel mit Luxusgütern, wie Pelzen und Gewürzen, und Gebrauchsgütern, wie Salz und Tüchern, verliehen sie auch Geld – noch überblicken zu können, wurden mehrere Geschäftsbücher geführt. Luca Pacioli (ca. 1445–1517) beschrieb in seinem Buch *Summa de Arithmetica, Geometria, Proportioni et Proportionalità* (1494) als erster die doppelte Buchhaltung, wie sie in Venedig wahrscheinlich schon seit Ende des 14. Jahrhunderts bekannt war. In das ‹Memorial› wurden sämtliche geschäftlichen Vorgänge chronologisch und ausführlich eingetragen, um, wie es der Name schon sagt, nichts zu vergessen. Am Abend übertrug der Geschäftsführer die Eintragungen in das ‹Geheimbuch›, das ‹Journal›, in dem auch das Ergebnis der letzten Inventur stand. Die Einnahmen und Ausgaben wurden dabei auf die jeweiligen Konten der Gläubiger und Schuldner geschrieben. Im Kontor gab es noch ein drittes Buch, das ‹Handelsbuch›, in dem die Konten der Schuldner und Gläubiger alphabetisch aufgeführt waren. In dieses Buch wurden alle Vorgänge doppelt eingetragen: einmal im Haben und einmal im Soll. Lieh man beispielsweise jemandem Geld, so verzeichnete man die Summe beim Schuldner auf der Sollseite und beim eigenen Konto im Haben. Wenn man alle Einträge des Handelsbuches getrennt nach Haben und Soll addierte, so mußten beide Summen gleich sein, oder es lag ein Buchungsfehler vor. Diese Kontrollmöglichkeit bestand bei der einfachen Buchführung nicht (der Schreiber des thebanischen Rechenbuches hatte sich zum Beispiel bei den Bierausgaben verrechnet; s. Abb. 7). Da es im ‹Journal› für jeden Geschäftspartner ein eigenes Konto gab, war es relativ einfach, festzustellen, ob eine

16: Wettrechnen zwischen einem Abacisten und einem Algorithmiker. Das Kopfblatt des zweiten Rechenbuches von Adam Ries aus dem Jahre 1529 zeigt einen damals häufig dargestellten Wettkampf zwischen einem Abacisten, der im Hintergrund mit Rechensteinen und den römischen Zahlen rechnet, und einem Algorithmiker, der links am Tisch mit den arabischen Zahlen und der Kreide rechnet.

Unternehmung Gewinn oder Verlust gebracht hatte. Die entsprechenden Einnahmen und Ausgaben mußten nur gegeneinander aufgerechnet werden. Mit dieser Gewinn- und Verlustrechnung, die dank der doppelten Buchführung sehr viel aussagekräftiger und fehlerfrei war, konnte man aus der Vergangenheit für die Zukunft lernen und zum Beispiel unrentable Geschäfte rechtzeitig aufgeben.

Viele deutsche Kaufleute schickten Ende des 15. Jahrhunderts ihre Söhne nach Italien, damit sie dort die arte de la mercadantia, die ‹Kunst der Kaufmannschaft›, erlernten. Auch Jacob Fugger (1459–1525), der später wie ein Kaiser einen Beinamen, ‹der Reiche›, erhielt, mußte auf Geheiß seiner beiden älteren Brüder nach Venedig fahren, um die neuesten Geschäfts- und Verwaltungsmethoden zu studieren. Als er ein Jahr später in die Augsburger Zentrale des Familienunternehmens zurückkam, führte er die doppelte Buchführung ein und überdeckte das Handelshaus mit einem ‹Netz aus Zahlen›. Im Gegensatz zur in Italien üblichen Buchführung gliederte er das Handelsbuch – in Deutschland wurde es auch Schuldbuch genannt – in ein Kontobuch (nur für Personenkonten) und ein Sachbuch (nur für unpersönliche Konten, z. B. für Kupfer oder Pfeffer oder für einzelne Faktoreien). Ohne großen zusätzlichen Rechenaufwand konnte er dadurch nicht nur den aktuellen Geschäftsstand mit einzelnen Kunden, sondern auch ganze Geschäftszweige, beispielsweise die Produktion von Kupfer- und Silberminen in Österreich und Ungarn, überblicken. Der geschäftliche Erfolg von Jacob Fugger – er vermehrte das Vermögen von 200 000 Gulden innerhalb von 15 Jahren auf fast das Zehnfache und erwirtschaftete über mehrere Jahre hinweg einen Gewinn von 50 Prozent – beruhte zu einem großen Teil auf der doppelten Buchführung, durch die das Unternehmen transparent und künftige Geschäfte kalkulierbar sowie planbar geworden waren.

Da er die Buchhaltung des gesamten Unternehmens, das von Lissabon bis Budapest und von Rom bis Krakau reichte, nicht mehr selbst durchführen konnte, stellte er 1517 Matthäus Schwarz (1497–1574), den Sohn eines Augsburger Weinhändlers, als Hauptbuchhalter ein. Matthäus Schwarz überprüfte in der ‹gulden schreibstuben›, dem Zentralkontor des Fuggerschen Handelsunternehmens, die Buchführung der Faktoreien. Der stets elegant gekleidete Hauptbuchhalter der Fugger zeichnete auch 137 Grafiken, die verschiedene Situationen aus seinem Leben darstellen, z. B. das Zentralkontor in Augsburg. In dem Buch, in dem diese Zeichnungen veröffentlicht wurden, machte Matthäus Schwarz sich über die deutschen Kaufleute lustig, die die Notwendigkeit der ‹reichmachenden Kunst›, der doppelten Buchführung, noch nicht eingesehen hatten:

«Etliche Kaufleute, zu träge und hinlässig, wollen es im Kopf tragen, trauen ihnen selbst zu viel, zeichnen ihre Handlungen in schlechten Recordanzen und auf Zettel, kleben es an die Wand und halten Rechnung am Fensterbrett. Ehe daß sie wollen einen schlechten Fleiß, Mühe und Arbeit brauchen, ehe schlagen sie die Handlung in den Wind und können ihre Sachen nicht mehr zusammenreimen, müssen am letzten entlaufen, wissen auch nicht, worin sie stecken, verderben also, wissen nicht, wie ihnen geschehen ist» (Ogger, 1978, S. 208f).

Jacob Fugger wußte aufgrund der doppelten Buchführung, ‹worin er steckte›, als er 1517 neben dem Handel mit Gewürzen und Seide sowie dem Betrieb der Silber- und Kupferbergwerke auch noch den Ablaßhandel für den Papst in Deutschland organisierte. Außerdem verlieh er an Könige und Fürsten Geld, damit sie Kriege führen und Bauernaufstände niederschlagen konnten. Die größte geschäftliche Aktion startete er 1519: Als Hausbankier der Habsburger lieh er Karl V. (1500–1558) für die Wahl zum deutschen Kaiser 850000 Gulden, die er sich teilweise selbst borgen mußte. Jacob Fugger war nicht mehr nur Händler, er war auch ein politisch einflußreicher Mann, der überall in Europa mit Geld und Rat zur Stelle war, wo es um Macht und Herrschaft ging.

Mechanische Rechenmaschinen für die Finanzverwaltungen

Simon Stevin (1548–1620), Buchhalter und Kassier in Antwerpen, später Steuerverwalter von Brügge, beschrieb in seinem Buch ‹Hypomnemata mathematica› (1605/1608), das in Flämisch und Lateinisch veröffentlicht wurde, die Anwendung der doppelten Buchführung auf den Staatshaushalt. Da in den meisten europäischen Ländern in dieser Zeit die Steuern von den Lehnsherren eingetrieben wurden, hatte der König trotz der Buchführung keinen Überblick über seine Finanzsituation. Im absolutistischen Frankreich wurde deshalb die Finanzverwaltung direkt dem König unterstellt. Der Erste Minister, Kardinal Armand Jean du Plessis de Richelieu (1585–1642), entsandte königliche Intendanten in die Provinzen, um das Finanzwesen zentral von Versailles aus kontrollieren zu können. Einer dieser Steuerintendanten, Etienne Pascal, war in die Normandie geschickt worden, in der es, vor allem wegen der hohen Salzsteuern, immer wieder zu Bauernaufständen gekommen war. Etienne Pascal sollte nicht nur die rund 1500 Steuereintreiber überwachen, sondern auch die Höhe der Steuern so festlegen, daß die Bauern trotz der hohen Abgaben noch überleben konnten. In nächtelanger Arbeit versuchte er diese Aufgaben zu lösen. Sein Sohn Blaise Pascal (1623–1662) half ihm bei diesen Berechnungen. Dabei kam er auf die Idee, eine Maschine zu entwerfen, mit der man das Addieren mechanisieren konnte. Dem ersten Modellversuch von 1642 folgten bis 1652 noch etwa weitere 50 Entwürfe; fertiggestellt wurden vermutlich nur sieben oder acht Maschinen (Abb. 17). Das zentrale technische Problem, das Pascal löste, war der Übertrag zur näch-

17: Addiermaschine von
Blaise Pascal.
Die beiden rechten Ein-
stellrädchen waren für
die damalige französische
Währung ausgelegt, wo-
bei 12 Deniers einem Sol
entsprachen und 20 Sol
einen Livre wert waren.
Die für die Subtraktion
wichtigen komplementä-
ren Werte standen unter
der Metallschiene PR,
die man verschieben
konnte.

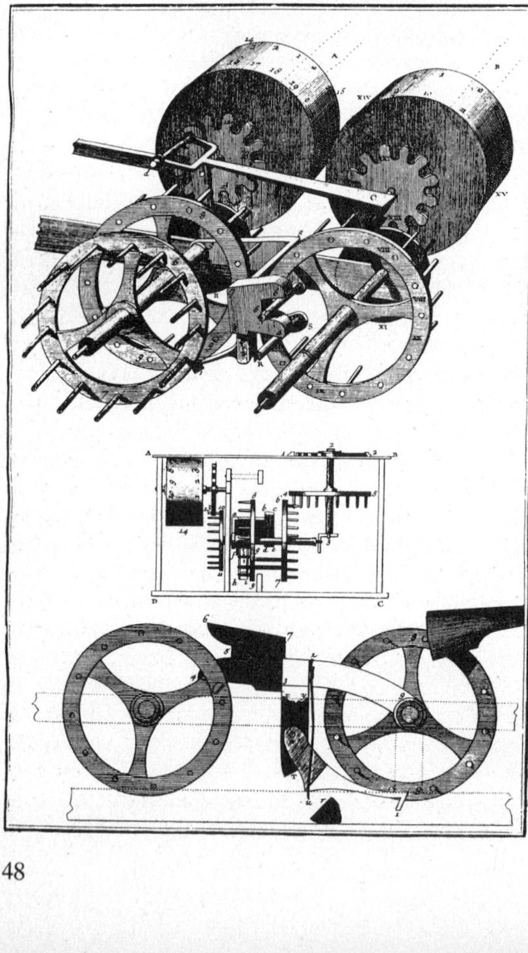

18: Mechanik für den
Stellenübertrag in der
Rechenmaschine von
Blaise Pascal. Wenn das
rechte vordere Rad eine
volle Umdrehung ge-
macht hat, in diesem Fall
zwölf Schritte, so wird
durch die beiden nach
vorne ragenden Stifte ein
Hebel betätigt, der das
linke Rädchen um einen
Schritt weiter dreht.

sten Stelle (Abb. 18). Da die Addiermaschine nach dem französischen Geldsystem ausgerichtet war, gab es auch Zwölfer- (12 Deniers = 1 Sol) und Zwanziger-Übertragungen (20 Sol = 1 Livre). Mit einem Trick konnte man auch subtrahieren: Wollte man z. B. $21 - 8$ berechnen, so mußte man zum komplementären Minuenden, bei sechs Stellen 999978 (999999 − 21), den Subtrahenden (8) addieren und konnte dann auf der Maschine das zusätzlich in roten Ziffern angegebene komplementäre Ergebnis 000013 (999999 − 999978 + 8) direkt ablesen[6].

Die Addiermaschine von Blaise Pascal galt lange Zeit als die erste Rechenmaschine. Erst im Jahre 1957 entdeckte man in einem Brief des Tübinger Gelehrten Wilhelm Schickard (1592−1635) die Skizze einer bereits 1623 von ihm entworfenen Maschine. Schickard hatte diese Maschine konzipiert, um seinem Freund Johannes Kepler zu beweisen, daß dessen aufwendige astronomische Berechnungen mechanisiert werden könnten.

Rund 30 Jahre nach der Erfindung Pascals entwarf Gottfried Wilhelm von Leibniz (1646−1716), Experte auf so unterschiedlichen Gebieten wie Philosophie, Rechtslehre, Geologie, Geschichte und Mathematik, ebenfalls eine Rechenmaschine. Ein Holzmodell, das er in Paris anfertigen ließ, nahm er mit nach London, als er sich um die Aufnahme in die 1662 gegründete Royal Society bewarb. Diese wissenschaftliche Gesellschaft beschäftigte sich neben der Astronomie auch mit den damals modernen Methoden der Datenverarbeitung. In London wurde in einer Art Wettbewerb 1673 seine Maschine mit der von Sir Samuel Morland verglichen. Morland war anfänglich Politiker und Assistent des republikanischen Staatsmannes Oliver Cromwell (1599−1658) gewesen, hatte sich dann aber ausschließlich dem Bau mechanischer Instrumente und Geräte gewidmet. Neben zwei Rechenmaschinen, den arithmetick instruments, baute er auch mehrere Barometer. Im Jahre 1681 ernannte ihn der englische König zum Master of Mechanicks.

Obwohl die Rechenmaschine von Leibniz versagte und die von Sir Morland, mit der man allerdings nur addieren und subtrahieren konnte, funktionierte, wurde Leibniz aufgrund seines hervorragenden Konzeptes in die Royal Society aufgenommen. Als er 1675 in Paris ein Messingmodell seiner Rechenmaschine vorführte, bestellten das französische Finanzamt und das Pariser Observatorium jeweils eine Maschine. Trotz seiner Investition von mehr als 24000 Talern konnte zu seinen Lebzeiten jedoch keine für ihn zufriedenstellend funktionierende Maschine angefertigt werden (Quellentext 1).

Die Maschine von Leibniz bestand aus drei Teilen: dem Einstellwerk, dem Betragsschaltwerk und dem Resultatwerk (Abb. 19). Bei einer Multiplikation wurde über das Einstellwerk der erste Faktor eingegeben und mit Hilfe der Kurbel auf das Betragsschaltwerk − ein mechanischer Zwischenspeicher mit Staffelwalzen − und das Resultatschaltwerk übertra-

19: Blick von unten auf die Staffelwalzen der Rechenmaschine von Gottfried Wilhelm Leibniz. Oben sind die acht Staffelwalzen sichtbar, die mit Hilfe der Einstellrädchen verschoben werden können. Je nach Stellung greifen mehr oder weniger Zähne der Staffelwalze bei einer Umdrehung der seitlichen Kurbel, und entsprechend viel wird auf das Resultatwerk aufaddiert bzw. bei umgekehrter Drehrichtung subtrahiert.

gen. Mehrfache Kurbelumdrehungen entsprachen nun einer Multiplikation mit der Anzahl der Drehungen (bei vier Umdrehungen also einer Multiplikation mit vier). Bei umgekehrter Drehrichtung wurde die eingestellte Zahl dividiert. Damit man die Anzahl der Kurbelumdrehungen nicht mitzählen mußte, wurde ein Zählwerk an der Kurbel angebracht. Da bei mehrstelligen Faktoren sehr viele Kurbelumdrehungen notwendig gewesen wären, konstruierte Leibniz einen Verschiebemechanismus, der dem schriftlichen Rechnen nachempfunden war. Beim Multiplizieren der Zahlen

$$1422 \times 476$$
$$\overline{}$$
$$8532$$
$$99540$$
$$568800$$
$$\overline{}$$
$$676872$$

wurde nach dem Einstellen der Zahl 1422 die Kurbel sechsmal gedreht und der Zwischenspeicher, d. h. die Staffelwalzen, um eine Stelle weitergerückt, so daß man nun 14220 eingestellt hatte. Nach sieben weiteren Umdrehungen war das neue Produkt (99540) auf das alte (8532) aufaddiert worden, und man verschob die Staffelwalzen noch einmal. Nun hatte man 142200 eingestellt, und nach viermal Kurbeln stand das Endergebnis (676872) im Resultatwerk.

50

Noch wichtiger als der mechanische Zwischenspeicher war für die moderne Datenverarbeitung das von Leibniz entwickelte duale Zahlensystem. Im dualen Zahlensystem gibt es nur die Ziffern 0 und 1. Gerechnet wird wie im Dezimalsystem, jedoch erfolgt der Übertrag bereits nach $1 + 1: 0 + 1 = 1, 1 + 1 = 10, 1 + 1 + 1 = 11, 1 + 1 + 1 + 1 = 100$.

In der Handschrift ‹*De Progressione Dyadica*› aus dem Jahre 1679 beschrieb Leibniz die vier Grundrechenarten bei Verwendung von dualen Zahlen:

«Das Addieren von Zahlen ist bei dieser Methode so leicht, daß diese nicht schneller diktiert als addiert werden können, so daß man die Zahlen gar nicht zu schreiben braucht, sondern sofort die Summen schreiben kann. Zum Beispiel diktiert man zunächst als erstes: 10110
danach: 11011
Ich schreibe sofort: 1000001»
(Gumin, 1966, S. 42 ff; Zacher, 1973).

Das von Leibniz festgehaltene Ergebnis war allerdings falsch, richtig wäre 110001. Das Rechnen mit dualen Zahlen – vor allem die Multiplikation – ist sehr einfach. Obwohl erst rund 300 Jahre später Rechenmaschinen gebaut wurden, die mit dualen Zahlen rechnen konnten, erkannte schon Leibniz, daß dieses Zahlensystem für Rechenmaschinen gut geeignet ist. Anhand der Multiplikation von zwei dualen Zahlen erläuterte er die Multipliziermaschine:

«Ich gehe nun zur Multiplikation über. Hier ist es wiederum klar, daß man sich nichts Leichteres vorstellen kann. Denn man braucht keine Pythagoreische Tafel [Tabelle mit quadratischer Anordnung des Einmaleins], und diese Multiplikation ist die einzige, die keine andere als bereits bekannt voraussetzt. Man schreibt nämlich nur die Zahl oder an ihrer Stelle 0.

```
    1011101    [Entspricht: 93 × 14 = 1302]
       1110
  _____

   10111010
   1011101
   1011101
  _____

  10100010110
```

Diese Art Kalkül könnte auch mit einer Maschine ausgeführt werden. Auf folgende Weise sicherlich sehr leicht und ohne Aufwand: Eine Büchse soll so mit Löchern versehen sein, daß diese geöffnet und geschlossen werden können. Sie sei offen an den Stellen, die jeweils 1 entsprechen, und bleibe geschlossen an denen, die 0 entsprechen. Durch die offenen Stellen lasse sie kleine Würfel oder Kugeln in Rinnen fallen, durch die anderen nichts. Sie werde so bewegt und von Spalte zu Spalte verschoben, wie die Multiplikation es erfordert. Die Rinnen sollen die Spalten darstellen, und kein Kügelchen soll aus einer Rinne in eine andere gelangen können, es sei denn, nachdem die Maschine in Bewegung gesetzt ist. Dann fließen alle Kügelchen in die nächste Rinne, wobei immer eines weggenommen wird, welches in ein leeres Loch fällt, sofern es allein die Tür passieren will. Denn die Sache kann so eingerichtet werden, daß notwendig immer zwei zusammen herauskommen, sonst sollen sie nicht herauskommen» (Gumin, 1966, S. 42 ff).

Leibniz beschäftigte sich nicht nur mit der Konstruktion von Rechenmaschinen, sondern machte sich auch über deren mögliche Anwendung Gedanken. In dem Aufsatz ‹De scientia universalis eu calculo philosophico› schrieb er:

«Es wird beim Auftreten von Streitfragen für zwei Philosophen nicht mehr Aufwand an wissenschaftlichem Gespräch erforderlich sein, als für zwei Rechnerfachleute. Es wird genügen, Schreibzeug zur Hand zu nehmen, sich vor das Rechengerät zu setzen und zueinander (wenn es gefällt, in freundlichem Ton) zu sagen: Laßt uns rechnen» (Bauer, 1971, Band II, S. 174).

Diese Gleichsetzung von Vernunft und Berechenbarkeit und die Behauptung, daß philosophische Probleme berechnet werden könnten, ist als frühes Beispiel von ‹Computer-Gläubigkeit› anzusehen.

Politische Arithmetik und Lebensversicherungen

Die ‹Politischen Arithmetiker› – heute nennt man sie Statistiker – wollten den «stummen Zahlen den Mund öffnen» (Rümelin, 1875, S. 242); sie versuchten aus Statistiken soziale, wirtschaftliche und politische Gesetz- und Regelmäßigkeiten abzuleiten. John Graunt (1620–1674), Mitglied der Royal Society und Kaufmann, wertete die wöchentlichen Verzeichnisse der Stadt London über Geburten und Sterbefälle aus und berechnete aus dem Zahlenmaterial die ‹mittlere Lebenserwartung› (Graunt, 1662). Diese abstrakte Größe, die in der persönlichen Erfahrungswelt der Menschen nicht vorkam, war für die Festlegung von Beiträgen für Leibrenten und Lebensversicherungen wichtig. Sir William Petty (1623 bis 1687), ein Freund von Graunt und Gründungsmitglied der Royal Society, wandte die Statistik, die er damals bezeichnenderweise ‹Politische Arithmetik› nannte, auch auf ökonomische Probleme an. Die beiden Statistik-Pioniere verfügten jedoch nur über geringes und unvollständiges Datenmaterial, so daß sie manchmal recht eigenartige ‹Gesetzmäßigkeiten› entdeckten. Graunt stellte beispielsweise fest, daß die Sterbeziffer (Zahl der Sterbefälle auf 1000 Einwohner) von London sehr viel kleinere Schwankungen aufwies als die der umliegenden Gemeinden. Er glaubte, daß dies mit dem Klima zusammenhängen müßte. Hätte er von den kleineren Gemeinden ebenso viele Daten wie von London gehabt, wären ihm die zufälligen Schwankungen gar nicht aufgefallen.

Edmund Halley (1656–1742), ein berühmter Astronom (Halleyscher Komet) und ab 1713 Sekretär der Royal Society, erstellte 1693 ‹mittlere

Sterbetafeln›. Sie basierten auf einem kompletten Verzeichnis der Geburten und Sterbefälle in der Stadt Breslau innerhalb eines Zeitraumes von fünf Jahren. Dieses Verzeichnis hatte der Pfarrer Caspar Neumann (1648–1715) in den Jahren 1687 bis 1691 zusammengestellt, um ‹schöne Anmerkungen göttlicher Providenz [Vorsehung] über unser Leben und unseren Tod› zu erhalten.[7] Halley errechnete aus den dokumentierten 6193 Geburten und 5896 Todesfällen, daß bei einer angenommenen Ausgangszahl von 1000 Menschen im ersten Lebensjahr 145 sterben würden oder, anders ausgedrückt, die Chance für ein Neugeborenes, das zweite Lebensjahr zu erreichen, bei 6 zu 1 lag. Mit der so erstellten ‹mittleren Sterbetafel› war es möglich, für jedes Eintrittsalter den Versicherungsbeitrag nach der zu erwartenden Lebensdauer festzulegen. Einige Jahre nach der Veröffentlichung von Sterbetafeln wurde 1699 in London die ‹Society of Assurance for Widows and Orphans› (Witwen und Waisenkasse) gegründet, die laut Satzung nur Mitglieder unter 50 Jahren aufnahm und die Beiträge nach dem Alter gestaffelt erhob.

Seit etwa 1685 beschäftigte sich der Baseler Mathematikprofessor Jacob Bernoulli (1645–1705) mit Fragen der Statistik und Wahrscheinlichkeitsrechnung. In seinem Buch ‹Ars conjectandi› (Die Kunst des Vermutens), das erst nach seinem Tode veröffentlicht wurde, faßte er alle bis dahin vorhandenen Erkenntnisse dieses Zweiges der Mathematik zusammen. «Nach zwanzigjährigem Nachdenken» erkannte er, daß «durch Vermehrung der Beobachtung beständig auch die Wahrscheinlichkeit dafür wächst, daß die Zahl der günstigen zu der Zahl der ungünstigen Beobachtungen das wahre Verhältnis erreicht, und zwar in dem Maße, daß diese Wahrscheinlichkeit schließlich jeden beliebigen Grad der Gewißheit übertrifft . . .» (J. Bernoulli, 1713, S. 90f). Dieses Gesetz der ‹großen Zahlen› ist mit Hilfe eines Würfels für jedermann nachprüfbar: Je öfter man würfelt, um so genauer erhält man für jede Zahl die wahrscheinliche mathematische Verteilung von eins bis sechs.

Im 18. Jahrhundert begann man die Gesetze der Statistik und Wahrscheinlichkeitsrechnung auch auf Probleme der Gesundheitspolitik anzuwenden. In seinem Hauptwerk ‹Die göttliche Ordnung . . .› (Süßmilch, 1761), gewidmet dem preußischen König Friedrich II., versucht der Feldprediger Johann Peter Süßmilch (1707–1767) zu beweisen, daß medizinische Vorsorge die Sterblichkeit reduzieren kann. Die Gefahr, an den Folgen einer Schutzimpfung zu sterben, sei geringer, als tödlich an Pocken zu erkranken.

Auf der Grundlage von Statistiken über Pockenschutzimpfungen, die in Basel seit 1756 durchgeführt wurden[8], ermittelte der Mathematiker und Mediziner Daniel Bernoulli (1700–1785), ein Neffe Jacob Bernoullis, an Hand der Wahrscheinlichkeitsrechnung die ‹Vorteile› einer generellen Schutzimpfung von Kleinkindern. Er kam zu dem Schluß, daß vorsorgliche Impfungen auch dann sinnvoll seien, wenn dabei viele Säuglinge sterben würden, da «der Verlust sich nur auf die für die Gesellschaft unnützen Kinder auswirkt, während der ganze Gewinn dem wertvollsten Alter zugute kommt» (Huber, 1958, S. 91). Daniel Bernoulli forderte deshalb, alle Menschen, die sich nicht impfen lassen wollten, zu ihrem ‹Glück› zu zwingen. Dem französischen König, in dessen Auftrag er die Untersuchungen durchführte, empfahl er eine ‹vorsorgliche› Gesundheitspolitik mit dem Argument, auf diese Weise die Steuereinnahmen erhöhen zu können (Huber, 1958, S. 91).

Daniel Bernoulli führte den Begriff des ‹Nutzens› in die Wahrscheinlichkeitstheorie ein. Sein Anliegen war es, nicht nur die wahrscheinlichen Gewinnaussichten von Unternehmen berechnen zu können, sondern auch, unter welchen Bedingungen eine Firma Gewinn bringt. Er erläuterte dies an einem Versicherungsbeispiel:

«Cajus aus Petersburg hat in Amsterdam Waren gekauft, die er für 10000 Rubel verkaufen könnte, wenn er sie in Petersburg liegen hätte. Er läßt sie also auf dem Seewege anfahren, ist aber unsicher, ob er sie versichern soll oder nicht. Dabei weiß er, daß von hundert Schiffen, die um diese Jahreszeit von Amsterdam nach Petersburg fahren, gewöhnlich fünf zu Grunde gehen. Immerhin kann er niemanden finden, der für einen geringeren Preis als 800 Rubel die Versicherung übernehmen will, was ihm außerordentlich hoch erscheint. Es fragt sich also: Wie groß muß das Vermögen des Cajus außer den genannten Waren sein, damit er verständigerweise die Versicherung unterlassen könne?» (Bernoulli, 1896, S. 43).

Versichert er seine Waren für 800 Rubel (und erhält 10000 Rubel beim Verkauf der Waren oder bei Verlust der Waren durch die Versicherung), so beträgt sein sicheres Gesamtvermögen G:

$$G = x + 10000 - 800 = x + 9200$$

wobei x das zusätzliche Vermögen ist. Versichert er seine Waren nicht, und das Schiff geht unter, dann hat er nur noch sein zusätzliches Vermögen ($B_1 = x$). Kommt aber das Schiff in Petersburg an, so hat er einen Besitz B_2 von

$$B_2 = x + 10000$$

Dieser Fall tritt mit einer Wahrscheinlichkeit von 95 % auf. Nach Bernoulli hat Cajus bei Nichtversicherung deshalb mit einem wahrscheinlichen Besitz (B_w)

$$B_w = \sqrt[100]{B_2{}^{95} \cdot B_1{}^5} = \sqrt[100]{(x + 10000)^{95} \cdot x^5}$$

zu rechnen. Die Versicherung wird rentabel, wenn der wahrscheinliche Besitz ohne Versicherung (B_w) gerade gleich dem Gesamtvermögen mit Versicherung (G) ist

$$\sqrt[100]{(x + 10000)^{95} \cdot x^5} = x + 9200$$

20: Die Rechenmaschine ‹Arithmomètre› von Charles Xavier Thomas.
Mit der Maschine konnten die vier Grundrechenarten ausgeführt werden; die Bedienung, d. h.
das Einstellen der Zahlen mit dem Schieber, war allerdings recht zeitintensiv. Die 1820 patentierte Maschine wurde im Laufe der Jahre verbessert: Kurbelantrieb und Umkehrbarkeit des Drehsinns durch ein Wendegetriebe (1851), Umdrehungszählwerk und Löschvorrichtung (1858) sowie Sicherungen an den Einstellschiebern und gegen Überschleudern (1878). Außerdem wurde allmählich die Stellenzahl von 3 auf 36 erhöht.

Löst man die Gleichung nach x auf, so ergeben sich näherungsweise 5043 Rubel. «Wenn also Cajus außer der Hoffnung auf seine Waren noch über 5043 Rubel besitzt, so wird er gut thun, die Versicherung zu unterlassen; besitzt er aber weniger, so sollte er darauf eingehen» (Bernoulli, 1896, S. 43). Diese rein mathematische Entscheidungsfindung wurde damals nicht praktisch angewendet, erst als im 20. Jahrhundert diese Theorie weiterentwickelt wurde, erhielt sie auch praktische Bedeutung.

Die Statistik und die Wahrscheinlichkeitsrechnung fanden jedoch schon damals zur Berechnung und Festlegung von Versicherungsbeiträgen Anwendung. Im Laufe des 18. Jahrhunders wurden verschiedene Modelle für Lebensversicherungen entwickelt: Beispielsweise Witwenversicherungen, die nicht nur das Alter des Mannes berücksichtigten, sondern auch das der Frau, d. h., die Beiträge waren um so höher, je älter der Mann und je jünger die Frau war. Die erste deutsche Lebensversicherung auf versicherungsmathematischer Basis, das Braunschweigische Allgemeine Prediger- und Schullehrerwitweninstitut, wurde 1806 gegründet.

Die komplizierten und aufwendigen Berechnungen im Versicherungswesen erforderten eine große Anzahl von Angestellten, die, wie alle

Menschen, bei stundenlangem Rechnen Fehler machten. Es ist deshalb nicht verwunderlich, daß der erste Rechenmaschinenfabrikant, Charles Xavier Thomas (1785–1870), Direktor zweier Pariser Versicherungen war. Er ließ 1820 eine Rechenmaschine patentieren, mit der man die vier Grundrechnungsarten ausführen konnte (Abb. 20). Zunächst setzte er die Rechenmaschine, die nach dem von Leibniz erfundenen Staffelwalzenprinzip arbeitete, nur in seinen Versicherungen ein; später wurden sie auch verkauft. Bis 1875 wurden rund 1500 Maschinen gefertigt. Hauptabnehmer waren neben Versicherungen wissenschaftliche Institute, denen es ebenfalls vor allem auf Genauigkeit und weniger auf Zeitgewinn ankam, denn die Handhabung der Rechenmaschine war ziemlich kompliziert.

Charles Babbage und seine Rechenautomaten

Für die weitere Entwicklung der Versicherungsmathematik und die Ausbreitung der Lebensversicherung war eine Sterbetafel bedeutsam, die der englische Mathematiker Charles Babbage (1792–1871), Mitglied der Royal Society und Professor in Cambridge, entwickelt hatte (Abb. 21). Er beschäftigte sich auch mit astronomischen Tabellen, die er im Auftrage des britischen Kriegsministeriums überprüfte. Bei der Berechnung dieser Tafeln und Tabellen entdeckte er, daß sich die Differenzen zwischen den einzelnen Gliedern einer Folge nach einem bestimmten Algorithmus, einer mehr oder weniger komplizierten Rechenvorschrift, bestimmen lassen.

21: Charles Babbage, Fotografie um 1850. Er war, wie viele der nachfolgenden Computerpioniere, ein merkwürdiger Zeitgenosse. Verbittert haßte er die Menschen im allgemeinen, die Engländer im besonderen und die britische Regierung, seine Geldgeber, verprellte er des öfteren durch seine kauzige Art. Kurz vor seinem Tode erklärte er, daß er sich nicht an einen einzigen glücklichen Tag in seinem Leben erinnern könne.

Am Beispiel einer Tabelle der Quadratzahlen

x	x^2	1. Differenz	2. Differenz
10	100		
		21	
11	121		2
		23	
12	144		2
		25	
13	169		

zeigt sich, daß sich die Differenz zwischen den Quadratzahlen jeweils um 2 erhöht, d. h. die 2. Differenz konstant ist. Bei komplizierteren Reihen ist häufig erst eine höhere Differenz konstant, aber bei sehr vielen Reihen gibt es eine konstante Differenz. Babbage erkannte, daß sich aus bereits vorhandenen Quadratzahlen und den jeweiligen Differenzen weitere Glieder dieser Reihe berechnen ließen. Ein Beispiel: Bekannt sind die Quadratzahlen bis 12 und die zugehörigen Differenzen. Zur Berechnung der Quadratzahl von 13 muß man zur letzten Differenz (23) nur eine 2 addieren und das Ergebnis zur letzten Quadratzahl hinzuzählen (144 + 23 + 2 = 169).

Charles Babbage, der die Berechnung solcher Zahlenreihen automatisieren wollte, entwarf eine Rechenmaschine, die mehrere Additionen in einem Rechenvorgang durchführen konnte. Dazu waren Zwischenspeicher für die Differenzen des vorherigen Tabellengliedes notwendig. Als Zwanzigjähriger stellte er das Konzept dieser ‹difference engine› 1812 der Royal Society vor, aber es dauerte noch zehn Jahre, bis er nach mühevoller Arbeit ein kleines Modell für zwei Differenzen und acht Stellen fertiggestellt hatte. Das britische Kriegsministerium unterstützte Babbage in den folgenden zehn Jahren mit rund 17 000 Pfund. Als jedoch 1833 noch immer keine größere Maschine (mit fünf aufeinanderfolgenden Additionen) funktionsfähig gebaut worden war, entzog ihm die Regierung die finanzielle Hilfe.

Im gleichen Jahr kündigte Charles Babbage eine neue Maschine an, die ‹analytical engine› (Abb. 22). In ihrem Aufbau war sie unseren heutigen Computern sehr ähnlich, nur sollte sie ganz aus mechanischen Elementen hergestellt werden: sie bestand aus einem Rechenwerk für die vier Grundrechenarten, einem Speicherwerk für die Zwischenergebnisse und Eingabedaten (insgesamt konnten 1000 Zahlen mit je 50 Ziffern gespeichert werden) sowie einer Steuereinheit für die Kontrolle des Programmablaufs und den Transport der Zwischenergebnisse. Zur Ein- und Ausgabe der Daten wollte Babbage Lochkarten verwenden. Babbage war der erste, der dieses Speichermedium für die Datenverarbeitung nutzte;

22: Ein Teilstück der ‹analytical engine› und eine Lochkarte.
Die Lochkarten sollten aneinandergebunden werden und dann nach und nach von dem Rechenautomaten abgearbeitet werden. Das abgebildete Teil der Maschine besteht aus dem Speicher und dem Druckwerk für die Ergebnisse.

Lochkarten waren auch noch bei der dritten Computergeneration das dominierende Speichermedium. Ursprünglich sollte das Programm, die Rechenvorschrift, auf einer Trommel angebracht werden. Als Babbage aber den lochkartengesteuerten Webstuhl gesehen hatte, änderte er seine Pläne und verwendete ebenfalls Lochkarten zur Steuerung der ‹analytical engine›.

Das folgende Beispiel erläutert die Programmierung dieses Rechenautomaten: Zur Berechnung der Formel $(a \times b + c) \times d$ wurden anhand von vier Speicherkarten zuerst die Zahlenwerte für a, b, c, d in die Speicherplätze 1, 2, 3, 4 (sogenannte Adressen) eingegeben – man konnte auch beliebig andere der 1000 Speicherplätze verwenden. Nun folgte die erste Operationskarte, die die Multiplikation der unter den Adressen 1 und 2 abgespeicherten Werte a und b veranlaßte. Das Ergebnis dieser Multiplikation (p) wurde mit Hilfe einer weiteren Speicherkarte im Speicher an der Adresse 5 abgelegt. Die folgende zweite Operationskarte war für die Addition des Zwischenergebnisses (p) und des Wertes c zuständig, der unter Adresse 3 abgespeichert worden war. Das Resultat dieser Addition (q) wurde unter Verwendung einer weiteren Speicherkarte in den Speicherplatz 6 eingegeben. Die dritte Operationskarte veranlaßte die Multiplikation der Inhalte der Adressen 6 (q) und 4 (d). Das Endergebnis (r) wurde mit einer siebten Speicherkarte im Speicher an der Adresse 7 abgelegt. Moderne Computer werden heute im Prinzip genauso programmiert wie Babbages mechanischer Rechenautomat.

Die ‹analytical engine› war die erste Maschine, die man programmieren konnte, d. h., das Programm war nicht wie bei der ‹difference engine› fest vorgegeben, sondern konnte vom Anwender bestimmt werden. Babbage hatte neben den oben beschriebenen Karten auch sogenannte ‹combinatorial cards› vorgesehen, mit denen man eine Operation wiederholen oder unter bestimmten Bedingungen einige Karten im Programmablauf überspringen konnte. Diese ‹bedingten Sprünge› im Programm sind wesentliche Voraussetzung für die Programmierung von Entscheidungen. Ein großer Tel dieser Programmierungstechniken entstand in Zusammenarbeit mit Babbages Assistentin Augusta Ada, Countess of Lovelace (1815–1852) (Abb. 23).

23: Lady Augusta Ada, Countess of Lovelace.
Die Tochter des Dichters und Freiheitskämpfers Lord Byron (1788–1824) studierte Mathematik und wurde die Assistentin von Charles Babbage. Sie war die erste Programmiererin und erstellte ein Programm zur Berechnung der Bernoullischen Zahlen, die in der Wahrscheinlichkeitstheorie eine große Rolle spielen.

Volkszählungen und Hollerithmaschinen

Die erfolgreiche Anwendung der Statistik und Wahrscheinlichkeitsrechnung in den Versicherungsgesellschaften führte zu einer regelrechten Statistikeuphorie. Der preußische König Friedrich II. (1712–1786) legte, angeregt durch das Buch von Süßmilch, großen Wert auf die sorgfältige Führung der ‹Historischen Tabellen›, in denen Zahlen über die Bevölkerung, die Häuser und die Finanzen der Gemeinden standen. Auch Napoleon Bonaparte (1769–1821) erkannte den Wert von Statistiken für die Staatsführung und ließ deshalb 1801 und 1806 Volkszählungen durchführen, bei denen für jedes Departement eigene Statistiken erstellt und ausgewertet wurden. Dem ersten statistischen Amt, dem Bureau official de la statistique générale, das für die erste französische Volkszählung eingerichtet worden war, folgten in den von Napoleon besetzten Ländern vergleichbare Behörden: 1805 das Statistische Bureau in Preußen und 1808 ein entsprechendes Amt in Bayern.

Nach der Niederlage Napoleons kamen die Kritiker der Statistik verstärkt zu Wort, allen voran August Ferdinand Lueder (1760–1819), Professor für Geschichte und Philosophie, der selbst eine Reihe von wirtschaftsstatistischen Untersuchungen veröffentlicht hatte:

«Zu ihr [der Statistik] führte die neuere Politik, und diese war nichts anderes, als ein Werk der Herrsch- und Regiersucht, der Unwissenheit und Blindheit, und eines Dünkels des Wissens, der an Wahnsinn grenzte, und verbunden war mit einem höchst läppischen Glauben an menschliche Allmacht ... Die im Jahre 1802 von dem Präfekt des niederrheinischen Departements eingesandte und auf Befehl des Ministers des Inneren in Paris gedruckte Statistik jenes Departements war gar so voll handgreiflicher, dem gesunden Menschenverstande Hohn sprechender Fehler und Unwahrheiten, daß der Verfasser derselben die ganze Auflage an sich kaufte, um weiteren Skandal zu verhüten» (Lueder, 1817, S. 50 u. S. 347).

Als ‹Unwahrheiten› bezeichnete Lueder die vermeintlichen Gesetzmäßigkeiten, die der Präfekt aus dem statistischen Zahlenmaterial errechnet hatte.

Mit der Industrialisierung wuchs jedoch das Interesse an statistischem Zahlenmaterial, die Unternehmer brauchten für ihre Planungen Handelsstatistiken, und die staatlichen Verwaltungen benötigten Volkszählungen für die Ausführung ihrer Aufgaben. Es ist deshalb nicht verwunderlich, daß in Belgien, einem der ersten industrialisierten Länder des europäischen Kontinents, die liberale Regierung 1846 eine Volkszählung durchführen ließ, bei der erstmals vereinheitlichte Erfassungsbögen ausgegeben und die Auswertung zentral durchgeführt wurde. Der Leiter der Volkszählung, Adolphe Quetelet (1796–1874), Professor der Mathematik, hatte erkannt, daß nur aus vergleichbaren Daten Statistiken erstellt werden konnten, wenn sie einen gewissen Aussagewert haben sollten.

Nach der bürgerlichen Revolution von 1848 wurden in nahezu allen europäischen Ländern statistische Ämter eingerichtet. Auch in einigen großen Städten gründete man statistische Behörden; in Berlin wurde beispielsweise 1852 vom Königlichen Polizeipräsidium ein eigenes Statistisches Amt aufgebaut. Da auch andere Behörden an statistischem Zahlenmaterial interessiert waren, beantragte der spätere Berliner Bürgermeister Nauny 1856 beim Magistrat ein zentrales städtestatistisches Bureau:

«Was uns aber fehlt, ist die Vereinigung dieses zum Theil in verschiedenen Bureaus zerstreuten Materials, ist die volle Verwertung desselben, welche nur dann – und auch dann nur sehr allmählich – möglich wird. Nur dadurch würde das Material wahrhaft fruchtbringend gemacht werden können, die richtige Fragestellung, die Vergleichung und Zusammenstellung der Daten würde zu belehrenden und folgereichen Ergebnissen führen» (100 Jahre Berliner Statistik, 1962, S. 25).

In den folgenden Jahren entstand eine zweite Welle der Statistik-Euphorie. Den Anfang machte Adolphe Quetelet mit seinem Buch ‹Soziale Physik›, in dem er aus den Statistiken von Volkszählungen das Bild eines ‹mittleren Menschen› (‹Homme moyen›) beschrieb. Quetelet berechnete nicht nur die mittlere Größe und das mittlere Gewicht, sondern auch die mittlere intellektuelle Fähigkeit und sogar eine mittlere menschliche Moral, auf der er ein soziales System errichten wollte. Dieser mittlere Mensch sollte ‹der Typus des Schönen und Guten› sein. Quetelet versuchte anhand seiner Statistiken auch die Ursachen von Verbrechen (Einfluß von Klima, Bildung, Jahreszeiten, Alter und Geschlecht auf den Hang zum Verbrechen) zu ermitteln. Mit seinen ‹Moralstatistiken› wollte er eine vorsorgliche Verbrechensbekämpfung unterstützen. Ähnliche Ideen verfolgte 100 Jahre später auch der Chef des Bundeskriminalamtes (BKA), Horst Herold, der «die gewaltige Datenmenge ... durchdringen und mehrdimensional verknüpfen» wollte, um «auf Knopfdruck» (Transatlantik II, 1980, S. 36) beispielsweise die Zusammenhänge zwischen kriminellem Verhalten und der Anzahl der Ehescheidungen, Alkoholismus oder sozialen Mißständen festzustellen.

Zur Erfassung der Wahlberechtigten wurden in den Vereinigten Staaten seit 1790 alle zehn Jahre Volkszählungen durchgeführt. Später zählte man auch die Industriebetriebe (1810), die landwirtschaftlichen Betriebe (1840), die Bergbauunternehmen (1840) und die Behörden (1850). Die Auswertungen dieses Zahlenmaterials nahmen immer mehr Zeit in Anspruch; die zehnte Volkszählung (1880) konnte wegen der zahlreichen auszuwertenden Daten erst nach sieben Jahren abgeschlossen werden. Der Bergwerkingenieur Hermann Hollerith (1860–1929), der kurzzeitig an der Auswertung der zehnten amerikanischen Volkszählung teilgenommen hatte, begann im Jahre 1882 als Mitarbeiter am Massachusetts Institute of Technology (MIT), der 1861 gegründeten vorwiegend naturwis-

Alter	Stand	Beruf	Religion
bis 5 Jahre	ledig	Indust-Arbeit. ✓	prot. ✓
6-10 J.	verheir. ✓	Land-Arbeit.	kath.
11-20 J.	gesch.	Kaufm. Ang.	jüd.
21-30 J.	Zahl der Kinder	Leitd. kaufm. Ang.	andere Religion
31-40 J.	1 Kind	Staatsdienst	Mtl. Eink.
41-50 J.	2 Kinder	Freier Beruf	bis 100 $ ✓
51-60 J	3 Kinder ✓	andere Berufe	bis 200 $
61-70 J.	4 Kinder	Bürger-Recht	bis 500 $
71-80 J.	5 Kinder	ja ✓	über 500 $
über 80 Jahre	mehr Kinder	nein	

Alter	Stand	Beruf	Religion
bis 5 Jahre	ledig	Indust-A●eit.	prot. ●
6-10 J.	verheir. ●	Land-Arbeit	kath.
11-20 J.	gesch.	Kaufm. Ang.	jüd.
21-30 J.	Zahl der Kinder	Leitd. kaufm. Ang.	andere Religion
31-40 J.	1 Kind	Staatsdienst	Mtl. Eink.
41-50 J.	2 Kinder ●	Freier Beruf	bis 10●$
51-60 J.	3 Kinder ●	andere Berufe	bis 200 $
61-70 J.	4 Kinder	Bürger-Recht	bis 500 $
71-80 J.	5 Kinder	ja ●	über 500 $
über 80 Jahre	mehr Kinder	nein	

24: ‹Zählblättchen›. Um die Auszählungen von Volkszählungen zu vereinfachen, hatte man die Daten jeder Person auf einer einheitlichen Karte eingetragen (links). Hermann Hollerith ließ nun an die entsprechenden Stellen Löcher stanzen und die gelochten ‹Zählblättchen› mit Hilfe seiner Tabellier- und Sortiermaschinen auswerten.

senschaftlichen Universität in Cambridge (USA), eine mechanische Zählmaschine zu konstruieren. Aber erst als er ein Jahr später in Washington eine Stelle im Patentamt bekam und ihm dadurch das damalige technologische Wissen zur Verfügung stand, gelang es ihm, Lochkartenmaschinen zu entwickeln, die gelochte ‹Zählblättchen› sortieren und zählen konnte (Abb. 24). Man unterschied Lochmaschinen, mit denen in die Lochkarten die Löcher gestanzt wurden, Sortiermaschinen, mit denen die Karten nach bestimmten Kriterien sortiert wurden, und Tabelliermaschinen, mit denen die vorsortierten Karten gezählt wurden. Bevor Holleriths ‹Statistiker-Klaviere›, so nannte man damals seine Lochkartenmaschinen, bei der elften Volkszählung im Jahre 1890 eingesetzt wurden, testete man sie bei der Erstellung von Sterblichkeitsstatistiken. Innerhalb von zwei Jahren konnte man die gesamte Volkszählung von 1890 mit Hilfe der Hollerithmaschinen auswerten. An 220 Lochmaschinen wurden die Individual-Zählkarten gelocht. Zwölf elektrische Zählmaschinen verarbeiteten die 24 Millionen Lochkarten mit je 20 bis 24 Löchern. Die Ergebnisse der elften Volkszählung wurden auf 2378 Seiten veröffentlicht, während der Bericht 1880 nur 196 Seiten umfaßte. Dieser wesentlich vergrößerte Umfang kam dadurch zustande, daß mit den Hollerithmaschinen die Daten vielseitiger kombiniert werden konnten, als dies bei einer Auszählung von Hand in dieser kurzen Zeit möglich gewesen wäre.

Die elektrische Zähl- und Sortiermaschine bestand im wesentlichen aus drei Teilen: der Kontaktpresse, den Zählwerken und dem Sortierkasten (Abb. 25). Wollte man mehrere Merkmale bei der Auszählung kombinieren, also beispielsweise nur die Industriearbeiter mit drei Kindern und einem Einkommen bis 100 Dollar zählen, so wurden die entsprechenden Stromkreise mit Relais verschaltet (Abb. 26). Diese Verdrahtungen dauerten für die einzelnen Zählvorgänge mehrere Tage und konnten nur von Elektrotechnikern ausgeführt werden. Eine Verbesserung ergab sich, als der Wiener Telegrafen- und Telefonfabrikant Otto Schäffler (1838 bis 1928), der an der Organisation der österreichischen Volkszählung von 1890 beteiligt war, sich 1895 einen ‹Generalumschalter› patentieren ließ, mit dem man ähnlich wie bei den Telefonvermittlungen durch Steckverbindungen die Kombinationen der Daten programmieren konnte (Quel-

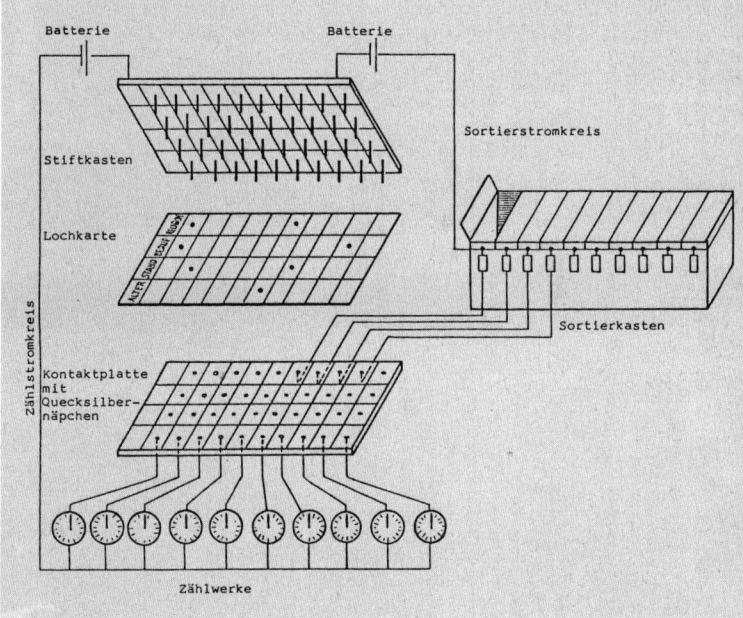

25: Prinzipielle Funktion der Hollerith-Maschinen. An den Stiftkasten wurde der eine Pol der Batterie angeschlossen. Legte man eine Lochkarte in die Kontaktpresse und betätigte sie, so wurden an den Stellen, wo die Karte Löcher hatte, der Stromkreis über die Quecksilbernäpfchen geschlossen. Beim Schließen des Stromkreises wurden je nach Schaltplan die Zählwerke um eine Stelle weitergeschaltet oder eine Klappe des Sortierkastens geöffnet.

lentext 2). Man konnte aber auch mit organisatorischen Tricks die Auswertung von Volkszählungen vereinfachen. Unter der Überschrift ‹Hollerith-Variationen› wurde beispielsweise 1913 in den Hollerith-Mitteilungen folgendes Auswerteverfahren beschrieben:

«ABSONDERUNG DER ABNORMALEN. In dem Statistischen Bureau in Kopenhagen unter Leitung des Herrn Direktors Koefoed wurde von dem Dezernenten der Hollerith-Abteilung Herrn Elberling eine sehr sinnreiche Vorkehrung getroffen, durch welche das Sortieren von 4,7 Millionen Karten gespart wurde. Es gab etwa 100 000 abnormale Menschen in Dänemark, die in dreierlei Weise abnormal sein konnten, nämlich bezüglich Gebrechen, der Religion und des Militärverhältnisses. Bei der gewöhnlichen Sortierungsmethode hätte man die sämtlichen Karten dreimal sortieren müssen, um die drei Abnormitäten abzusondern, und da Dänemark etwa 2½ Millionen Einwohner hat, etwa 7½ Millionen Karten durch die Sortiermaschine schicken müssen. Es wurde nun ein Sortiermaschinenbürstenhalter angefertigt, welcher anstatt einer Bürste drei Bürsten enthielt, und zwar in solcher Stellung, daß die drei Spalten der Abnormalen berührt wurden. Da nun die Sortiermaschine immer nach demjenigen Loch sortiert, welches zuerst den Strom schließt, war die Folge dieser Anordnung, daß bei der einmaligen Sortierung der 2½ Millionen Karten diejenigen, welche keine Abnormitäten hatten, also in den drei Reihen nicht gelocht waren, in das R-Loch fielen, während die anderen je nachdem in das eine oder andere Fach sortiert wurden. Es war nun notwendig, diese 100 000 abnormalen Karten noch dreimal zu sortieren, da sie bei der ersten Sortierung durcheinander kamen. Die Wirkung dieser Vorrichtung war die ortierung von 2,8 anstatt 7,5 Millionen Karten» (Hollerith Mitteilungen, 1913, Nr. 3, o. S.).

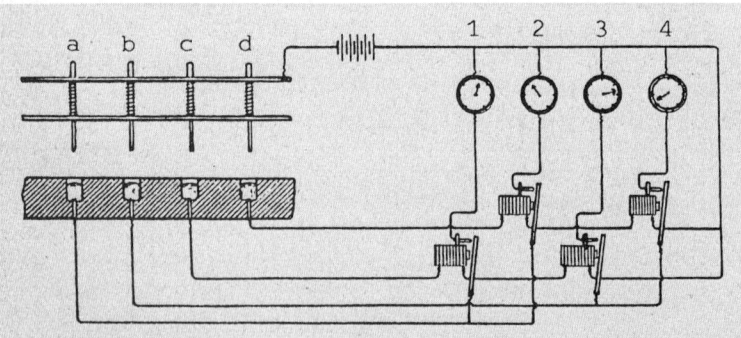

26: Relaisschaltung für die Kombination von Daten. In der deutschen Patentschrift von 1899 wurde diese Art der Datenverknüpfung beschrieben. In dem Beispiel wurde die Zähluhr 1 so verdrahtet, daß sie nur zählt, wenn die Lochkarte an den Stellen a *und* c Löcher hat. Denn nur dann fließt durch den Anker des Relais *und* auch durch den zugehörigen Kontakt ein Strom. Entsprechendes gilt für die anderen Zähluhren (2 = a + d, 3 = b + c, 4 = b + d). Heute nennt man diese logische Operation UND-Verknüpfung (s. S. 88).

Lochkartenmaschinen für die Planung der Kriegswirtschaft

Die militärische Führung des Deutschen Reiches hatte zwar die Mobilmachung für den Ersten Weltkrieg detailliert geplant, aber keine besonderen Maßnahmen zur Beschaffung und Verteilung von kriegsnotwendigen Rohstoffen getroffen, da man an einen schnellen Sieg geglaubt hatte. Als am 4. August 1914 die britische Regierung Deutschland den Krieg erklärte, erwarteten einige Industrielle nach einer eventuellen englischen Seeblockade Probleme mit der Rohstoffversorgung. Walter Rathenau (1867–1922), Direktor der AEG, riet am 9. August dem Kriegsminister, die Rohstoffverteilung zentral vom Kriegsministerium aus zu organisieren. Wenige Tage später, am 13. August, wurde dann die Kriegsrohstoff-Abteilung (KRA) eingerichtet, in der am Ende des Krieges mehr als 20000 Menschen beschäftigt waren. Die technisch-kaufmännische Durchführung der Verteilung von Rohstoffen wurde sogenannten Kriegsrohstoff-Gesellschaften übertragen, die von den jeweils betroffenen Industrieunternehmen gemeinsam geleitet wurden.

Die Seeblockade der englischen Marine verhinderte auch die Einfuhr von Nahrungsmitteln für die Zivilbevölkerung. Um dem zu erwartenden Mangel begegnen zu können, wurden Bestandsaufnahmen an Nahrungs- und Futtermitteln vorgenommen sowie Volks-, Vieh- und Ernteflächenzählungen durchgeführt. Bei den ersten Vorratserhebungen von Getreide und Mehl kam es vor, daß die Angaben unbewußt oder bewußt – zum Teil aus Angst vor Beschlagnahmungen, die später tatsächlich durchgeführt wurden – niedriger waren als der tatsächliche Vorrat. Dies sollte eine Vorschrift verhindern, nach der jeder, der seine Angaben nicht fristgerecht oder wissentlich unrichtig oder unvollständig machte, mit einer Geldstrafe bis zu 10000 Reichsmark oder mit Gefängnis bis zu sechs Monaten bestraft werden konnte. Auch heute ist nach dem Statistikgesetz das Nicht- oder Falschausfüllen von Fragebögen, z. B. bei Volkszählungen oder Hochschulstatistiken, strafbar; die Höchststrafe beträgt immer noch 10000 DM. Die statistischen Ämter, die Kriegsrohstoff-Gesellschaften und die zentralen Bewirtschaftungsstellen (Reichsstellen und Reichskommissare) hatten eine riesige Menge von Daten zu verarbeiten[9]. Der Direktor des Bayerischen Statistischen Landesamtes, Dr. Friedrich Zahn (1869–1946), schrieb während des Ersten Weltkrieges:

«In der ... Geschichte der amtlichen Statistik fielen die großen Arbeitsjahre der Statistik jeweils mit den Perioden einer gesteigerten Tätigkeit der Verwaltung zusammen. Diese Erfahrung der Friedenszeit bestätigt auch der jetzige Krieg. Seit Ausbruch desselben hat die amtliche Statistik, die zunächst alle ihre bisherigen nicht vordringlichen Arbeiten zurückstellte, ein so gewaltiges Pensum zu erfüllen, wie wohl in keinem früheren Stadium der Geschichte» (Zahn, 1916, S. 95).

27: Planung der Kriegswirtschaft mit Hilfe von Lochkartenmaschinen.
Die ‹Materialschlachten› des Ersten Weltkrieges und die englische Seeblockade erforderten eine zentrale Planung der Verteilung von kriegswichtigen Rohstoffen, Waffen und Lebensmitteln. Für diese Planungsaufgaben wurden viele Lochkartenmaschinen in die zuständigen Ämter nach Berlin gebracht.

Um die vielen statistischen Erhebungen auswerten zu können, wurden den weniger oder nicht kriegswichtigen Unternehmen die Lochkartenmaschinen entzogen und nach Berlin zu den zentralen Kontroll-, Verteilungs- und Abrechnungsorganisationen gebracht. Insgeamt waren in Deutschland zu diesem Zeitpunkt 44 Maschinen installiert.

Die zentrale Planung der deutschen Kriegswirtschaft funktionierte jedoch nicht. Der hohe Materialverbrauch in den großen ‹Materialschlachten› hatte zu einem Mangel an Rohstoffen geführt, den auch eine Mangelverwaltung nicht beseitigen konnte (Abb. 27). Die von den Statistikern häufig kritisierte geringe Anzahl von Lochkartenmaschinen war nicht der einzige Grund für die Versorgungsengpässe bei den Nahrungsmitteln. Ein wesentliches Problem lag schon in dem bei den Vorratszählungen erhobenen Zahlenmaterial; wie bereits erwähnt, wurden viele Vorräte falsch angegeben. So hatten bei einer Futterkartoffel-Erhebung Ende 1914 aus Furcht vor Beschlagnahmungen viele nur einen geringen Vorrat angegeben. Dadurch kamen die Statistiker zu dem falschen Schluß, daß zu wenig Futterkartoffeln für die Schweine vorhanden seien und trafen im Frühjahr 1915 eine fatale Fehlentscheidung: Man schlachtete massenhaft Schweine. Dieser ‹Schweinemord›, von einigen in Kennzeichnung der geistigen Urheber auch ‹Professorenschlachtungen› genannt, verschärfte die Versorgungssituation im Winter 1915/16 erheblich.

Das ‹moderne› Büro der zwanziger Jahre

Der erste Versuch, die Lochkartentechnik auch in der Privatwirtschaft einzusetzen, wurde bereits 1895 von der New Yorker Eisenbahngesellschaft Central Railroads unternommen. Dabei stellte sich heraus, daß die zu verrichtenden Buchhaltungsarbeiten eine Addiereinrichtung erforderten. Hollerith entwickelte daraufhin eine Addiervorrichtung für seine Tabelliermaschine, die im wesentlichen aus einer elektromagnetischen Version der Leibnizschen Staffelwalze bestand. Im Jahre 1896 gründete Hollerith eine Firma, die Tabulating Machine Company, um seine Lochkartenmaschinen in größeren Stückzahlen herzustellen. Doch der geschäftliche Erfolg blieb aus, und 1911 fusionierte Hollerith mit zwei anderen Büromaschinen-Herstellern zur Computing Tabulating Company. Er zog sich im gleichen Jahr wieder aus dem Unternehmen zurück und war bis 1921 nur noch als Berater tätig. Im Jahre 1924 benannte man die Firma in International Business Machines Corporation, kurz IBM, um.

In Deutschland wurde die erste privat genutzte Lochkartenmaschine von den Farbenwerken Friedrich Bayer & Co. gekauft. Der damalige Direktor, Geheimrat Prof. Dr. C. Duisberg, hatte bei einem Besuch in Amerika die Maschinen bestellt; im September 1910 trafen die ersten Locher und zwei Monate später die Sortier- und Tabelliermaschinen in Elberfeld ein. Mit den Maschinen wurden die Umsatzzahlen der vielen Farbprodukte statistisch ausgewertet, d. h. nach Gruppen, Ländern und Artikeln zusammengestellt.

Der Einsatz im großen Stil begann aber erst nach dem Ersten Weltkrieg. Aufgrund einer Reihe von Verbesserungen (bis 1925 wurden rund 500 Patente angemeldet) und der 1925 herausgebrachten schreibenden Tabelliermaschine konnte die Lochkartentechnik auch für die Lohnbuchhaltung und andere Buchhaltungsaufgaben eingesetzt werden. Die Hollerithmaschinen spielten beim Durchleuchten, Überwachen und Organisieren eines Betriebes eine immer größere Rolle (Abb. 28). Die folgende zeitgenössische Beschreibung einer ‹modernen› Verwaltung vermittelt ei-

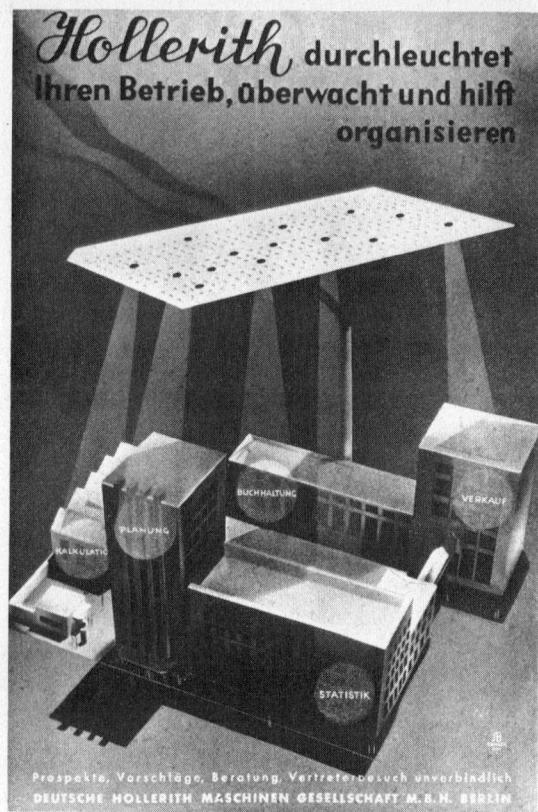

28: ‹Hollerith durch-
leuchtet Ihren Betrieb,
überwacht und hilft orga-
nisieren.› Mit Hilfe der
Lochkartentechnik wur-
den in den zwanziger Jah-
ren große Konzerne ver-
waltet. Haupteinsatzgebie-
te waren die Erstel-
lung von Umsatz- und
Verkaufsstatistiken, die
Buchhaltung und Kalku-
lation sowie allgemeine
Planungsaufgaben.

nen Eindruck vom Büroleben in den technisch fortschrittlichsten Unternehmen der zwanziger Jahre:

«Eine Menge von Mädchen ist gleichmäßig im Saal der Powers-Maschinen verteilt,
locht Karten und schreibt. Die Powers- (oder die Hollerith-)Maschinerie, die zu
Buchungen und zu allen möglichen statistischen Zwecken verwandt wird, voll-
bringt auf mechanischem Wege Leistungen, zu deren Bewältigung es früher der nie
mit automatischer Sicherheit funktionierenden Kopfarbeit und einer ungleich längeren Dauer bedurft hätte. Der Träger der maschinellen Verarbeitung ist die mit
Ziffernreihen bedeckte Lochkarte, auf der sich die betriebswichtigen Positionen in
Zahlen darstellen lassen. Jede Karte wird mit Hilfe der Lochmaschine gelocht und
enthält dann den Buchungsvorgang in Lochschrift. Die fertigen Karten wandern in
den Nachbarraum zu den Sortier- und Tabelliermaschinen. Jene ordnen im Hand-
umdrehen das Material nach den verschiedenen Positionen, diese schreiben die
gelochten Zahlen in der gewünschten Tabellenform nieder und addieren selbsttätig

die Kolonnen. Herren bedienen die schweren Ungetüme, deren Radau das eintönige Geklapper der lochenden Mädchen gewaltig übertrifft» (Krakauer, 1980, S. 27 f).

Auch die Deutsche Reichsbahn, eines der größten staatlichen Unternehmen, setzte in zunehmendem Maße Hollerithmaschinen ein. Neben der statistischen Berechnung über die Auslastung von Strecken und die Selbstkosten der Betriebsleistungen versuchte man ab 1923 bei der Reichsbahn, die hohen Kosten für die Lagerhaltung von Betriebsstoffen, vor allem der Kohle, zu reduzieren. Mit Hilfe statistischer Auswertungen gelang es 1930, die Lagerhaltung und die Verbrauchsüberwachung zentral zu organisieren und etwa 70 Millionen Reichsmark einzusparen. Die Bedeutung der Lochkartentechnik für die Verwaltungen – bei der Reichsbahn wurden jährlich rund 140 Millionen Buchungen mit Hollerithmaschinen verarbeitet – erläuterte der damalige Generaldirektor Dr. Johannes Dorpmüller, der unter Hitler Verkehrsminister wurde:

«Welche außerordentliche Bedeutung gerade diese modernen Maschinen für die Statistik haben, ist daraus ersichtlich, daß eine einzige Hollerith-Tabellenmaschine mit fünf Zählwerken imstande ist, in einer Stunde 50 000 Additionen von achtstelligen Zahlen vorzunehmen. Welch ein ungeheures Heer von Beamten müßte daran gesetzt werden, wenn man solche Ergebnisse ohne Maschinen pünktlich erhalten wollte! Darüber gingen Monate, vielleicht Jahre hin. Daher können wir diese modernen Erfindungen für die Rationalisierung in der Verwaltung nicht hoch genug anerkennen» (Zeitschrift des Vereins deutscher Ingenieure, 1928, Nr. 79, S. 1807).

Diese ‹moderne Erfindung› wurde im Zweiten Weltkrieg von der Reichsbahn dazu genutzt, den gesamten Eisenbahnverkehr im besetzten Europa zu organisieren. Neben den Truppen- und Munitionstransporten sowie dem Güterverkehr zwischen den Fabriken und dem normalen Personenverkehr planten die Bürokraten der Reichsbahn auch den Transport der Juden in die Konzentrations- und Vernichtungslager (Hilberg, 1982, S. 288 ff).

Die Statistik unter den Nationalsozialisten

Wenn man die nationalsozialistische Gewaltherrschaft untersucht, stößt man zuerst auf die 50 Millionen Toten des Zweiten Weltkrieges und die 6 Millionen ermordeten Juden. Daß für diese Terrorherrschaft eine zentrale Planung und Überwachung mit Hilfe einer effizienten Datenverarbeitung notwendig war, übersieht man anfänglich leicht. Von daher scheint es nicht verwunderlich, daß die Statistik und damit auch die Lochkartentechnik einen ungeheuren Aufschwung nahmen [10], als 1933 die Nationalsozialisten die Regierungsmacht übernommen hatten. Der bereits in Zusammenhang mit der Statistik im Ersten Weltkrieg erwähnte Präsident der Deutschen Statistischen Gesellschaft, Dr. Friedrich Zahn, behauptete sogar, daß die Statistik ihrem Wesen nach der nationalsozialistischen Bewegung nahestände (Allgemeines Statistisches Archiv, 1939/40, 29). Wahrscheinlich meinte er, der Wunsch der Nazis, die Gesellschaft zentral zu lenken und zu kontrollieren, sei mit Hilfe der Statistik besonders wirkungsvoll zu realisieren.

Die erste praktische Bewährungsprobe für die Statistiker und ihre Hollerithmaschinen unter den Nationalsozialisten war die Volkszählung vom 16. Juni 1933 (Abb. 29), also bereits wenige Monate nach der Machtübernahme. In der Festschrift zum 25jährigen Jubiläum der Deutschen Hollerithmaschinen-Gesellschaft (1935) wurde die Bedeutung der Lochkartentechnik folgendermaßen beschrieben:

«Als mit der Machtübernahme der Führer den Vier-Jahresplan verkündete und eine allgemeine Volks-, Berufs- und Betriebszählung angeordnet wurde, fiel dem Hollerith-Verfahren die Aufgabe zu, diese umfangreiche Zählung (für das preußische Gebiet ca. 41 Millionen Einwohner) in einem Zeitraum von wenigen Monaten auszuführen. Diese Inventuraufnahme eines Volkes sollte gewissermaßen den Zustand der sozialen und wirtschaftlichen Verhältnisse des deutschen Volkes an einem Zeitpunkt feststellen, an dem das große Aufbauwerk begann. Das Hollerith-Verfahren hat diese große volkswirtschaftliche Aufgabe gelöst und damit eine Arbeit geleistet, wie sie nie zuvor und in keinem Land der Welt in derartig weitgehender Gliederung, Genauigkeit und Schnelligkeit ausgeführt wurde. Bereits nach wenigen Monaten standen der Regierung wichtige Zahlenergebnisse zur Verfügung. Der Wert dieser Statistik wurde dadurch besonders erhöht, und vielleicht zum erstenmal ermöglichte sie der Staatsführung einen unmittelbaren praktischen Nutzen» (Heidinger, 1935, S. 73 f).

Dieser praktische Nutzen betraf vor allem die Aufrüstung der deutschen Wehrmacht sowie die ökonomischen und politischen Kriegsvorbereitungen.

«Die Neugestaltung unserer Wehrmacht wird weiterhin eine große Anzahl von Massenbeobachtungen und Untersuchungen erfordern, die nicht nur den Zwecken der Wehrmachtsverwaltung dienen, sondern darüber hinaus kulturpolitischen Wert besitzen. Die neu zu errichtende Militärstatistik wird im Interesse der Allgemeinheit zur Erreichung biologischer, wirtschaftlicher, sozialer und kultureller Erkenntnisse vertieft und ausgebaut werden. Sie wird sich erstrecken auf die Heeresergänzung, Wehrkraft, Wehrfähigkeit, Wehrtüchtigkeit (Rekrutenstatistik), auf das militärische Gesundheitswesen, die geistige Bildung der Rekruten, ihren bisherigen Werdegang durch die HJ und SA und viele andere wichtige Fragen.
Ein gigantisches Feld der Massenbeobachtung eröffnen die großen Rahmenbildungen unseres Volkskörpers: die Deutsche Arbeitsfront, der Reichsnährstand, die Organisation der gewerblichen Wirtschaft, der Reichsbund deutscher Beamter, die Reichskulturkammer und der Bund nationalsozialistischer deutscher Juristen, die alle erwerbstätigen Personen und Betriebe des deutschen Reiches umschließen. Ihr Problembereich hat unübersehbare Ausmaße und wird im Hinblick

auf die Massenuntersuchungen in vielen Fällen geradezu darauf angewiesen sein, sich des Lochkartenverfahrens zu bedienen, weil anders viele Fragen ungelöst bleiben» (Heidinger, 1935, S. 74 f).

Ungelöst war für die Nationalsozialisten beispielsweise auch das Nachschubproblem. Der Straßenbau, der bis dahin von rund 700 Staats-, Provinzial- und Kreisbauverwaltungen dezentral geplant worden war, wurde deshalb mit Hilfe der Statistik zentral gesteuert. Friedrich Burgdörfer (1890–1967), Direktor des Statistischen Reichsamtes, beschrieb 1940 den Einsatz der Lochkartentechnik für die Planung des Straßenbaus:

«Als nach der Machtübernahme das Gebiet des Straßen- und Wegewesens in das Aufbau- und Arbeitsbeschaffungsprogramm der nationalsozialistischen Regierung einbezogen wurde, mußte dem Mangel an statistischen Unterlagen über das Straßenwesen möglichst schnell abgeholfen werden ... Um einen ständigen Überblick über den Fortgang des Straßenbaus zu haben, wurden zunächst monatliche Meldungen über den Bau der Reichsautobahnen und die Bau- und Unterhaltungsarbeiten auf den Reichsstraßen (später auch Landstraßen I. Ordnung) eingefordert» (Burgdörfer, 1940, S. 572).

29: Auswertung der Volkszählung von 1933. Die Daten wurden von den Erfassungsbögen von der Dehomag im Lohnauftrag auf Lochkarten übertragen und aufbereitet. Die Glaubensjuden erhielten in Spalte 22 eine 3 (jüd.mos.isr.) eingestanzt; die Rassejuden wurden erst bei der Volkszählung 1938 erfaßt.

Mit der «biologisch orientierten Familienstatistik», die aus den Daten der Volkszählung von 1933 erstellt worden war, konnte man «den Erfolg der von der neuen Staatsführung eingeleiteten bevölkerungspolitischen Maßnahmen so zuverlässig wie nur möglich messen» (Burgdörfer, 1940, S. 163). Friedrich Burgdörfer ließ aus den statistischen Daten die «Gebärleistung der Frauen» und die «Fruchtbarkeit der Ehen» berechnen (Burgdörfer, 1940, S. 164), damit die nationalsozialistische Regierung genaue Unterlagen über den zu erwartenden Nachschub an Menschen hatte.

Im Frühjahr 1935 führten die Nationalsozialisten Arbeitsbücher ein, um eine «planvolle Verteilung der Arbeitskräfte auf weite Sicht zu gewährleisten» (Allg. Stat. Archiv, 1937/38, Nr. 27, S. 263). Drei Jahre später wurden erstmals von der Gestapo im Rahmen der Aktion ‹Arbeitsscheu Reich› die Arbeitsbücher kontrolliert. Mit diesen sogenannten ‹Reichsfahndungstagen› sollten auch diejenigen arbeitsfähigen Menschen in die geplante Kriegswirtschaft integriert werden, die sich ihr bis dahin entzogen hatten. Gesucht wurden vor allem Landarbeiter, Bergarbeiter, Metallarbeiter, Maurer und Zimmerer, die gerade nicht in ihren Berufen tätig waren.

Wie wichtig diese statistische Auswertung der Arbeitsbücher für die nationalsozialistischen Machthaber war, kann man an der Geschwindigkeit ablesen, mit der die Auszählung durchgeführt wurde: 10000 Beamte erfaßten innerhalb von drei Tagen 22,3 Millionen Arbeitsbuchpflichtige, und innerhalb von sechs Wochen waren die Auswertungen abgeschlossen. Für die «wehrwirtschaftliche Planung» war die «Rohstoffstatistik» und die «Kenntnis der Leistungsfähigkeit der industriellen Anlagen wichtig» (Pechartscheck, 1939, S. 19 u. 23). Deshalb wurde ein paar Monate vor dem Überfall auf Polen, dem Beginn des Zweiten Weltkrieges, noch einmal eine Volkszählung durchgeführt. «Durch die Verbindung der Volkszählung mit der Berufs- und Betriebsstättenzählung und die teilweise daran anschließenden Sondererhebungen gestaltete sich der Aufbereitungsvorgang recht verwickelt» (Burgdörfer, 1940, S. 173). Aber unter Verwendung der Lochkartenmaschinen, die speziell für die nationalsozialistische Bürokratie entwickelt worden waren (Quellentext 3), konnten die umfangreichen Auswertungen – rund 90 Millionen Lochkarten mußten verarbeitet werden – bewältigt werden.

Nicht befriedigend gelöst werden konnte dagegen das Problem der unvollständig ausgefüllten Fragebögen. Obwohl die 700000 Zähler sich überwiegend aus dem NSDAP-Parteiapparat rekrutierten und in den Arbeitervierteln teilweise Polizeibeamte als Zähler fungierten, wurde eine Anzahl von Volkszählungsbogen nicht oder falsch ausgefüllt (Allg. Stat. Archiv, 1938/39, S. 28).

Die Nationalsozialisten nutzten die Statistik auch für ihre verbrecherische Rassenpolitik. Da bei der Volkszählung von 1933 nur die Glaubensjuden gezählt worden waren, erfaßte man ‹für die endgültige Lösung der Judenfrage› bei der Volkszählung von 1939 auch alle Rassejuden und Mischlinge. Diese Daten wurden auch an jene Behörden weitergegeben, welche die ein Jahr vorher eingerichtete ‹Volkskartei› führten. Dies war eine Handkartei, die im Gegensatz zum Melderegister mit alphabetischer Reihenfolge nach Jahrgängen sortiert war.

«Hauptzweck der Volkskartei ist, im Reichsmaßstab die Geburtsjahrgänge aller Staatsangehörigen an ihrem Wohnort karteimäßig darzubieten, und zwar in einer Form, die sich beim Wechsel des Wohnorts zum Mitwandern der Karteikarte an den neuen Wohnort eignet. Durch diese karteimäßige Übersicht über die Geburtsjahrgänge am Wohnort soll in erster Linie die Heranziehung der einzelnen Jahrgänge zum Reichsarbeitsdienst, zum Wehrdienst, zum Jugenddienst und zur Erfüllung anderer öffentlicher Pflichten erleichtert werden. Auch ermöglicht die Volkskartei bis zu einem gewissen Grade die Heranziehung der Staatsangehörigen nach anderen Gesichtspunkten als dem Alter, nämlich nach den Fähigkeiten für den Einsatz» (Liebermann, 1943, S. 10).

Besonders gekennzeichnet waren die Besitzer von Kfz-Führerscheinen, Medizinalpersonen und die Nichtinhaber von Arbeitsbüchern. Nach der Volkszählung wurden auch die Juden mit einem schwarzen Reiter über der Zahl 14 gekennzeichnet. Reinhard Heydrich, der mit der Gesamtplanung der Judenermordung beauftragt worden war, nutzte die Volkskartei u. a. zur Einrichtung des Altenghettos Theresienstadt. Auch bei den Räumungsplänen in den sogenannten Ostprovinzen spielte die Volkszählung eine wichtige Rolle. Heydrich schickte als Chef der Sicherheitspolizei und des SD folgendes Telegramm an die zuständigen Stellen im besetzten Polen:

«Betr. Räumung der neuen Ostprovinzen
Auf grundsätzlichen Befehl des Reichsführers SS wird die Räumung von Polen und Juden in den neuen Ostprovinzen durch die Sicherheitspolizei durchgeführt ... Die Räumung nach dem Fernplan erfolgt nach den Unterlagen der Volkszählung. Nach dieser besitzen alle Personen in den neuen Provinzen ein Exemplar. Das Volkszählungsformular gilt als vorläufiger Ausweis, der zum Aufenthalt berechtigt. Daher müssen vor dem Abtransport allen Personen diese Formulare abgenommen werden. Der Aufenthalt nach der Volkszählung ohne dieses Formular wird in den neuen Provinzen auf Befehl des RFSS [Reichsführer SS] mit Erschießen bedroht. Durch diese Maßnahme wird es möglich sein, die Rückkehr der ausgesiedelten Personen zu verhindern, nachdem eine wirksame Grenzkontrolle zum Gouvernement praktisch kaum voll erreichbar erscheint. Voraussichtlich wird die Volkszählung am 17. 12. 1939 stattfinden, so daß der große Räumungsplan erst nach diesem Zeitpunkt, also etwa ab 1. 1. 1940 beginnen kann» (Aly, 1984, S. 11).

Mit Recht behauptete Friedrich Burgdörfer damals, daß die Statistik «längst über die Rolle der bloßen Buchführung und zahlenmäßigen Kontrolle des Volks-, Wirtschafts- und Staatslebens hinausgewachsen sei, sie sei im Führer-Staat von heute zum unmittelbaren Instrument der Staatspolitik, zur unentbehrlichen Beraterin für Planung und Lenkung des Volks-, Staats- und Wirtschaftslebens geworden» (Burgdörfer, 1940, S. VII). Während des Zweiten Weltkrieges wurden viele zentrale Planungen mit Hilfe der Statistik und der Lochkartentechnik durchgeführt (Abb. 30). Als nach der Niederlage von Stalingrad am 31. Januar 1943 die Versorgung der deutschen Armee in den eroberten und besetzten Gebieten schwieriger wurde, unterstellte man das bereits 1937 eingerichtete ‹Maschinelle Berichtswesen› dem Reichsministerium für Rüstungs- und Kriegsproduktion unter Leitung von Albert Speer. Basierend auf Statistiken und mit Hilfe von Lochkartenmaschinen sollte diese Abteilung die Produktion und Verteilung von Munition, Ersatzteilen und Waffen zentral planen und kontrollieren. Ende 1943 wurde für jeden Beschäftigten einschließlich der Zwangsarbeiter eine Lochkarte angelegt, auf der auch die Reichsbetriebsnummer stand. Auf übergeordneter Ebene hatte man

30: Übersicht mit Hollerith-Lochkarten. Die nationalsozialistischen Machthaber nutzten die Lochkartentechnik für ihre Terrorherrschaft zur Kontrolle und Überwachung des Volkes. Die damaligen Sortiermaschinen konnten in der Stunde etwa 24000 Karten verarbeiten und die Tabelliermaschinen rund 15000.

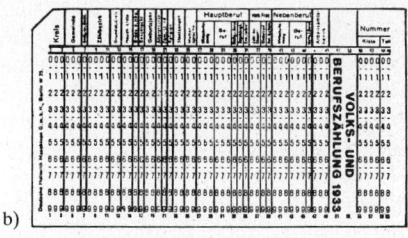

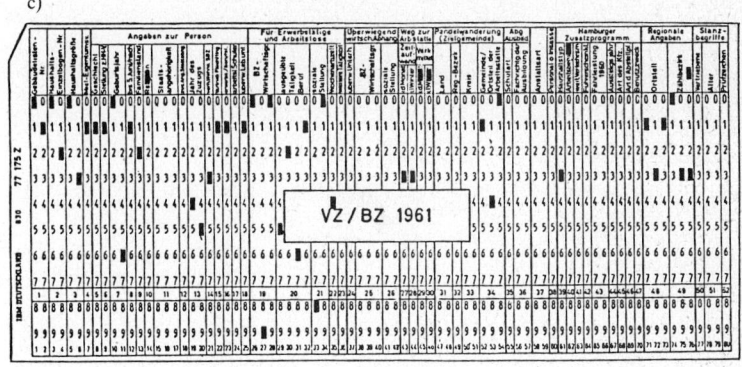

31: Individualkarte der Volkszählungen. Für jeden Bürger legten die Statistiker eine Lochkarte an. Bei der württembergischen Volkszählung von 1910 erfaßte man 19 Kriterien mit 340 Lochungen (a). Die Nationalsozialisten erhoben 28 Merkmale mit rund 600 Löchern (b). Bei der Volkszählung von 1961 in der Bundesrepublik wollten die Regierenden sogar 52 Daten bei 960 möglichen Lochpositionen von ihren Bürgern haben (c).

so die Arbeitsbuchstatistik mit dem ‹Maschinellen Berichtswesen› zusammengelegt.

Kurz vor Kriegsende starteten die Nationalsozialisten noch den Versuch, eine ‹Superkartei› anzulegen. In Ansbach wurde in einem ersten Feldversuch für jeden Einwohner eine Lochkarte angelegt, auf der die Reichspersonalnummer der Volkskartei, die Meldekarte des Einwohnermeldeamtes, die Karte der Arbeitsbuchkartei vom Arbeitsamt, die Daten des Wehrmeldeamtes, des Krankenarchivs der Wehrmacht und die Daten der Ersatztruppenteile registriert waren (Lauersen, 1945). Zur ‹totalen› Erfassung der gesamten Bevölkerung kam es nicht mehr. Der Sieg der Alliierten verhinderte die Erstellung dieser Superkartei.

Ähnlich wie die Richter und Staatsanwälte des Dritten Reiches blieben auch die führenden Statistiker nach dem Zweiten Weltkrieg weitgehend ungeschoren. Friedrich Burgdörfer wurde von den Alliierten zwar aus dem Amt entlassen und verlor zunächst seine Lehrbefugnis, aber bereits 1949 erhielt er seine Honorarprofessur zurück. Und 1960 wählte ihn die Deutsche Statistische Gesellschaft sogar zum Ehrenmitglied. Siegfried Koller (geb. 1908), der unter den Nationalsozialisten Leiter des Biostatistischen Institutes in Berlin war und sich mit der ‹Asozialenplanung›, d. h. mit der Erfassung der ‹Gemeinschaftsunfähigen› (Behinderte, Homosexuelle, Prostituierte, Alkoholiker usw.), beschäftigte, wurde 1953 Beamter des Statistischen Bundesamtes und bereitete wesentlich die Volkszählung von 1960/61 vor (Abb. 31).

4. Das Militär und die Entwicklung des Computers

Die Entwicklungsgeschichte der Datenverarbeitung vom Rechnen bis zu den Lochkartenmaschinen wurde im Zusammenhang mit der Entfaltung gesellschaftlicher Planungen dargestellt. Neue Geräte hatten dabei zum Einsatz besserer Datenverarbeitungsverfahren und damit besserer Planungsmethoden geführt. So ermöglichte beispielsweise in der Antike erst das Rechenbrett eine einfache Durchführung der vier Grundrechenarten und Anfang des 20. Jahrhunderts die Hollerithmaschine eine breite Anwendung der Statistik.

Mit der Entwicklung des Computers in den letzten vierzig Jahren wurde eine Vielfalt von neuen Datenverarbeitungsverfahren möglich, deren gesellschaftliche Folgen oft noch nicht abzusehen sind. Die elektronische Datenverarbeitung entstand jedoch nicht primär aus Planungsbedürfnissen; ihre Entwicklung wurde vielmehr ausgelöst und geprägt vom Bedarf an wehrtechnischen Berechnungen im Zweiten Weltkrieg und im Kalten Krieg der Nachkriegsjahre. Die Darstellung dieser Entwicklungsphase liegt daher teilweise neben dem ‹roten Faden› der Datenverarbeitungsgeschichte, den wir bisher verfolgt haben. Mit der Fragestellung, welche neuen Planungs- und Entscheidungsverfahren eingeführt wurden, als dafür ausreichend leistungsfähige Computer zur Verfügung standen, wird dieser rote Faden im Kapitel 5 wieder aufgenommen.

Mit der Computergeschichte beginnt die Zeitgeschichte der Datenverarbeitung. Einige Computerpioniere leben noch, von anderen sind Erinnerungen lebendig, und ihre wissenschaftliche Tätigkeit ist noch aktuell. Deshalb sollen in diesem Kapitel stärker als in den übrigen Teilen dieses Buches die Biographien einzelner für die Entwicklung des Computers wichtiger Persönlichkeiten berücksichtigt werden.

Ein anderes Problem ergibt sich bei der Darstellung des zeitgeschichtlichen Zusammenhangs: Litt die Darstellung der antiken Datenverarbeitung am Mangel an Unterlagen, weil nur wenige Dokumente zufällig erhalten geblieben sind, so leidet die Darstellung der zeitgenössischen Datenverarbeitung an der unüberschaubaren Menge an Informationen und Daten in Tausenden von Veröffentlichungen, deren systematische Auswertung im Hinblick auf die geschichtliche Entwicklung des Computers erst begonnen hat; andere sehr wichtige Quellen sind nicht zugänglich, weil sie der militärischen Geheimhaltungspflicht unterliegen.

Eine Pionierleistung wird übersehen

Im April 1945, wenige Tage vor der Kapitulation des Deutschen Reiches, verließ ein Lastwagen Göttingen in Richtung Süden. Seine Fracht bestand aus einer ungewöhnlichen Maschine mit der Codebezeichnung V 4 und einigen Begleitpersonen, die dieses Gerät vor der vorrückenden Roten Armee in Sicherheit bringen sollten. Ihre Reise endete in dem Ort Hinterstein bei Hindelang in den Allgäuer Alpen, der wenige Tage später von französischen Truppen besetzt wurde. Kurz darauf rückten amerikanische Einheiten nach.

Mit ihnen kamen Beamte des englischen Geheimdienstes, der von dem Transport erfahren hatte und hinter der Codebezeichnung V 4 eine deutsche ‹Wunderwaffe› vermutete. Was sie vorfanden, entsprach jedoch so wenig ihren Vorstellungen von einer neuen Waffe, daß sie unverrichteterdinge wieder abzogen. Ihr Besuch hatte dem deutschen Computerpionier Konrad Zuse (Abb. 32) und seinem vierten Versuchsmodell (V 4) gegolten, dem einzigen der Rechenautomaten, den Zuse vor der Zerstörung durch den Krieg hatte retten können.

Konrad Zuse (geb. 1910), dessen Lebensgeschichte mehr an die längst vergangene Periode genialer Bastler und Erfinder erinnert als an die in großem Maßstab betriebene Entwicklung von Militärtechnik, hatte zehn Jahre vor diesen Ereignissen begonnen, seine ungewöhnliche technische Begabung auf den Bau programmgesteuerter Rechenautomaten zu konzentrieren.

Während seiner Kindheit hatte der Sohn eines Postbeamten wenig Förderung für seine früh ausgeprägten technischen Neigungen erfahren. In seiner Autobiographie ‹Der Computer mein Lebenswerk› bemerkt Zuse dazu:

«Es gab für mich keine Gelegenheit, meinen Tatendrang zu entfalten, alle Dinge zu verbessern. Also träumte ich von zukünftigen technischen Paradiesen. Der Stabilbaukasten war mein bester Freund» (Zuse, 1970, S. 15).

Nach dem Abitur im Jahr 1927 studierte Zuse zunächst Maschinenbau an der Technischen Universität Berlin-Charlottenburg. Ernüchtert vom Maschinenzeichnen und den alle Kreativität einengenden Normen wechselte er jedoch bald zum Architektur- und später zum Bauingenieurstudium über. Damit glaubte er eine ideale Kombination für seine technischen und seine künstlerischen Neigungen gefunden zu haben. Während dieser Zeit arbeitete er an den verschiedensten technischen Ideen. Darunter war eine automatische Fotoentwicklungsanlage, ein ‹optimal› gestaltetes Lichtspieltheater und ein aus dem Stabilbaukasten aufgebauter Verkaufsautomat mit Geldrückgabe. Auch in der politischen Landschaft der Weimarer Republik sah sich der junge Student um. Zu seiner Lektüre gehörte ‹Das

Kapital› von Karl Marx ebenso wie Henry Fords ‹Mein Leben mein Werk›, das ihn wegen der darin enthaltenen positiven Einstellung zur Technik besonders ansprach. Kurze Zeit hatte er Kontakte zu einer kommunistischen Diskussionsgruppe, von der er sich nach der nationalsozialistischen Machtergreifung 1933 jedoch wieder zurückzog.

Die wichtigsten Anstöße für sein späteres Lebenswerk erhielt Zuse jedoch durch sein Bauingenieurstudium. Die stets gleichen statischen Berechnungen empfand er als zu monoton, und er ersann Methoden, um den Rechengang nach einem gleichsam mechanischen Plan durchzuführen. War dieser Rechenplan detailliert genug, so mußte er sich auch von einem Rechenautomaten ausführen lassen. Damit hatte Zuse die Weichen für seine weiteren Arbeiten gestellt. Doch erst 1936, nach einer einjährigen Tätigkeit als Statiker bei den Henschel-Flugzeugwerken, konnte er sich ganz der Realisierung seiner Pläne widmen. Ausgestattet nur mit den primitivsten Mitteln, begann er in der Wohnung seiner Eltern in Ber-

32: Konrad Zuse bei der Arbeit an seinem Rechenautomaten Z3. Nach der Zerstörung seiner ersten drei Rechenautomaten bei Bombenangriffen auf Berlin konnte Zuse mit der Z4 seine bereits 1936 begonnenen Arbeiten in den Nachkriegsjahren fortsetzen.

33. Teile von Zuses Rechenautomat Z 1 in der Wohnung seiner Eltern in Berlin.

lin zu basteln. Zunächst baute er ein Speicherwerk für Dualzahlen, da ihm das von Leibniz erfundene duale Zahlensystem für die technische Zahlendarstellung am geeignetsten erschien. Obwohl ihm klar war, daß mit dem Relais und seinen zwei eindeutigen Schaltzuständen (offen/geschlossen) ein zuverlässiges Bauteil dafür existierte, wählte er aus Kosten- und Platzgründen zunächst eine mechanische Lösung aus verschiebbaren Blechen und Stiften. Nur unterstützt von einigen Studienfreunden, gelang es ihm, innerhalb weniger Wochen ein funktionsfähiges Speicherwerk zu bauen (Quellentexte 4, 5).

Durch diesen Erfolg ermutigt, begann Zuse auch die anderen Teile der Maschine aus mechanischen Schaltgliedern aufzubauen. Er entwickelte ein *Wählwerk,* das sein *Speicherwerk* mit einem *Rechenwerk* verband, und ein *Planwerk,* das die Abarbeitung eines von einem Lochstreifen eingegebenen Programms veranlaßte. Während der Arbeiten an diesem Z 1 genannten Rechenautomaten (Abb. 33) entwickelte Zuse erstmals genaue Vorstellungen über die Programmierung, die er als *Kalkül* und später als *Rechenplan* bezeichnete. Sein Tagebuch enthält in einem Eintrag vom 19. 6. 1937 die

«Erkenntnis, daß es Elementaroperationen gibt, in die sich sämtliche Rechen- und Denkoperationen auflösen lassen ... Mit dieser Form des Hirns muß es theoretisch

80

möglich sein, sämtliche Denkaufgaben zu lösen, die von Mechanismen erfaßbar sind, jedoch ohne Rücksicht auf die dafür erforderliche Zeit ... Die Operationen folgen einem Plan, ähnlich einem Rechenplan ...» (Zuse, 1970, S. 68).

Für die Aufstellung eines Rechenplans war es dabei unwesentlich, ob die einzelnen Elementaroperationen von mechanischen oder elektromechanischen Bauteilen ausgeführt wurden. Ein Programm für eine bestimmte Funktion, beispielsweise eine statische Berechnung, konnte auf gerätetechnisch sehr verschiedenen Automaten ablaufen, die erst durch dieses – immaterielle – Programm von *allgemeinen* zu *spezifischen* datenverarbeitenden Maschinen wurden. Damit kündigte sich in Zuses Arbeiten bereits die für die heutige Datenverarbeitungstechnologie wesentliche Unterscheidung zwischen der materiellen Gerätetechnik (der Hardware) und den für spezifische Aufgaben formulierten Programmen (der Software) an.

Die Bemühung, funktionsfähige Geräte zu bauen, bestimmte Zuses folgende Arbeiten. Er beschäftigte sich bereits mit seinem zweiten Rechenautomaten Z2, bei dem er das mechanische Speicherwerk der Z1 mit einem aus Telefonrelais aufgebauten Rechenwerk koppeln wollte, als die deutsche Wehrmacht im September 1939 Polen überfiel und er eingezogen wurde. Da die Henschel-Flugzeugwerke ihn jedoch für die Entwicklung fliegender Bomben als Statiker anforderten, wurde er bereits nach einem halben Jahr vom Kriegsdienst freigestellt. So konnte Zuse ab 1940 in seiner Freizeit die Z2 fertigstellen und mit den Arbeiten an der vollständig mit Relais aufgebauten Z3 beginnen.

Einen Teil der Entwicklungskosten der Z3 übernahm die Deutsche Versuchsanstalt für Luftfahrt (DVL), der Zuse seine Z2 erfolgreich vorgeführt hatte. Für praktische Zwecke erwies sich die Z2 jedoch noch als zu fehleranfällig. Erst mit der 1941 fertiggestellten Z3 gelang es Zuse, einen funktionsfähigen programmierbaren Rechenautomaten zu bauen, der in seiner Leistungsfähigkeit mit ähnlichen Relaisrechnern vergleichbar war, die zur gleichen Zeit in den Bell Telephone Laboratories in den USA mit ungleich größerer Unterstützung entwickelt worden waren. Zuses bahnbrechende Arbeiten blieben jedoch von staatlichen Stellen weitgehend unbeachtet. Sein einziger offizieller Entwicklungsauftrag betraf einen Spezialrechner für die Flügelvermessung fliegender Bomben: Mit 600 Relais baute er einen Rechenautomaten, der Fertigungsungenauigkeiten durch Meßuhren automatisch ermitteln und daraus Korrekturwerte errechnen konnte.

Dieses Spezialgerät darf heute als der erste digitale Prozeßrechner angesehen werden. Bei einem Bombenangriff wurde es zusammen mit seinen Vorläufern zerstört, nachdem es zwei Jahre lang zufriedenstellend funktioniert hatte. Von Zuses ersten Rechenautomaten existiert heute nur noch ein Nachbau der Z3 im Deutschen Museum in München.

Die bereits 1942 begonnene, aber noch unvollendete Z4 konnte Zuse jedoch durch die bereits geschilderte Flucht aus Berlin vor der Zerstörung retten. Da in den ersten Nachkriegsjahren alle Voraussetzungen für eine praktische Weiterarbeit fehlten, beschäftigte sich Zuse mit der Programmierung seiner Rechenautomaten. Während dieser Zeit entstand sein Konzept eines *Plankalküls,* der frühen Form einer höheren Programmiersprache, mit der Programme für Rechenautomaten in einer der mathematischen Schreibweise ähnlichen Form formuliert werden konnten.

Weshalb Zuses Arbeiten von den nationalsozialistischen Machthabern nahezu völlig ignoriert und kaum gefördert wurden, läßt sich heute nur mehr vermuten. Möglicherweise war der nationalsozialistische Machtapparat an der Datenverarbeitungstechnik vor allem als sozialer Kontroll- und Überwachungstechnik interessiert. Für die Wehrwirtschaftsplanung, die Auswertung der Volkszählungen und die Rassenpolitik setzten die Nazis daher die verfügbare Lochkartentechnik ein. Zuses Automaten eigneten sich ihrem ganzen Aufbau nach für Anwendungen dieser Art nicht, sie waren Rechenautomaten, mit denen sich technische Berechnungen durchführen ließen, und verfügten nur über einen kleinen Speicher für numerische Zwischenergebnisse. Ähnliche Beschränkungen galten für die ersten Rechenautomaten, die während des Zweiten Weltkrieges in England und den USA entwickelt wurden.

Das englische Militär
entschlüsselt den deutschen Geheimcode

Im Oktober 1975 machte die britische Regierung erstmals 30 Jahre lang geheimgehaltene Informationen über eine Serie programmierbarer elektronischer Computer öffentlich zugänglich, die während des Zweiten Weltkrieges zur Dechiffrierung des deutschen militärischen Geheimcodes gebaut worden waren. Eingeleitet wurde diese späte Veröffentlichung durch folgende Mitteilung:

«1837 stellte Babbage mit seinen Arbeiten erstmals die logischen Prinzipien für digitale Computer auf. Seine Ideen wurden durch Turings klassische Arbeiten von 1936 weiterentwickelt. Die COLOSSUS-Maschine, die durch die Kommunikationsabteilung des britischen Außenministeriums entwickelt und im Dezember 1943 in Betrieb genommen wurde, war vermutlich das erste System, das diese Prinzipien erfolgreich mit den Mitteln der heutigen Technologie realisierte ... Die Anforderungen für diese Maschine wurden durch Professor M. H. A. Newman formuliert und die Entwicklung durch eine kleine Arbeitsgruppe unter T. H. Flowers durchgeführt. Alan Turing arbeitete in dieser Zeit in derselben Abteilung, und seine früheren Arbeiten hatten wesentlichen Einfluß auf das Konzept dieser Maschine» (Metropolis, 1980, S. 48, Übers. d. Verf.).

34: Alan Turing im Jahre 1947, 35 Jahre alt. Während des Krieges arbeitete Turing für eine Abteilung des britischen Außenministeriums an der Entschlüsselung des deutschen militärischen Geheimcodes. Seine Kollegen aus dieser Zeit bezeichneten ihn als einen genialen, jedoch sonderbaren Menschen. In den Nachkriegsjahren verstärkten sich diese Eigenschaften. Er richtete in seinem Haus ein Labor ein, das er ‹Alptraumzimmer› nannte, und begann, riskante chemische Experimente durchzuführen. Seine Mutter Sarah, die über ihren Sohn eine Biographie verfaßte, schildert seine zunehmende Verwirrung: «Alan hatte in seinem Labor einen Löffel, der mit einer weißen Substanz beschichtet war, ähnlich einem anderen, den er zuvor mit Gold beschichtet hatte. Es wäre durchaus typisch für ihn gewesen, wenn er vorgehabt hätte, einen Löffel mit Kaliumcyanid aus eigener Herstellung zu beschichten. Tatsächlich lief nach seinem Tod noch ein Experiment in seinem Labor, das nach Bittermandeln roch ... Am 8. Juni 1954 fand ihn sein Haushälter tot im Bett. Todesursache war eine Kaliumcyanidvergiftung, die vermutlich in der Nacht vom 7. Juni eingetreten war. Die Untersuchung der Todesursache führte zu dem Ergebnis, daß er sich das Gift in einer Phase geistiger Verwirrung selbst verabreicht hatte» (Sarah Turing, 1959, S. 116; Übers. d. Verf.).

Der Mathematiker Alan Mathison Turing (1912–1954), den die britische Regierung in dieser Mitteilung so besonders hervorhob (Abb. 34), wurde 1912 als zweiter Sohn eines britischen Kolonialbeamten geboren. Lange Zeit seiner Kindheit verbrachte er in der Obhut von Pflegeeltern, da seine Eltern mehrmals dienstlich nach Indien reisten. Als Neunzehnjähriger begann Turing ein Mathematikstudium am Kings College in Cambridge. Einer seiner Professoren war der bereits erwähnte M. H. A. Newman. Newmans Vorlesungen über den deutschen Mathematiker Hilbert und dessen Ansicht, daß jedes mathematische Problem durch einen bestimmten, festgelegten Prozeß gelöst werden könne, bestärkte Turing in der Auffassung, daß die Problemlösung auch durch eine automatische Maschine erfolgen könne. Seine Ideen veröffentlichte er 1936 in der vielbeachteten Arbeit ‹On computable Numbers with an Application to the Entscheidungsproblem›, in der Turing die Fähigkeiten und Grenzen einer hypothetischen datenverarbeitenden Universalmaschine analysierte, die er als ‹Black Box›[11] beschrieb, über deren inneren Aufbau er aber keine Aussagen machte. Mit diesem Konzept eines abstrakten Automaten, der in der Folge als ‹Turing Maschine› bezeichnet wurde, begründete Turing bereits im Alter von 25 Jahren seinen Ruf als ein vielversprechendes Talent der mathematischen Logik und der Automatentheorie.

Nach dem Kriegseintritt Großbritanniens im September 1939 wurde Turing, erst 27 Jahre alt, in die Government Code and Cypher School einberufen, eine Geheimdienststelle, die der bereits erwähnten Kommunikationsabteilung des britischen Außenministeriums unterstellt war und sich mit der Entschlüsselung des deutschen militärischen Geheimcodes beschäftigte. Die britischen Geheimdienste hatten bereits im Ersten Weltkrieg ihre Meisterschaft im Dechiffrieren verschlüsselter Funkmeldungen unter Beweis gestellt, als sie Anfang 1917 ein Telegramm des deutschen Außenministeriums an den deutschen Botschafter in Washington entschlüsselten und es den Amerikanern zuspielten. Dieses Telegramm enthielt die Aufforderung, die Mexikaner zu einem Kriegseintritt gegen die USA zu bewegen. Seine Entschlüsselung beschleunigte schließlich die Kriegserklärung der USA gegen das Deutsche Reich (Kursbuch 66, 1981, S. 96 f).

Während des Zweiten Weltkrieges verwendete die deutsche Wehr-

35: Chiffriermaschine ENIGMA im Befehlspanzer von Generaloberst Guderian während des Rußlandfeldzuges, 1941. Die ENIGMA-Maschine (links vorne) wurde von deutscher Seite im Zweiten Weltkrieg zur Verschlüsselung von Meldungen und Befehlen eingesetzt. Die ersten Geräte dieser Art waren bereits 1923 in Bern und 1924 in Stockholm der Öffentlichkeit vorgestellt worden. Vor dem Krieg wurden sie vor allem in Banken benutzt.

macht zur Verschlüsselung ihrer Meldungen ENIGMA-Maschinen (Enigma ist das griechische Wort für Rätsel; Abb. 35), die bereits vor dem Krieg für Banken entwickelt worden waren. An den Raffinessen dieser Verschlüsselungsgeräte waren die britischen Entschlüsselungsexperten (Kryptologen) bislang gescheitert, obwohl sie ihre Konstruktionsmerkmale längst kannten. Äußerlich ähnelten die ENIGMA-Geräte Schreibmaschinen, in die zunächst der Klartext eingetippt wurde. Durch mehrere hintereinandergeschaltete Verschlüsselungswalzen wurde jeder Buchstabe des eingetippten Textes so durch einen anderen Buchstaben ersetzt, daß beispielsweise in dem Wort ‹Einsatzbefehl› das erste ‹e› durch ein ‹a›, das zweite durch ein ‹s› und das dritte durch ein ‹n› verschlüsselt wurde. Da sich diese Schlüsselwalzen nach der Chiffrierung jedes Buchstabens nach einem täglich wechselnden Muster weiterdrehten, galt das ENIGMA-Verschlüsselungssystem beim deutschen Geheimdienst als nicht zu brechen. Der Berliner ENIGMA-Miterfinder Arthur Scherbius hatte errechnet, daß ein einzelner Mann 42 000 Jahre lang rund um die Uhr arbeiten müßte, um alle möglichen Kombinationen durchzuprobieren.

An der Government Code and Cypher School, die nach Kriegsbeginn in das 50 km nordwestlich von London gelegene Städtchen Bletchley Park verlegt worden war, beschäftigte sich eine Gruppe hervorragender Mathematiker, Logiker, Schachmeister und Kreuzworträtselexperten mit diesem ENIGMA-Chiffriersystem. Bereits im Frühjahr 1940 nahm sie eine erste Relaismaschine mit der Codebezeichnung ‹Bombe› in Betrieb, mit der die Arbeitsweise der ENIGMA-Maschinen simuliert wurde. Einen wesentlichen Beitrag Turings zur Bombe beschrieb der damals beteiligte Mathematiker I. J. Good folgendermaßen:

«Es war offensichtlich nicht ausreichend, nur die ENIGMA zu simulieren und alle möglichen Einstellungen für eine Nachricht auszuprobieren, da auch heute noch keine Maschine in der Lage wäre, 9×10^{20} mögliche Einstellungen in einer vertretbaren Zeit zu durchlaufen. Weiterer Einfallsreichtum für die BOMBE war somit erforderlich. Ich darf das nicht beschreiben, aber ich kann sagen, daß Gordon Welchman eine grundlegende Idee hatte und Turing eine andere. Mein Eindruck ist, daß Turings Idee von der Art war, daß so schnell niemand anderes darauf gekommen wäre, und sie erhöhte die Wirksamkeit der BOMBE enorm» (Metropolis, 1980, S. 35, Übers. d. Verf.).

Mit der Bombe gelang es den britischen Kryptologen erstmals, Funksprüche der deutschen Stäbe systematisch zu analysieren. Die militärische Bedeutung dieser extrem geheimgehaltenen Arbeiten unterstrich ein Besuch des britischen Premierministers Winston Churchill in Bletchley Park im Sommer 1941, bei dem er die versammelten Kryptologen als «Gänse, die goldene Eier legen und niemals schnattern» lobte (Der Spiegel, 1984, Nr. 12, S. 217).

An seinen damaligen Kollegen Turing erinnert sich I. J. Good als einen außergewöhnlich begabten, aber sonderbaren Menschen:

«Obwohl es eine Biographie von Turing gibt, die seine Mutter geschrieben hat, sind vielleicht einige Worte über ihn angebracht. Er zog es vor, von allgemeinen Grundsätzen auszugehen, wenn er ein Problem in Angriff nahm, und ließ sich von der Meinung anderer kaum beeinflussen. Diese Haltung gab seinem Denken Tiefe und Originalität, und sie half ihm, wichtige Probleme zu sehen ... In der ersten Juniwoche jedes Jahres erlitt er einen schlimmen Anfall von Heuschnupfen. Wenn er dann zur Arbeit radelte, trug er eine Gasmaske, um den Blütenstaub fernzuhalten. Sein Fahrrad hatte einen Defekt: Die Kette sprang in regelmäßigen Abständen ab. Anstatt das Rad richten zu lassen, zählte er die Anzahl der Pedalumdrehungen, stieg rechtzeitig ab und stellte irgend etwas nach.

Eine andere seiner Exzentritäten bestand darin, seine Teetasse an einen Heizkörper anzuketten, um zu verhindern, daß sie gestohlen wurde» (Metropolis, 1980, S. 34, Übers. d. Verf.).

Im Herbst 1942 kam auch Turings Mathematikprofessor aus Cambridge, M. H. A. Newman, nach Bletchley Park und begann mit einer eigenen Arbeitsgruppe einen Röhrenrechner zur Analyse von Geheimcodes zu bauen. Diese als HEATH ROBINSON bezeichnete Maschine beschrieb der dabei beteiligte Mathematiker Michie folgendermaßen:

«Die Maschine enthielt zwei synchronisierte photoelektrische Lochstreifenleser, die 2000 Zeichen/Sekunde lesen konnten. Zwei Schleifen von 5-Kanallochstreifen mit typischerweise mehr als 1000 Zeichen wurden auf diese Lesegeräte gebracht ... Gezählt wurden alle gewünschten Booleschen Funktionen [Kasten 1: Formale Logik] dieser zwei Eingaben ... Diese Maschine und alle ihre Nachfolgegeräte wurden vollautomatisch betrieben, nachdem sie einmal in Gang gesetzt waren ...» (Metropolis, 1980, S. 61, Übers. d. Verf.).

Kasten 1: Formale Logik

In der formalen Logik, die auch als ‹mathematische Logik› bezeichnet wird, werden Aussagen und deren Verknüpfungen auf ihren Wahrheitsgehalt hin untersucht. Diese Aussagen können nur ‹wahr› oder ‹falsch› sein, andere Möglichkeiten werden nicht zugelassen. Betrachtet man beispielsweise die folgenden drei Aussagen als formallogische Aussagen, so kann jede davon nur ‹wahr› oder ‹falsch› sein:

| ES REGNET | (A) |

| ES IST SONNTAG | (B) |

| ICH GEHE INS KINO | (C) |

Der englische Mathematiker George Boole (1815–1864) hatte bereits im 19. Jahrhundert gezeigt, daß formallogische Aussagen ähnlich wie algebraische Ausdrücke mit Variablensymbolen bezeichnet (hier A, B und C) und zu zusammengesetzten logischen Aussagen kombiniert werden können. Ähnlich den arithmetischen Operatoren $+/-/\times/:$ führte Boole die logischen Operatoren UND ($\land$), ODER ($\lor$), NICHT ($-$) ein. Die zusammengesetzte logische Aussage

A UND B

ist nur dann ‹wahr›, wenn beide Teilaussagen A und B ‹wahr› sind, d. h. wenn es sowohl regnet als auch Sonntag ist. Damit läßt sich eine neue logische Aussage der Art WENN ... DANN ... formulieren.

A UND B $\rightarrow$ C

Wenn es regnet und Sonntag ist, dann gehe ich ins Kino. Die durch das logische ODER verknüpfte Aussage

A ODER B $\rightarrow$ C

ist insgesamt ‹wahr›, wenn mindestens eine der Teilaussagen A oder B ‹wahr› ist, d. h. ich gehe sowohl an Regentagen wie auch an Sonntagen ins Kino. Das logische NICHT schließlich kehrt den Wahrheitswert einer Aussage um; aus ‹wahr› wird ‹falsch›, und aus ‹falsch› wird ‹wahr›.

Den von George Boole geschaffenen Formalismus nennt man ‹Boolesche Algebra› oder auch ‹logische Algebra›. Er eignet sich vorzüglich zur Beschreibung digitaler Schaltungen, bei denen es nur auf die Unterscheidung der zwei Zustände ‹Schalter offen/geschlossen› oder ‹Strom fließt/fließt nicht› ankommt (Abb. 36).

Mit Bauelementen, die nur zwei stabile Zustände annehmen können (wie z. B. Schalter offen/geschlossen, Lampe brennt/brennt nicht), lassen sich die Grundoperationen der Booleschen Logik einfach realisieren. Für die logische Funktion ist es dabei unerheblich, ob dafür mechanische Bauteile aus Stiften und Blechen (Zuses Z1), Relais (Zuses Z3 und eine Vielzahl weiterer Relaisrechner), Elektronenröhren (die Computer der ersten Generation), Transistorschaltungen (die Computer der zweiten Generation) oder hochintegrierte mikroelektronische Transistorschaltungen (die heutigen Computer) eingesetzt werden. Auch die Hardware moderner Computer besteht zu einem erheblichen Teil aus hochkomplexen Verkoppelungen dieser drei logischen Grundschaltungen.

Daß sich mit logischen Grundschaltungen auch arithmetische Berechnungen durchführen lassen, beruht wesentlich auf der Tatsache, daß numerische Werte im Computer in dem von Leibniz erfundenen dualen Zahlensystem (siehe S. 51 f) dargestellt werden. Eine Addierschaltung für zwei einstellige Dualzahlen läßt sich in der folgenden Weise aus logischen UND-, ODER- und NICHT-Schaltgliedern aufbauen (Abb. 37):

Ein Addierwerk für 16stellige Dualzahlen, wie es beispielsweise in den meisten modernen Mikroprozessoren enthalten ist, besteht im wesentlichen aus einer Hintereinanderschaltung von 16 dieser einstelligen Dualaddierer (s. S. 89).

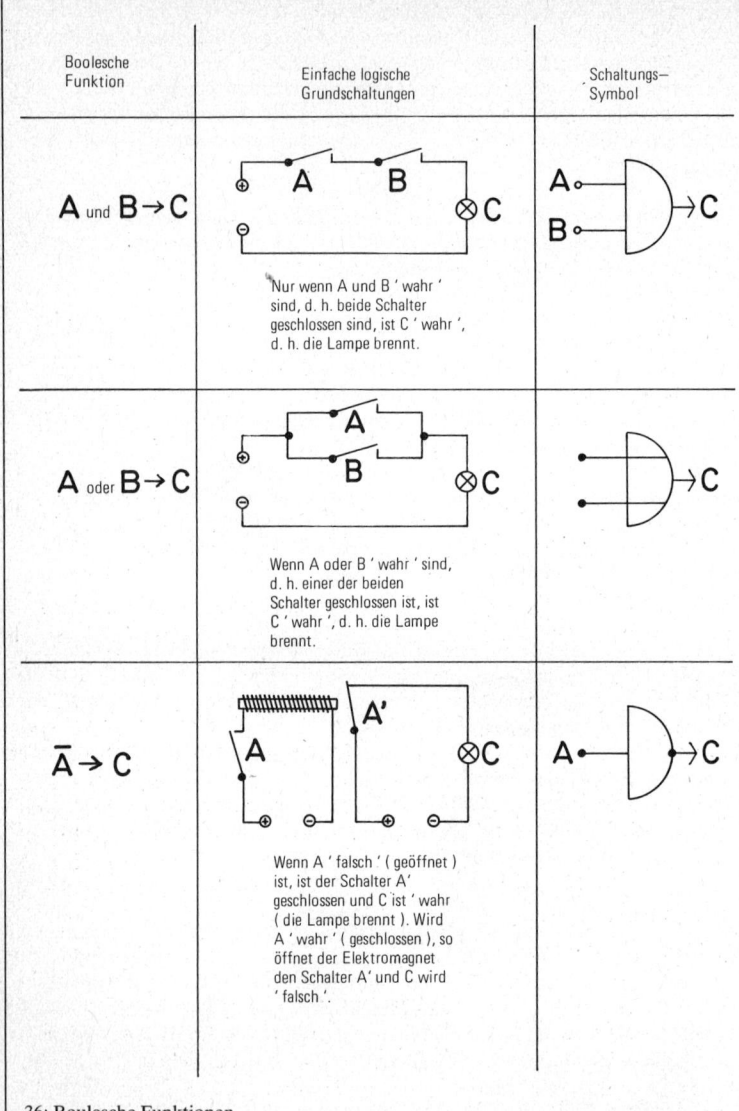

Boolesche Funktion	Einfache logische Grundschaltungen	Schaltungs–Symbol
A und B→C	Nur wenn A und B ' wahr ' sind, d. h. beide Schalter geschlossen sind, ist C ' wahr ', d. h. die Lampe brennt.	A○ B○ ⊃C
A oder B→C	Wenn A oder B ' wahr ' sind, d. h. einer der beiden Schalter geschlossen ist, ist C ' wahr ', d. h. die Lampe brennt.	⊃C
Ā→C	Wenn A ' falsch ' (geöffnet) ist, ist der Schalter A' geschlossen und C ist ' wahr (die Lampe brennt). Wird A ' wahr ' (geschlossen), so öffnet der Elektromagnet den Schalter A' und C wird ' falsch '.	A●— ⊃C

36: Boulesche Funktionen.

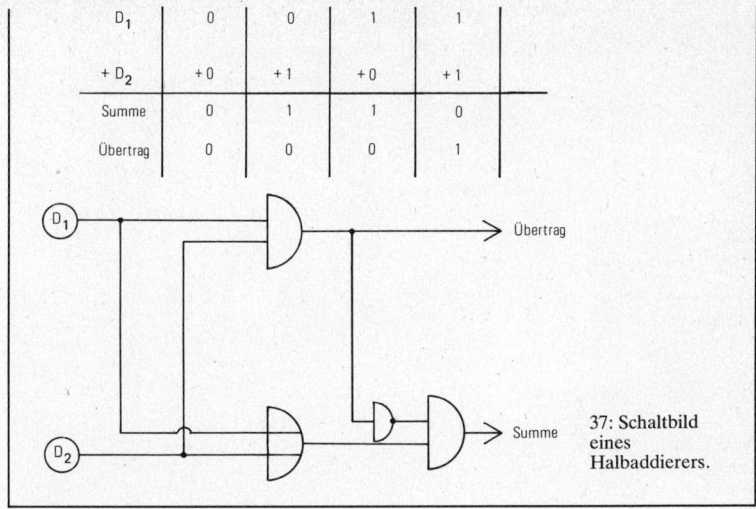

D_1	0	0	1	1
$+ D_2$	+ 0	+ 1	+ 0	+ 1
Summe	0	1	1	0
Übertrag	0	0	0	1

Übertrag

Summe

37: Schaltbild eines Halbaddierers.

Die HEATH ROBINSON-Maschine arbeitete jedoch noch zu unzuverlässig und wurde im Dezember 1943 durch die vollständig in Röhrentechnik aufgebaute COLOSSUS-Maschine ersetzt (Abb. 38). Mit diesem Gerät gelang es den Wissenschaftlern in Bletchley Park, eine wachsende Zahl deutscher Funksprüche zu entschlüsseln und dadurch die britische Seekriegführung vor allem bei der Bekämpfung der deutschen U-Bootwaffe zu unterstützen. Auch heute noch ist die britische Regierung mit konkreten Informationen über die Bedeutung dieser Arbeiten für ihre militärischen Operationen im Zweiten Weltkrieg äußerst zurückhaltend. Der englische Militärhistoriker Beesley wertete die Arbeiten der Bletchley-Park-Gruppe jedoch als die «unschätzbarste Informationsquelle» für den englischen Geheimdienst (Metropolis, 1980, S. 43).

Die COLOSSUS-Maschine, von der bis zum Kriegsende noch etwa zehn weitere Exemplare gebaut und in Betrieb genommen wurden, war mit etwa 1500 Röhren der erste funktionsfähige Röhrencomputer, gut zwei Jahre bevor die Amerikaner ihren ENIAC in Betrieb nahmen. Der COLOSSUS konnte zwar durch Lochstreifen bzw. durch Steckverbindungen programmiert werden, er war jedoch kein Universalcomputer, sondern ein Spezialgerät für logische Operationen. An arithmetischen Funktionen war nur die Addition vorgesehen. Seine technikgeschichtliche Bedeutung besteht vor allem darin, daß er die erste vollelektronische Maschine war, die nach den Gesetzen der formalen Logik funktionierte.

38: Die 1943 fertiggestellte COLOSSUS-Maschine. Mit diesem Röhrenrechner gelang es britischen Wissenschaftlern, den ENIGMA-Code der deutschen Wehrmacht zu entschlüsseln. Erst
in den siebziger Jahren veröffentlichte die britische Regierung einige technische Details dieser
Anlage. Ihre tatsächliche Bedeutung für britische Militäroperationen während des Zweiten
Weltkrieges wird nach wie vor geheimgehalten.

Die Vorläufer des Computers in den USA

Im Unterschied zur englischen Computerentwicklung interessierte die
damit beschäftigten Wissenschaftler in den USA weniger ein logischer
Automat als ein Automat für die Durchführung umfangreicher numerischer Berechnungen. Ein Bedarf hierfür bestand nicht nur von seiten verschiedener Hochschulforscher, sondern vor allem von militärischen
Dienststellen. Bereits während des Ersten Weltkrieges hatte das US-Militär zwei wissenschaftliche Teams mit der Berechnung ballistischer Funktionen beauftragt. Eine 1918 in Washington eingerichtete Gruppe wurde
von Forest Ray Moulton (1872–1952) geleitet, die andere arbeitete im
Aberdeen Proving Ground, einem Waffentestgelände in der Nähe von
Washington, und stand unter der Leitung von Oswald Veblen (1880 bis
1960). Durch Moulton und Veblen wurde in den folgenden Nachkriegsjahren eine enge Zusammenarbeit von Hochschulwissenschaftlern und
militärischen Dienststellen eingeleitet.

Die ballistischen Flugbahnen von Geschossen wurden durch Differentialgleichungen beschrieben, deren Lösung einen hohen numerischen Rechenaufwand erforderte. Berechnungen dieser Art konnten erstmals nennenswert beschleunigt werden, als der Mathematiker Vannevar Bush (1890–1974) vom Massachusetts Institute of Technology 1930 einen mechanischen *Analogrechner* gebaut hatte. Obwohl Bushs ‹Differential Analyzer› während der dreißiger Jahre das fortschrittlichste mathematische Instrument darstellte, ging seine Bedeutung in dem Maß zurück, in dem leistungsfähige *digitale* Rechenautomaten entwickelt wurden (Kasten 2: Analoge und digitale Datenverarbeitung).

Kasten 2: Analoge und Digitale Datenverarbeitung

Eine Gegenüberstellung analoger und digitaler Informationsdarstellung gibt die Tabelle (Abb. 39) gegenüber.

Jedem bekannt ist auch der Unterschied zwischen Uhren mit Ziffernblatt und Uhren mit digitaler Zeitanzeige. Beim Zifferblatt erfolgt die Informationsdarstellung auf anlaloge Weise durch die Stellung der Zeiger relativ zueinander und zum Zifferblatt. Die Ablesegenauigkeit ist zwar begrenzt, in den meisten praktischen Fällen jedoch ausreichend. Dafür ermöglicht die Zifferblattanzeige jedoch einen unmittelbaren visuellen Eindruck von Zeitabständen (z. B. wieviel Zeit ist noch bis zur nächsten vollen Stunde) und von der Zeit als einem zyklischen Prozeß.

Die digitale, ziffernmäßige Zeitanzeige gibt einen Zeitpunkt dagegen mit sehr viel größerer Genauigkeit an (bei handelsüblichen Armbanduhren z. B. bis auf $1/10$ Sekunde), diese Genauigkeit ist jedoch für die meisten Alltagsprobleme unnötig. Ein entscheidender Nachteil ist jedoch darin zu sehen, daß die Digitalanzeige das Zeitempfinden weiter ‹linearisiert› – Zeit wird auf einen durch eine Ziffernfolge dargestellten Zeitpunkt reduziert.

Rechner, bei denen die zu verarbeitenden Daten intern analog dargestellt sind (z. B. durch entsprechend Ströme und Spannungen, durch Drehwinkel u. a.), bezeichnet man als *Analogrecher*. Nach der Einführung der Elektronik in den Rechnerbau wurden elektornische Analogrechner entwickelt und u. a. für Prozeßregelungsaufgaben eingesetzt, da die zu verarbeitenden Daten (z. B. in einer Erdölraffinerie) zumeist analoger Natur sind (z. B. Temperaturen, Drücke, Durchflußmengen etc.).

Bei *Digitalrechnern* sind sämliche Informationen, d. h. Daten und Programme, digital als Folgen von 0 und 1 dargestellt. Heute hat der Digitalrechner den Analogrechner selbst in der Prozeßdatenverarbeitung als seinem angestammten Anwendungsgebiet nahezu vollständig verdrängt. Analoge Prozeßinformationen werden dabei durch spezielle Analog-Digital-Wandler digitalisiert, als digitale Informationen verarbeitet und zur Ausgabe an analog arbeitende Stellglieder (z. B. Ventile) wieder in analoge Ausgangsgrößen umgewandelt.

	analog	digital
Darstellungsform der Nachrichten	mathematisch entsprechende physikalische Größen, meist stetig	unstetige Signale meist binär (ja/nein)
Beispiel	Längen ▭ elektrische Ströme	Ziffern: 1, 2, 3, 4, 5, 6, 7, 8, 9, 0 Buchstaben: a, b, c — z Code- zeichen ⎍⎍⎍
festzulegen ist	Maßstab z.B. 1 cm entspricht 1 kg	Bedeutung der Signale z.B. 4 = 1+1+1+1
Anwendungs- beispiel	Rechenschieber	Abakus
technischer Vorteil Nachteil	einfache Realisierung schnell, anschaulich schlechte Speichermöglichkeit; geringe Rechengenauigkeit; nur stetige Vorgänge	hohe Rechengenauigkeit, Speichermöglichkeit, flexible Programmierbarkeit kostspielige Realisierung
Fehler	Meßungenauigkeiten	Abrundungsfehler

39: Analoge und digitale Darstellung von Informationen.

Ein erstes großangelegtes Projekt zur Entwicklung eines digital arbeitenden, programmierbaren Rechenautomaten starteten 1939 der Mathematiker Howard H. Aiken (1900–1973) von der Harvard-Universität und der Büromaschinenkonzern IBM. Nach Aikens Konzept und mit finanzieller Unterstützung durch die US-Marine entstand so bei IBM der 1944 fertiggestellte Rechenautomat MARK I, ein Koloß von 16 m Länge und einem Gewicht von 35 t (Abb. 40). Er war überwiegend aus Relais aufgebaut und benötigte für die Multiplikation zweier 23stelliger Dezimalzahlen etwa sechs Sekunden. In seinem Konzept ähnelte der MARK I der mechanischen ‹Analytical Engine› von Babbage. Die Programme wurden über ungewöhnlich breite Lochstreifen eingegeben, die in einer Spalte bis zu 24 gestanzte Löcher enthalten konnten. Jede Spalte entsprach einer kompletten Anweisung an die Maschine, im allgemeinen von der Form ‹Hole eine Zahl vom Register A, bringe sie ins Register B und führe die Operation C aus›. Bei der Programmierung des MARK I spielte, ähnlich wie bei Babbages ‹Analytical Engine›, eine Frau eine herausragende Rolle: Grace Murray Hopper (geb. 1906), von der in den fünfziger Jahren

40: Der Mark I war ein aus Relais aufgebauter elektromechanischer Rechner. Er besaß 72 mechanische Addierzählwerke für 23stellige Dezimalzahlen plus Vorzeichen. In 60 Festwertspeichern konnten Konstanten manuell über Schalter eingegeben werden. Mit einer Multiplikationszeit von etwa 6 Sekunden war der MARK I 1000mal langsamer als der ENIAC, bei dem erstmals Elektronenröhren verwendet wurden.

wesentliche Anstöße zur Entwicklung von Programmiersprachen ausgingen. Nach seiner Fertigstellung wurde der MARK I vor allem von der US-Marine für ballistische Berechnungen eingesetzt.

Unabhängig von Aikens Arbeiten hatte Ende der dreißiger Jahre der Mathematiker George R. Stibitz (geb. 1904) bei den Bell Telephone Laboratories damit begonnen, einen digitalen Rechenautomaten auf der Basis der Relaistechnik zu entwickeln. Sein ‹Complex Number Computer› sollte vor allem die Berechnung komplizierter elektrischer Schaltungen erleichtern, die bei den Bell Telephone Laboratories entwickelt wurden, und war daher für die Multiplikation und Division komplexer Zahlen eingerichtet. Als Stibitz diese Anlage im Herbst 1940 erstmals öffentlich vorführte, stieß sie auf großes Interesse bei allen Wissenschaftlern, die sich damals mit Rechenautomaten beschäftigten.

Unter ihnen waren auch der Mathematiker Norbert Wiener (1894 bis 1964) und der Physiker John Mauchly (geb. 1907), die später wesentliche Beiträge zur Computerentwicklung leisteten. Eine unterhaltsame Anekdote dieser Vorführung enthält ein Bericht des Mathematikers Henry S. Tropp:

«John nahm an diesem Treffen teil, und er erinnert sich, daß er, als er durch die Halle ging, einen Mann am Fernschreibterminal spielen sah, der sehr ärgerlich wurde. Schließlich ging er zu diesem Herrn und fragte, ob an der Maschine irgend

93

etwas nicht stimmte. ‹Die Maschine ist in Ordnung›, erhielt er als Antwort. Der Mann versuchte, die Maschine eine Division durch Null durchführen zu lassen, aber die Maschine tat es einfach nicht. Stibitz war natürlich ein viel zu guter Mathematiker, um diese Möglichkeit nicht in Betracht gezogen zu haben. Später erfuhr John, daß der Mann an der Maschine niemand anderer als Norbert Wiener gewesen war» (Metropolis, 1980, S. 120, Übers. d. Verf.).

Stibitz, der aus der Fernmeldetechnik kam, hatte die Vorführung seiner Maschine gleichzeitig zu einer ersten Demonstration dessen gemacht, was wir heute als *Datenfernübertragung* bezeichnen. Sein ‹Complex Number Computer› stand in New York und war über eine Fernschreibleitung mit dem Vorführsaal in dem mehrere hundert Kilometer entfernten Hanover, New Hampshire, verbunden.

Bei den Bell Telephone Laboratories wurden in den folgenden Kriegsjahren noch mehrere Relaisrechner entwickelt und gebaut, die sämtlich für militärische Berechnungen eingesetzt wurden (Quellentext 6).

Nachhaltiger als diese Geräte beeinflußten die weitere Computerentwicklung in den USA jedoch Arbeiten, die der bereits erwähnte John Mauchly ab August 1942 an der Moore School of Electrical Engineering der Universität von Pennsylvania in Philadelphia aufnahm. Entscheidend für Mauchlys Vorhaben, einen digitalen Röhrenrechner zu bauen, war von Anfang an eine enge Zusammenarbeit mit dem Ballistic Research Laboratory der US-Streitkräfte im nahegelegenen Aberdeen Proving Ground. Diese militärische Dienststelle erstellte Zieltabellen für die Artillerie und für Bomberpiloten. Eine typische Zieltabelle erforderte dabei die Berechnung von etwa 3000 Geschoßbahnen. Obwohl dafür außer elektromechanischen Tischrechenmaschinen auch der von Vannevar Bush entwickelte ‹Differential Analyzer› eingesetzt wurde, dauerte die Berechnung einer einzigen Zieltabelle noch etwa 30 Tage. Am Ballistic Research Laboratory waren daher bis zu 200 Mathematikerinnen beschäftigt, die von speziellen Verbindungsoffizieren, u. a. von dem Mathematiker Captain Herman H. Goldstine, an den Universitäten rekrutiert worden waren.

Anfang 1943 machten Mauchly und der Elektroniker J. P. Eckert (geb. 1919) der US-Armee den Vorschlag, einen Röhrenrechner zu bauen, mit dem sich der Zeitbedarf für ballistische Berechnungen deutlich verkürzen lassen sollte. Diese Maschine sollte ‹Electronic Numerical Integrator and Computer› (ENIAC) heißen, wobei man mit dem Namensbestandteil ‹Integrator› vor allem das Pentagon davon überzeugen wollte, daß es sich um eine Spezialmaschine zur Berechnung ballistischer Funktionen handelte. Eckerts und Mauchlys Vorstellungen gingen jedoch über diese Spezialanwendung hinaus. Ihr Ziel war ein für beliebige mathematische Aufgaben einsetzbarer elektronischer Rechenautomat. Mit einer finanziellen Unterstützung von mehr als 150000 Dollar durch das Pentagon entstand so bis zum Herbst 1945 der erste amerikanische Röhrenrechner (Abb. 41).

Die Bedeutung des Rechners ENIAC für die weitere Computerentwicklung lag vor allem in dem Nachweis, daß es möglich war, elektronische Geräte mit einer bis dahin unerreichten Komplexität zu bauen und zuverlässig zu betreiben. Elektronische Geräte wie Verstärker hatten bis dahin kaum mehr als einige Dutzend Elektronenröhren enthalten. Für den ENIAC dagegen wurden 17000 Elektronenröhren, 70000 Widerstände, 10000 Kondensatoren und eine Vielzahl weiterer Bauteile verwendet. Aufgrund seiner elektronischen Arbeitsweise konnte der ENIAC zwei zehnstellige Dezimalzahlen innerhalb von 3 Millisekunden multiplizieren und war damit tausendmal schneller als die gleichzeitig entwickelten Relaisrechner von Aiken und Stibitz. Die Berechnung von Zieltabellen für das Ballistic Research Laboratory ließ sich nun erheblich beschleunigen: Mit dem ENIAC konnte eine komplette Zieltabelle in weniger als einem Tag berechnet werden.

Der logische Aufbau des ENIAC entsprach jedoch noch sehr wenig dem moderner Computer. Eckert und Mauchly hatten für die Zahlendarstellung statt des Dualsystems noch das für Rechenautomaten ungünstige Dezimalsystem gewählt. Auch gab es noch keine klare Trennung zwischen Speicher und Rechenwerk. Zwanzig Akkumulatoren[12] dienten

41: Der ENIAC war der erste Rechenautomat der USA in Röhrentechnik. John Mauchly und J. Presper Eckert bauten ihn mit großer personeller und finanzieller Unterstützung der Universität von Pennsylvania und des Ballistic Research Laboratory der US-Armee in den Jahren 1942–1945. Ab 1946 wurde er vor allem für die Berechnung ballistischer Tabellen und für die Atomwaffenentwicklung eingesetzt. Der ENIAC blieb bis zum Oktober 1955 in Betrieb, nachdem er noch 1953 um einen Kernspeicher erweitert worden war.

42: Zwei der Entwickler des ENIAC, J. P. Eckert (rechts) und Captain Goldstine, mit einem ‹Ringzähler›. Diese Röhrenbaugruppe diente der Speicherung einer einzigen Dezimalziffer. Da der ENIAC zwanzig zehnstellige Dezimalzahlen intern speichern und verarbeiten konnte, wurden allein dafür 200 dieser Ringzähler benötigt.

sowohl der Speicherung von Zahlen wie auch gleichzeitig der Durchführung arithmetischer Operationen (Abb. 42). In den Akkumulatoren konnten verschiedene Additionen, Multiplikationen usw. zeitlich parallel durchgeführt werden. Beispielsweise ließen sich bei der Berechnung des Ausdrucks $(a \times b + c \times d) \times e$ die Produkte $a \times b$ und $c \times d$ *gleichzeitig* in verschiedenen Akkumulatoren bilden. Durch diese *Parallelverarbeitung* erhofften sich die Konstrukteure des ENIAC eine schnellere Arbeitsweise, mußten dafür aber einen komplizierten Aufbau und eine umständliche Programmierung in Kauf nehmen.

Programmiert wurde der ENIAC ähnlich wie die bis dahin üblichen Lochkartenmaschinen durch Steckverbindungen, durch die die einzelnen Komponenten der Maschine in der gewünschten Weise miteinander verkoppelt wurden. Für diese zeitraubende und außerordentlich komplizierte Tätigkeit interessierten sich die männlichen Schöpfer des ENIAC nicht sonderlich. Sie hielten sie, verglichen mit dem Entwurf der Maschine (der Hardware), für bloße ‹Bedienung› und somit für eine untergeordnete Tätigkeit. Zuständig dafür war eine Gruppe von Mathematikerinnen am Ballistic Research Laboratory, die etwas väterlich als ‹ENIAC-Girls› bezeichnet wurden.

Im Unterschied zu Turing und auch Zuse sahen die Entwickler des ENIAC in ihrem Automaten noch zuallererst das technische Gerät. Die Auffassung, daß bei dieser neuartigen Maschine, dem Computer, die entscheidenden Konstruktionsmerkmale im *logischen Aufbau* und der Formulierung von *Algorithmen* (Programmieren) zu sehen sind, vertrat vor allem der Mathematiker und Physiker John von Neumann, der 1944 bei der ENIAC-Gruppe auftauchte.

John von Neumanns Beitrag
zum modernen Computerkonzept

Der 1903 in Budapest geborene John von Neumann hatte sich bereits bei
seinem Abitur im Jahre 1921 einen Namen als Mathematiker gemacht. In
den zwanziger Jahren studierte er gleichzeitig Mathematik in Budapest
und Chemie an der Eidgenössischen Technischen Hochschule (ETH) in
Zürich und erhielt bereits 1927, noch kaum 24jährig, eine Stelle als Pri-
vatdozent in Berlin. Eine Reihe von Veröffentlichungen zur Mengen-
theorie, zur Algebra und ein Buch über die mathematischen Grundlagen
der erst in den zwanziger Jahren entwickelten Quantenmechanik machten ihn international bekannt. Der bereits erwähnte amerikanische Mathematiker Oswald Veblen lud ihn 1930 zu Gastvorlesungen an die Princeton Universität ein, und von dieser Zeit an verlagerte von Neumann
seine Tätigkeiten mehr und mehr in die USA.

Bereits vor dem Eintritt der USA in den Zweiten Weltkrieg diente von
Neumann einer Reihe militärischer Dienststellen als wissenschaftlicher
Berater. Sein Engagement in diesen Jahren faßte er selbst 1946 vor dem
Senatskomitee für Atomenergie folgendermaßen zusammen:

«Senator McMahon, Gentlemen:
Ich nehme an, Sie möchten Auskunft über meine Qualifikationen erhalten. Ich bin
Mathematiker und mathematischer Physiker. Ich bin Mitglied des Institute for Advanced Study in Princeton, New Jersey. Ich war fast zehn Jahre lang mit militärischen Arbeiten der Regierung in Verbindung. Als Berater des Ballistic Research
Laboratory des Army Ordnance Departments seit 1937, als Mitglied seines wissenschaftlichen Beratungskomitees seit 1940; ich war Mitglied verschiedener Abteilungen des Komitees zur nationalen Verteidigungsforschung seit 1941; ich war Berater des Marineartilleriebüros seit 1942. Als Berater der Los Alamos-Laboratorien hatte ich Verbindung mit dem Manhattan District seit 1943, und ich hielt mich
dort einen beträchtlichen Teil der Jahre 1943–1945 auf» (Goldstine, 1972, S. 177f).

Im Jahr 1943 hatte ihn Robert Oppenheimer, der damalige wissenschaftliche Leiter der unter der Codebezeichnung ‹Manhattan Project› durchgeführten amerikanischen Atombombenentwicklung, in die Los Alamos-
Laboratorien nach Neumexiko eingeladen. Ein wesentliches Problem,
mit dem sich die Wissenschaftler dort beschäftigten, bestand in der Suche
nach einem Verfahren, mit dem sich das nur in geringen Mengen und
unter enormen Kosten zu gewinnende spaltbare Uran so komprimieren
ließ, daß eine explosionsartige Kettenreaktion möglich wurde. S. M.
Ulam, der zusammen mit von Neumann mathematische Verfahren für das
Atombombenprogramm entwickelt hatte, beschrieb diese Arbeiten später folgendermaßen:

«Eins der ersten Probleme, das für den Erfolg des gesamten Projektes entscheidend war, betraf das Implosionsverhalten eines sphärischen Systems [das Zusam-

menlaufen einer kugelförmigen Druckwelle in Richtung Mittelpunkt der Kugel]. Bereits dieses Wort war während des Krieges streng geheim. Selbst einige Jahre nach dem Krieg stellte es noch einen fürchterlichen Geheimnisverrat dar, es zu äußern. Die Idee bestand darin, eine Masse von Materie zu höherer Dichte zu komprimieren, indem sie von Explosivstoffen umgeben wurde, um schließlich herauszubekommen, welche Drücke und Dichten erreichbar waren und wie die Materie in eine solche Anordnung gebracht werden konnte. Es reichte nicht aus, die Antwort nur ungefähr zu kennen. Man brauchte für den erreichbaren Druck einen präzisen numerischen Wert mit einer Genauigkeit von etwa 10 %. Das war unmöglich allein durch Abschätzungen oder theoretische Analysen zu erreichen. Wir diskutierten daher lange über die Anwendung ‹nackter Gewalt› [d. h. die Anwendung umfangreicher numerischer Verfahren]» (Metropolis, 1980, S. 95, Übers. d. Verf.).

Von Neumann hatte bereits zuvor im Zusammenhang mit Arbeiten über die Theorie von Schockwellen erkannt, daß Einsichten in das Verhalten solcher Systeme nur durch riesigen Rechenaufwand gewonnen werden konnten. Sein Interesse, diese Berechnungen durch den Einsatz technischer Hilfsmittel zu erleichtern, brachte ihn schließlich 1944 in Kontakt mit den Entwicklern des ENIAC.

Für die Fertigstellung der ersten zwei Atombomben, mit denen am 6. und 9. August 1945 die japanischen Städte Hiroshima und Nagasaki zerstört und Hunderttausende von Menschen getötet wurden, kam der ENIAC zu spät. Seine Bedeutung für die Weiterentwicklung der Atomwaffen in den folgenden Jahren belegt jedoch ein Brief des Leiters der Los Alamos-Laboratorien an die Entwickler des ENIAC:

«Die Berechnungen, die bereits auf dem ENIAC abgeschlossen wurden, wie auch die gegenwärtig durchgeführten, sind außerordentlich wertvoll für uns ... Die Komplexität dieser Probleme ist so groß, daß es nahezu unmöglich gewesen wäre, eine andere Lösung ohne Hilfe des ENIAC zu erhalten. Wir sind außerordentlich glücklich darüber, für diese genauen Berechnungen den ENIAC zur Verfügung zu haben. Ich möchte Sie daher zur erfolgreichen Entwicklung dieses wertvollen Instrumentes beglückwünschen» (Goldstine, 1972, S. 215).

Von Neumann interessierte jedoch nicht nur die Benutzung des ENIAC. Die Computer selbst wurden zu einem Schwerpunkt seiner künftigen Arbeiten. Als die Erbauer des ENIAC 1945 erste Überlegungen zu einer Nachfolgemaschine anstellten, die EDVAC (Electronic Discrete Variable Calculator) heißen sollte, formulierte er seine Gedanken in dem heute technikhistorischen Dokument ‹First Draft of a Report on the EDVAC› (Erster Entwurf eines Berichts zum EDVAC; Kasten 3: Von-Neumann-Maschine).

Kasten 3: Von-Neumann-Maschine

In dem Dokument ‹First Draft of a Report on the EDVAC› schlug von Neumann folgenden logischen Aufbau für digitale Rechenautomaten vor (Abb. 43):

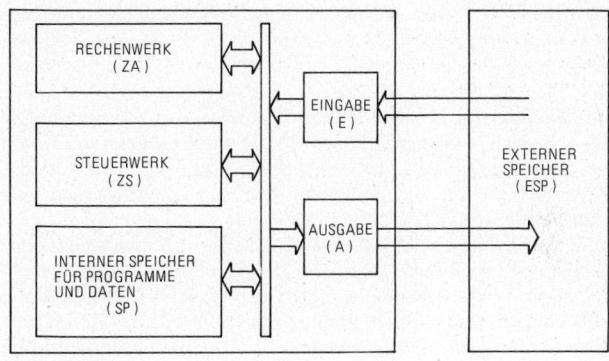

43

Er selbst schrieb dazu:
«1.1
Die folgenden Überlegungen befassen sich mit der Struktur eines sehr schnellen digitalen automatischen Rechensystems und im Besonderen mit seiner logischen Steuerung ...
1.2
Ein automatisches Rechensystem ist ein Gerät, das Instruktionen ausführen kann, um Berechnungen von beachtlicher Komplexität durchzuführen – z. B. die numerische Lösung nichtlinearer partieller Differentialgleichungen mit 2 oder 3 unabhängigen Variablen.
Die Instruktionen, die diesen Ablauf steuern, müssen dem Gerät vollständig detailliert gegeben werden. Sie umfassen alle numerischen Daten, die zur Problemlösung benötigt werden ... Diese Instruktionen müssen in einer Form vorliegen, die das Gerät erfassen kann:
als gestanzte Lochkarten oder Lochstreifen, magnetisch aufgezeichnet auf einem Stahlband oder Draht, als fotografische Information auf einem Film oder verdrahtet durch eine feste oder austauschbare Stecktafel ... Alle diese Verfahren erfordern die Verwendung eines Codes, um die logische und algebraische Definition des zu lösenden Problems auszudrücken ... Sind diese Instruktionen einmal dem Gerät mitgeteilt worden, dann muß es in der Lage sein, sie vollständig und ohne weiteren menschlichen Eingriff auszuführen. Am Ende der gewünschten Operationen muß das Gerät die Ergebnisse wieder in einer der o. a. Formen ausgeben. Die Ergebnisse sind numerische Daten ...

Die Bestandteile der Maschine:
2.2
Erstens: Da das Gerät zuallererst eine Rechenmaschine ist, wird es die elementaren arithmetischen Operationen sehr oft ausführen müssen. Es sind dies Addition, Subtraktion, Multiplikation und Division: $+$, $-$, $\times$, $:$. Es sollte daher vernünftigerweise spezialisierte Organe für eben diese Operationen enthalten ... Auf jeden Fall wird es wahrscheinlich einen *zentralen arithmetischen* Teil des Gerätes geben müssen, und dieser bildet seinen ersten spezifischen Bestandteil: ZA.
2.3
Zweitens: Die logische Kontrolle über das Gerät, d. h. die genaue Abfolge seiner Operationen, kann am wirkungsvollsten durch ein zentrales Kontrollorgan ausgeführt werden. Falls das Gerät *elastisch* sein soll, d. h. für möglichst *alle Zwecke* verwendbar, dann muß unterschieden werden zwischen den spezifischen Instruktionen für ein bestimmtes Problem und den allgemeinen Kontrollorganen. Diese sollen dafür sorgen, daß die Instruktionen ausgeführt werden, unabhängig von ihrem Inhalt. Die ersten müssen in irgendeiner Weise gespeichert sein – in bestehenden Geräten erfolgt dies wie unter 1.2 beschrieben –, die letzteren sind durch bestimmte Funktionsteile des Geräts repräsentiert. Mit *zentraler Steuerung* ist nur diese zweite Funktion gemeint, und die Organe, die sie ausführen, bilden den zweiten spezifischen Bestandteil: ZS.
2.4
Drittens: Jedes Gerät, das lange und komplizierte Folgen von Operationen (insbesondere Berechnungen) ausführen soll, muß einen beträchtlichen Speicher haben ...
Die Befehle für ein kompliziertes Problem können einen beachtlichen Umfang annehmen, insbesondere dann, wenn die Verschlüsselung umständlich ist. Diese Informationen müssen wiedergewinnbar sein ... Jedenfalls bildet der gesamte *Speicher* den dritten spezifischen Bestandteil des Geräts: SP.
2.6
Die drei spezifischen Bestandteile ZA, ZS und SP entsprechen den *assoziativen* Nervenzellen im menschlichen Nervensystem. Die Entsprechungen zu den sensorischen und den motorischen Neuronen bleiben noch zu diskutieren. Es sind dies die *Eingabe-* und *Ausgabeorgane* des Geräts ... Das Gerät muß die Fähigkeit haben, durch Eingabe und Ausgabe den Kontakt mit einem spezifischen Medium (siehe 1.2) aufrechtzuerhalten: dieses Medium soll *externes Speichermedium* des Geräts genannt werden: ESP.
2.7
Viertens: Das Gerät muß Organe besitzen, um Informationen von ESP in seine spezifischen Bestandteile ZA, ZS und SP zu übertragen. Diese Organe bilden seine *Eingabe*, den vierten spezifischen Bestandteil: E.
Man wird sehen, daß es am besten ist, alle Übertragungen von ESP über E nach SP zu machen und niemals direkt nach ZA oder ZS ...

2.8

Fünftens: Das Gerät muß Organe zur Übertragung ... von seinen spezifischen Bestandteilen ZA, ZS und SP nach ESP haben. Diese Organe bilden seine *Ausgabe*, den fünften spezifischen Bestandteil: A. Man wird wieder sehen, daß es am besten ist, alle Übertragungen von SP über A nach ESP zu machen und nie direkt zu ZA oder ZS ...»
(John von Neumann: First Draft of a Report on the EDVAC, University of Pennsylvania 1945; abgedruckt in: Randell, The Origins of Digital Computers, Berlin 1975; Übers. d. Verf.)

Die ‹Analytical Engine› von Babbage und Zuses Z3 hatten zwar bereits einen ähnlich logischen Aufbau gehabt, von Neumann ging jedoch in entscheidenden Punkten weiter: Im Unterschied zu allen bis dahin gebauten Rechenautomaten sollten die Programmbefehle wie die zu verarbeitenden Daten binär codiert und im internen Speicher der Maschine abgelegt werden. Bei den bisherigen Rechenautomaten hatte der interne Speicher – beim ENIAC beispielsweise die 20 Akkumulatoren – nur zum Abspeichern numerischer Operanden gedient. Dieser interne Speicher hatte zwar eine viel geringere Speicherkapazität als z. B. ein Lochstreifen, er konnte aber um ein Vielfaches schneller gelesen und vor allem auch beschrieben werden. Und dies nicht nur in einer starren Folge, sondern ‹wahlfrei›, d. h., jede Speicherzelle konnte durch Angabe ihrer Adresse gleichschnell angesprochen werden. Damit bot von Neumanns Konzept der *Speicherprogrammierung* entscheidende Vorteile gegenüber der bis dahin üblichen Programmierung durch Lochstreifen oder Steckverbindungen: Eine binär codierte und im schnellen internen Speicher der Maschine befindliche Befehlsfolge konnte in Abhängigkeit von logischen Bedingungen wiederholt durchlaufen oder auch übersprungen werden. Damit ließ sich ein Programm als Kette logischer Ja/Nein-Entscheidungen aufbauen. Von Neumann führte dazu ‹bedingte Sprungbefehle› ein, die heute einen unverzichtbaren Teil des Befehlssatzes eines jeden Computers darstellen.

Mit seinen Vorschlägen zum logischen Aufbau von Computern hatte von Neumann wesentliche Anstöße geliefert, damit aus starren elektronischen Rechenautomaten *universelle Datenverarbeitungsautomaten* werden konnten. Erst der speicherprogrammierbare, elektronische Computer bot die technischen Voraussetzungen für Entscheidungsautomaten, da es mit ihm erstmals möglich war, Maschinen zu bauen, die ihr Verhalten nach den Regeln der formalen Logik selbst beeinflussen konnten.

Bis heute sind die meisten Computer speicherprogrammierbare Maschinen und damit ‹Von-Neumann-Maschinen›.

Die ersten Von-Neumann-Maschinen

Die Einschränkung finanzieller Unterstützung durch das Militär und Patentstreitigkeiten führten 1946 zu einem Auseinanderbrechen der ENIAC-Gruppe und zur späten Fertigstellung des EDVAC erst im Jahr 1951.

Eckert und Mauchly verließen die Moore School und versuchten zunächst erfolglos, den IBM-Chef Watson für die Produktion einer weiterentwickelten ENIAC-Version zu gewinnen. Watson lehnte jedoch ab, da eine speziell in Auftrag gegebene Marktanalyse den Weltbedarf an Röhrenrechnern nur auf einige wenige Einheiten einschätzte. Eckert und Mauchly gründeten daraufhin eine eigene Firma, die sie aber bereits 1950 an Remington Rand, den größten Konkurrenten von IBM auf dem Büromaschinenmarkt, verkaufen mußten. Ihr 1951 fertiggestellter UNIVAC I war der erste kommerziell vertriebene speicherprogrammierbare Röh-

44: Die Verantwortlichen für die Entwicklung der ‹IAS-Maschine› am Institute for Advanced Studies. Von links nach rechts: Julian H. Bigelow, Chefingenieur; Herman H. Goldstine, Assistent des Projektdirektors; J. Robert Oppenheimer, Institutsdirektor; John von Neumann, Projektdirektor. Dieses Foto stammt aus dem Jahr 1952, als die im Hintergrund abgebildete ‹IAS-Maschine› betriebsbereit wurde. Der vielseitig begabte John von Neumann war während des Zweiten Weltkrieges für eine Reihe amerikanischer Militärdienststellen als wissenschaftlicher Berater tätig. Ab 1945 leistete von Neumann grundlegende Beiträge zur weiteren Computerentwicklung. Vor allem sein Vorschlag, Programme in den internen Speicher der Maschine einzugeben und von dort aus abzuarbeiten, machte den modernen Universalcomputer überhaupt erst möglich. Von Neumann starb im Alter von 54 Jahren an Knochenkrebs.

renrechner und markierte damit die Anfänge der modernen Computerindustrie.

Von Neumann und Goldstine wechselten an das Institute for Advanced Study in Princeton über (Abb. 44). Mit finanzieller Unterstützung durch die US-Marine und die Firma Radio Corporation of America (RCA) entstand dort bis 1952 die IAS-Maschine (Institute for Advanced Study), die entsprechend von Neumanns Vorstellungen ein zentrales Rechen- und Steuerwerk und einen internen Speicher für 1024 Dualzahlen mit jeweils 40 Stellen enthielt. Dieser Computer wurde nach seiner Fertigstellung für das amerikanische Wasserstoffbombenprogramm eingesetzt, wie ein Protokoll der Atomic Energy Commission (AEC) aus dem Jahre 1954 belegt:

«Frage:	Wann wurde er gebaut?
von Neumann:	Er wurde zwischen 1946 und 1952 gebaut.
Frage:	Wann war er fertig und betriebsbereit?
von Neumann:	Fertig war er 1951, und 1952 war er in einem Zustand, in dem man tatsächlich mit ihm arbeiten konnte.
Frage:	Wurde er für das Wasserstoffbombenprogramm benützt?
von Neumann:	Ja. Soweit das Institut betroffen war ... Der Rechner wurde 1952 betriebsbereit, und das erste große Problem, das auf ihm bearbeitet wurde und das selbst unter diesen Bedingungen ein halbes Jahr in Anspruch nahm, war für das Wasserstoffbombenprogramm. Zuvor hatte ich für das Wasserstoffbombenprogramm schon eine Menge Zeit für Berechnungen auf anderen Computern verwendet»

(In the Matter of J. Robert Oppenheimer, Transcript of Hearing before Personnel Security Board, Washington D. C. United States Atomic Energy Commission, Washington, 1954, S. 643 f; Übers. d. Verf.).

Drei Jahre vor Fertigstellung der IAS-Maschine war jedoch bereits in England eine Von-Neumann-Maschine in Betrieb genommen worden. Im Zuge eines regen Austausches von Wissenschaftlern zwischen den ehemaligen Alliierten hatte auch M. V. Wilkes, Mathematiker an der Universität Cambridge, Princeton besucht und von Neumanns Vorstellungen kennengelernt. Nach England zurückgekehrt, begann er 1946 mit dem Bau eines am EDVAC-Konzept orientierten Computers. Sein 1949 in Betrieb genommener EDSAC (Electronic Delay Storage Automatic Computer) enthielt einen internen Speicher für 1024 Worte mit jeweils 17 bit. Mit diesem Computer realisierte Wilkes als erster das neue Konzept der Speicherprogrammierung.

Wilkes ging jedoch noch weiter. Er entwickelte Verfahren, häufig benutzte Programmteile wie beispielsweise das Ziehen von Quadratwurzeln als *Unterprogramme* zu formulieren, die bausteinartig in andere Programme eingefügt werden konnten. Diese Unterprogramme faßte er in ‹Unterprogrammbibliotheken› zusammen und machte sie zur Grundlage der Programmierung.

45: Mit dem WHIRLWIND-Computer wurde Anfang der fünfziger Jahre im Nordosten der USA ein Vorläufer des Luftraumüberwachungssystems SAGE aufgebaut. Die über Telefonleitungen übertragenen Radardaten wurden dabei vom Computer aufbereitet und an Bildschirmen in einer Leitzentrale angezeigt.

Alle zuvor beschriebenen Von-Neumann-Maschinen waren direkt aus den Arbeiten am ENIAC und am EDVAC hervorgegangen. Anders verhielt es sich bei dem WHIRLWIND-Projekt am Massachusetts Institute of Technology (MIT). Am MIT hatte 1944 eine Gruppe unter Jay W. Forrester (geb. 1918) damit begonnen, einen Analogrechner zur Steuerung eines Flugsimulators zu entwickeln. Dieses Gerät sollte das aerodynamische Verhalten eines Flugzeugs simulieren und mußte daher in der Lage sein, auf Steuerkommandos des Piloten sofort (in Echtzeit) zu reagieren. Angeregt von der Entwicklung des ENIAC entschied sich Forrester 1945, statt einer analogen eine digitale Maschine zu bauen. Als jedoch noch während der ersten Entwicklungsarbeiten das militärische Interesse an einem Flugsimulator erlosch und die finanzielle Unterstützung eingestellt wurde, rückte eine neue Anwendungsmöglichkeit in den Mittelpunkt des Interesses, das der damals beteiligte Wissenschaftler R. R. Everett folgendermaßen beschrieb:

«Für die Verfolgung und Überwachung von Flugzeugen wurde ein Computer mit den Eigenschaften des WHIRLWIND benötigt. Die Luftverteidigung wurde mit hohen Geldbeträgen unterstützt. Da die UdSSR zu dieser Zeit Atomwaffen und Interkontinentalbomber entwickelt hatte, wurde der Luftverteidigung ziemlich viel Beachtung geschenkt. Eine Hauptbedrohung stellten tieffliegende Flugzeuge dar ... So kam die finanzielle Unterstützung durch die US-Luftwaffe gerade rechtzeitig, und wir begannen damit, WHIRLWIND für die Entwicklung eines neuen Luftverteidigungskonzeptes einzusetzen» (Metropolis, 1980, S. 375, Übers. d. Verf.).

Dieses neue Konzept sah eine flächendeckende Luftraumüberwachung durch Radarstationen vor, deren Daten über Telefonleitungen direkt an Digitalcomputer übertragen werden sollten. Die komprimierten Daten sollten an Bildschirmen in Überwachungszentren sichtbar gemacht werden, um von dort aus Gegenmaßnahmen zu veranlassen. Nach der Fertigstellung des WHIRLWIND im Jahr 1951 wurde im Nordosten der USA bei Cape Cod ein Prototyp dieses Luftraumüberwachungssystems aufgebaut (Abb. 45). Zwei Jahre später erteilte dann die US-Air-Force dem Lincoln Laboratory des MIT den Auftrag zur Entwicklung des umfassenden Luftraumüberwachungssystems SAGE (**S**emi**a**utomatic **G**round **E**nvironment Air Defense System).

Um diesen spezifischen Anforderungen zu entsprechen, mußten für den WHIRLWIND eine Reihe neuer technischer Verfahren entwickelt werden:

● Er mußte in der Lage sein, die über Telefonleitungen übertragenen Radardaten sofort zu verarbeiten (Echtzeitverarbeitung).

● Die errechneten Daten mußten an Radarschirmen angezeigt werden, die erstmals auch die Ausgabe von Schriftzeichen vorsahen und somit Vorläufer der heutigen Bildschirmterminals waren.

● Der WHIRLWIND mußte extrem zuverlässig arbeiten und erforderte daher besonders ausfallsichere Schaltungen.

● Um Fehler bei der Datenübertragung feststellen zu können, wurden das Parity-Bit und Fehler erkennende Codes eingeführt.

Mit dem WHIRLWIND war erstmals ein speicherprogrammierter Digitalcomputer zu einem zentralen Teil eines umfangreichen Waffensystems geworden, eine Entwicklung, die bis zum Konzept des ‹vollautomatisierten Schlachtfeldes› weitergetrieben wurde.

Mit der Inbetriebnahme des EDSAC, des EDVAC, der UNIVAC I, des WHIRLWIND, des IAS-Computers und einiger weiterer nach den Von-Neumann-Prinzipien aufgebauter Computer war das Konzept der neuen Technologie Anfang der fünfziger Jahre im wesentlichen abgeschlossen. Während es sich bei diesen Maschinen noch um handwerklich hergestellte Einzelexemplare gehandelt hatte, begann nun die Phase der industriellen Computerproduktion.

Kalter Krieg oder
Kriegswirtschaft in Friedenszeiten

Als John von Neumann seinen ‹First Draft of a Report on the EDVAC›
für das Army Ordnance Department (Waffenamt des Heeres) am 30. Juni
1945 fertiggestellt hatte, war der Krieg in Europa schon seit fast zwei
Monaten beendet; sechs Wochen später kapitulierte nach dem Abwurf
der beiden Atombomben über Hiroshima und Nagasaki auch die japani-
sche Armee. Es war zu diesem Zeitpunkt weitgehend unklar, wie und mit
welchen finanziellen Risiken das von-Neumannsche Computerkonzept
technisch realisiert werden konnte. Die führenden Büromaschinenfirmen
und Elektrokonzerne der Vereinigten Staaten waren deshalb anfänglich
nicht an einer kommerziellen Nutzung der Ideen von Neumanns interessiert. Aber auch die finanzielle Förderung durch das Militär war nach dem
gewonnenen Krieg sehr fraglich geworden. Im Jahre 1945 verbrauchten
die Streitkräfte mit rund 82 Milliarden Dollar fast 40 % des Bruttosozialprodukts der Vereinigten Staaten, während dem Militär in den 70 Frie-
densjahren seit dem Ende des Bürgerkrieges nur etwa ein Prozent der
volkswirtschaftlichen Produktion zur Verfügung gestanden hatte
(Abb. 46). Bei einem Rückgang des Militärhaushalts auf ein Prozent des
Bruttosozialprodukts (rund zwei Milliarden Dollar) hätten die Militärs
auch viele technische Grundlagenentwicklungen abbrechen müssen.

Die geringen Verteidigungsausgaben in Friedenszeiten waren u. a. wegen der geopolitischen Lage der USA möglich. Ein kleines Heer, um 1900
waren es rund 25000 Soldaten, reichte zur Abwehr der militärisch schwa-

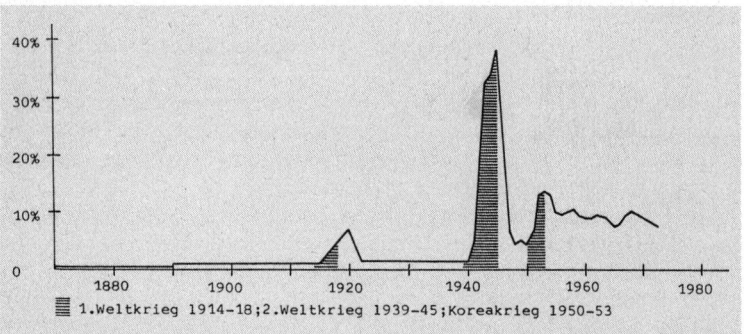

46: Anteil der Militärausgaben am Bruttosozialprodukt der USA. Bis 1940 betrugen die Militärausgaben in Friedenszeiten rund ein Prozent, nach dem Ende des Zweiten Weltkrieges rund
zehn Prozent des Bruttosozialprodukts. Erst nach dem Kalten Krieg entstand in den USA ein
bedeutender militärischer Sektor. Dieser militärisch-industrielle Komplex ist nach der Zahl
der ‹Beschäftigten› und der Ausgaben die größte Organisation der westlichen Welt.

chen Nachbarn Kanada und Mexiko; bei einem Angriff von Europa oder Asien aus sollte die Flotte eine erste Verteidigung sichern. In Friedenszeiten gab es in den USA keine Wehrpflicht und kaum Rüstungsindustrie. Im Kriegsfall wurden – wie beim Eintritt der USA in den Ersten Weltkrieg – die Armee mobilisiert und die Betriebe auf die Produktion militärischer Güter umgestellt. Nach Kriegsende entließ man die Soldaten wieder, und die Friedensproduktion konnte erneut aufgenommen werden. Diese Mobilisierungsstrategie wird an den Militärausgaben zwischen 1915 und 1922 deutlich (s. Abb. 46): Während des Ersten Weltkriegs stieg der Anteil des Militärhaushalts am Bruttosozialprodukt auf sieben Prozent und fiel bereits vier Jahre nach Kriegsende wieder auf ein Prozent zurück.

Die Entwicklung nach dem Zweiten Weltkrieg verlief völlig anders. Zwar begann unter dem Druck der kriegsmüden Öffentlichkeit zunächst die Demobilisierung: Von den über zwölf Millionen Mann, die in den Streitkräften organisiert waren, wurden neun Millionen im ersten und noch einmal eineinhalb Millionen im zweiten Jahr nach Kriegsende entlassen; die Militärausgaben von fast 82 Milliarden Dollar im Jahre 1945 sanken innerhalb von zwei Jahren auf rund 14 Milliarden Dollar, das sind 6,2 % des Bruttosozialprodukts. Die Rüstungsfirmen mußten die Produktion drosseln und Arbeiter entlassen, bei einigen Flugzeugfirmen waren das bis zu 90 % der Mitarbeiter. Mit dem Beginn des Kalten Krieges im Jahre 1947 und dem Ausbruch des Koreakrieges im Jahre 1950 kehrte sich dieser Trend jedoch um: die Verteidigungsausgaben stiegen bis auf fast 14 % des Bruttosozialprodukts im Jahre 1953 und pendelten sich danach bei etwa 10 % ein; 1951 wurde die Wehrpflicht eingeführt, und es entstand eine permanente Rüstungsindustrie, der *militärisch-industrielle Komplex*. Für diese Umorientierung gibt es eine ganze Reihe von Gründen; sie ist keineswegs nur eine Antwort auf die sowjetische Expansion. In den USA gab es eine Koalition aus Politikern, Militärs und Wirtschaftsführern, die die Demobilisierung ablehnten. Präsident Roosevelt (1882 bis 1945), der die Bündnispolitik mit der Sowjetunion gefördert hatte, war im April 1945 gestorben. Sein Nachfolger, der damalige Vizepräsident Harry S. Truman (1884–1972), verfolgte ein anderes politisches Konzept; er hatte im Juli 1941, kurz nach dem Überfall der deutschen Armee auf die Sowjetunion und ein halbes Jahr vor dem Kriegseintritt der USA, geäußert:

«Wenn wir sehen, daß Deutschland den Krieg gewinnt, sollten wir Rußland helfen, und wenn Rußland gewinnt, sollten wir Deutschland helfen und die Deutschen auf diese Weise so viele wie möglich umbringen lassen» (Horowitz, 1969, S. 52).

Der Schwenk der amerikanischen Außenpolitik wurde schon im August 1945 deutlich. Präsident Truman befahl den Abwurf der beiden Atombomben am 6. 8. und 9. 8. 1945 wohl auch, um die Sowjetunion, die vereinbarungsgemäß am 8.8.1945 Japan den Krieg erklärt hatte, von dem asiatischen Kriegsschauplatz fernzuhalten. Knapp drei Wochen später, kurz nach der japanischen Kapitulation, ersuchte er den Kongreß allerdings vergeblich um die Zustimmung, auf unbestimmte Zeit Männer zwischen 18 und 25 Jahren einziehen zu können. Der griechische Bürgerkrieg bot ihm dann im März 1947 die Möglichkeit zur Verkündung der ‹Truman-Doktrin›, die den Beginn des Kalten Kriegs markiert.

Auch bei den Militärs stieß die Demobilisierung auf Widerstand. So forderte General Eisenhower (1890–1969), Generalstabchef der Streitkräfte, im April 1946 in einem Memorandum über die ‹Bedeutung der wissenschaftlichen und technologischen Ressourcen für das Militär› die Beibehaltung des im Krieg gewachsenen militärisch-industriellen Komplexes:

«Für die zukünftige Sicherheit der Nation müssen alle zivilen Ressourcen, die im Notfall unsere Hauptunterstützung darstellen, auch im Frieden eng mit der Armee verbunden werden ... Die Streitkräfte hätten den Krieg nicht alleine gewinnen können. Wissenschaftler und Wirtschaftsführer stellten uns Techniken und Waffen zur Verfügung, mit denen wir den Feind überlisten und schlagen konnten ... Diese Zusammenarbeit muß in eine für Friedenszeiten geeignete Form umgewandelt werden, was nicht nur der Armee den wissenschaftlichen und industriellen Fortschritt nahebringen, sondern auch alle zivilen Ressourcen, die zur Landesverteidigung beitragen können, in die Planung der nationalen Sicherheit einfügen wird» (Melman, 1970, S. 231 f, Übers. d. Verf.).

Die Flugzeugindustrie war im Krieg zum größten Industriezweig der Vereinigten Staaten geworden. 1944 waren hier fast acht Prozent aller Industriearbeiter beschäftigt; sie produzierten in jenem Jahr knapp 100 000 Flugzeuge (1939 waren es nur 2000). Vor dem Krieg gab es unter den hundert größten Industrieunternehmen der USA keine einzige Flugzeugfirma, nach dem Krieg waren es dagegen 15. Der Präsident einer Flugzeugfirma beklagte 1947, der Verfall des Nachkriegsmarktes habe

«in nicht geringem Umfang zur Schwächung der Industrie beigetragen – finanziell, durch Verluste von Arbeitskräften und Ingenieurfähigkeiten, durch Verluste an Unteraufträgen und Anlagen – und zwar bis zu einem Punkt, an dem nicht nur die Möglichkeit einer schnellen Mobilisierung in Frage gestellt, sondern die Existenz einer derart wichtigen Industrie insgesamt bedroht ist» (Kaldor, 1981, S. 50).

In allen amerikanischen Strategien seit dem Ende des Zweiten Weltkrieges – der ‹Eindämmungspolitik› der Truman-Administration, der ‹massiven Vergeltung› der Eisenhower-Regierung und der ‹flexiblen Antwort› seit dem Machtantritt Kennedys (1961), die bis heute gültige NATO-Doktrin ist – nahm die atomare Kriegführung eine zentrale Stelle ein. Der industrielle Kern des militärisch-industriellen Komplexes bestand aus Industrieunternehmen und Forschungsstätten, die die Entwicklung und Produktion von Atom- und Wasserstoffbomben, Trägerflugzeugen

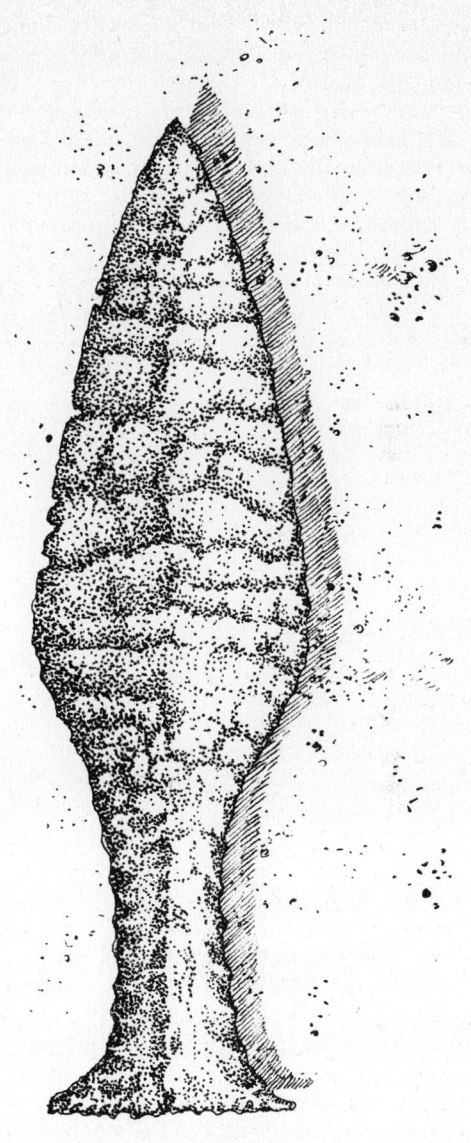

Seit den frühesten Anfängen ...

... ihrer Geschichte haben die Menschen ihr Leben planend zu gestalten versucht. In einer widrigen Umwelt blieb ihnen zum Überleben auch kaum eine andere Chance.

Wenn die Methoden des Planens und Entscheidens im Laufe der Jahrtausende auch immer mehr verfeinert wurden, die Grundfrage blieb stets die gleiche: Wie sichere ich mich und die Meinigen gegen die Wechselfälle des Lebens?

Eine sehr einfache Antwort würde lauten: Kaufen Sie Pfandbriefe!

und Raketen einschließlich der elektronischen Steuerungstechnik sowie Systemen zur Flugzeug- und Raketenabwehr durchführten:

● Die 1946 gegründete Atomic Energy Commission (AEC) betrieb an verschiedenen Universitäten Institute für Forschungen und Entwicklungen im Rahmen des Atombomben- und Wasserstoffbombenprogramms, z. B. an der University of California (Forschungslabors in Berkeley, Livermore und Los Alamos).

● Das Verteidigungsministerium finanzierte eine ganze Reihe von ‹Denkfabriken›, z. B. die *RAND Corporation* und Forschungseinrichtungen an renommierten Universitäten wie das Lincoln Laboratory am MIT.

● Mehr als ein Drittel des Verteidigungshaushaltes wurde für die Beschaffung von Rüstungsgütern ausgegeben. Im Zeitraum von 1960 bis 1967 erhielten beispielsweise 38 Firmen Aufträge im Wert zwischen einer und zehn Milliarden Dollar. Die *Flugzeugindustrie* war dabei die dominierende Branche. Die Firmen Lockheed, General Dynamics, McDonell-Douglas und Boeing waren die vier wichtigsten Lieferanten des Militärs, mit dem sie zwischen 50 % und 90 % ihres Umsatzes erwirtschafteten (Tabelle 1). Die Flugzeugindustrie war zum überwiegenden Teil eine Rüstungsindustrie.

● Die großen *Elektrokonzerne* wie General Electric oder ATT erzielten ebenfalls hohe Verkaufserlöse im Verteidigungsbereich, die jedoch ‹nur› etwa 10–20 % Prozent ihres Umsatzes ausmachten. Bei General Electric, Nummer fünf unter den Zulieferfirmen, waren einzelne Unternehmensbereiche auf die Produktion von Rüstungsgütern spezialisiert.

Tabelle 1: Eine Auswahl aus den 38 Firmen, die von 1960 bis 1967 Güter im Wert von mehr als einer Milliarde Dollar an das Verteidigungsministerium der USA verkauften

Industrie-zweig	Rang-folge	Firmenname	Umsatz mit dem Militär (Milliarden Dollar)	Militärischer Anteil am Gesamtumsatz in %
a) Flugzeug-firmen	1.	Lockheed Aircraft	10,6	88
	2.	General Dynamics	8,8	67
	3.	McDonnell-Douglas	7,7	75
	4.	Boeing Co.	7,2	54
	6.	North American Rockwell	6,3	57
	7.	United Aircraft	5,3	57
b) Elektro-industrie	5.	General Electric	7,1	19
	8.	American Tel. & Tel. (ATT)	4,2	9
	17.	Westinghouse Electric	2,2	13
	19.	Radio Corp. of America (RCA)	2,0	16
	23.	Intern. Tel. & Tel. (ITT)	1,7	19
c) Automobil-Industrie	11.	General Motors	2,8	2
	18.	Ford (Philco)	2,1	3
	34.	Chrysler	1,1	4
d) Computer-industrie	10.	Sperry-Rand	2,9	35
	24.	IBM	1,6	7

● Auch die *Automobilfirmen* waren wichtige Lieferanten für das Verteidigungsministerium. General Motors, das größte Industrieunternehmen der Vereinigten Staaten, war Nummer elf in der Rangliste; allerdings schlugen die Verkäufe beim Gesamtumsatz lediglich mit einigen Prozent zu Buche.

● Bei den *Computerfirmen* schwankte der Anteil des Umsatzes, der mit dem Militär abgewickelt wurde, beträchtlich. Sperry Rand, früher Remington Rand, war Nummer zehn unter den Rüstungsauftragnehmern und verkaufte ein Drittel seiner Produkte an das Verteidigungsministerium, während der Marktführer IBM mit ganzen sieben Prozent erst auf Platz 24 erschien.

Der militärisch-industrielle Komplex wurde hinsichtlich des Umsatzes, der Zahl der Beschäftigten und der Aufwendungen für Forschungs- und Entwicklungsarbeiten zum größten Wirtschaftsgefüge der USA und der ganzen westlichen Welt. Der Verteidigungshaushalt beanspruchte etwa zehn Prozent des Bruttosozialprodukts der USA; das entsprach rund einem Drittel der gesamten volkswirtschaftlichen Produktion der Bundesrepublik Deutschland. Im militärisch-industriellen Komplex waren in den fünfziger und sechziger Jahren zwischen sechs und acht Millionen Amerikaner als Soldaten, Zivilpersonal oder Mitarbeiter in Rüstungsfirmen beschäftigt. Der militärische Anteil an Forschungs- und Entwicklungsausgaben war deutlich höher. In den fünfziger Jahren wurden etwa 50 % der gesamten Aufwendungen für Forschung und Entwicklung in den USA über das Verteidigungsministerium vergeben. In den sechziger Jahren fiel dieser Anteil zwar auf rund 35 % bis 40 %, dafür stieg jedoch der für die Raumfahrt verwandte Teil auf ca. 15 % an.

Das Ausmaß des militärisch-industriellen Komplexes veranlaßte viele Beobachter zu ernsthafter Besorgnis. Präsident Eisenhower, der 1946 ein uneingeschränkter Befürworter der permanenten Rüstungswirtschaft gewesen war, verabschiedete sich am 17. 1. 1961 nach achtjähriger Amtszeit über Radio und Fernsehen von seinen Landsleuten und warnte dabei vor dem Machtzuwachs des militärisch-industriellen Komplexes:

«Unser stehendes Heer ist ein wesentliches Element der Friedenssicherung. Unsere Waffen müssen mächtig und einsatzbereit sein, damit kein potentieller Angreifer in Versuchung gerät, seine eigene Zerstörung zu riskieren. Unsere heutige militärische Organisation hat jedoch wenig Ähnlichkeit mit der, die meine Vorgänger in Friedenszeiten oder die Soldaten des Zweiten Weltkriegs und des letzten Koreakriegs kannten. Bis zum letzten Weltkrieg gab es in den Vereinigten Staaten keine Waffenindustrie. Amerikanische Hersteller von Pflugscharen konnten – innerhalb einer bestimmten Zeit und bei Bedarf – ebensogut Schwerter herstellen. Aber heute können wir im Notfall nicht länger eine improvisierte nationale Verteidigung riskieren. Wir sind gezwungen worden, eine dauerhafte Rüstungsindustrie riesigen Ausmaßes zu gründen... Wir geben jährlich für die militärische Sicherheit eine Summe aus, die größer ist als die Gewinne aller US-Firmen. Diese Verbindung eines riesigen stehenden Heeres mit einer großen Waffenindustrie ist eine neue Erfahrung für Amerika. Ihr umfassender Einfluß – wirtschaftlich, politisch und sogar geistig – ist in jeder Stadt, jedem Landesparlament und jedem Büro der Bundesregierung spürbar … In der Regierung müssen wir uns gegen eine unerwünschte Einflußnahme des militärisch-industriellen Komplexes schützen, sei sie nun beabsichtigt oder nicht» (Melman, 1977, S. 237, Übers. d. Verf.).

Da die Firma IBM als mit Abstand größter Hersteller von Computern in der Rangfolge der Lieferanten von Rüstungsgütern nur den 24. Platz erreichte und weniger als 10 % ihres Umsatzes direkt mit dem Verteidigungsministerium der USA abwickelte, könnte der Eindruck entstehen, die Computerindustrie wäre nur am Rande für den militärisch-industriellen Komplex und die Weiterentwicklung der Militärtechnologie wichtig gewesen. Diese Zahlen geben jedoch den Zusammenhang zwischen Militär und elektronischer Datenverarbeitung nur unvollständig wieder. Sie lassen nicht erkennen, in welchem Umfang die *Entwicklung der Computertechnologie* durch militärische Bedürfnisse geprägt wurde. Darüber hinaus sind die *mittelbaren Verkäufe* an das Verteidigungsministerium nicht erfaßt. Computer, die an die Atomic Energy Commission, die Denkfabriken des Militärs, die Flugzeugindustrie und militärtechnische Unternehmensbereiche der Elektroindustrie geliefert wurden, dienten fast ausschließlich militärischen Zielsetzungen, auch wenn sie nicht unmittelbar von den Streitkräften gekauft wurden. Bei der Untersuchung des Zusammenhanges von Computerindustrie und Militär muß der gesamte militärisch-industrielle Komplex erfaßt werden, sie kann nicht auf die Streitkräfte beschränkt werden.

Von der Lochkarten- zur Computerindustrie – die erste Computergeneration

Das Computerkonzept, das John von Neumann entwickelt hatte, unterschied sich durch das Prinzip der *Speicherprogrammierung* grundlegend von dem der früheren Rechenautomaten wie MARK I oder ENIAC. Für die Realisierung dieses Konzeptes konnte teilweise auf bereits entwickelte Techniken zurückgegriffen werden. So hatten Eckert und Mauchly bereits mit dem ENIAC nachgewiesen, daß schnelle elektronische Rechner mit Röhrenschaltungen aufgebaut werden konnten; es war deshalb naheliegend, den Prozessor (das Rechen- und Steuerwerk der von-Neumann-Maschine) durch Schaltungen mit einigen tausend Röhren zu realisieren. Die Gesamtheit der frühen Computer, deren Prozessoren mit Röhren aufgebaut waren, wird heute gewöhnlich als *erste Computergeneration* bezeichnet. Die Verwirklichung der wesentlichen technischen

111

Neuerung, der Speicherprogrammierung, war jedoch technisches Neuland; es gab nur Vorarbeiten auf den Gebieten der *Speichertechnik* und der *Programmiertechnik*.

Als internen Speicher hatten Eckert und Mauchly beim EDVAC einen Laufzeitspeicher eingesetzt, der zwar zuverlässig aber langsam arbeitete, und die Gruppe um von Neumann hatte für den IAS-Computer eine elektrostatische Speicherröhre ausgewählt, die zwar die Geschwindigkeitsanforderungen erfüllte, aber dafür häufig ausfiel; ein anderes Prinzip für schnelle und zuverlässige Speicher war nicht bekannt.[13] Die früher zum Speichern benutzten Lochkarten und Lochstreifen waren selbst als externe Speicher nur begrenzt geeignet. Die gestanzten Löcher konnten nicht wieder zugeschweißt und damit einmal eingeschriebene Daten nicht mehr geändert werden; außerdem konnten die Lochkartengeräte nur wenige Karten pro Sekunde lesen. Für den Computereinsatz wurde dagegen ein schneller Externspeicher benötigt, in dem sich eingeschriebene Daten wieder ändern ließen.

Prozessor, interner und externer Speicher einschließlich den Ein- und Ausgabeeinheiten bildeten die ‹Hardware› (‹harte Ware›), die materielle Basis eines Computers, die jedoch alleine nichts ausrichten konnte. Zu einem arbeitsfähigen Gerät wurde diese Maschine erst durch spezifische Programme, die ‹Software› (‹weiche Ware›).[14] Zwar hatte schon Grace Hopper Programme für den MARK I geschrieben, aber das völlig neue Konzept der Speicherprogrammierung konnte nur dann breite Anwendung finden, wenn die Benutzer von Computern Programme nach ihren Bedürfnissen schreiben konnten, ohne selbst Computerexperten zu sein; eine solche Programmiertechnik war nicht vorhanden.

Die Fertigung von Computern war industrielles Neuland; Computerexperten sprachen von der ‹New Frontier› und verglichen damit den Aufbau der Computerindustrie mit der Eroberung des Wilden Westens im 19. Jahrhundert. Einen Großteil der Pionierarbeit in der Hardware- und Software-Entwicklung leistete die amerikanische Büromaschinenindustrie, die seit fast 60 Jahren Lochkartengeräte produziert hatte. Die führenden Büromaschinenhersteller IBM und Remington Rand begannen Anfang der fünfziger Jahre mit der industriellen Produktion von Computern.

Bei Remington Rand gab es keine Vorarbeiten auf dem Gebiet der elektronischen Rechenanlagen. Der Vorstandsvorsitzende James Rand (1886–1968) kaufte deshalb zwei Kleinbetriebe auf, die bereits Pionierarbeit geleistet hatten: die Eckert-Mauchly Computer Corporation und die Firma Engineering Research Associates (ERA).

Die ENIAC-Konstrukteure Eckert und Mauchly hatten 1947 die University of Pennsylvania verlassen und in eigener Regie mit dem Bau eines Computers für die Northrop-Flugzeugwerke begonnen. Ein Jahr später bestellte das statistische Bundesamt der USA bei ihnen einen Computer für die Auswertung der für 1950 geplanten Volkszählung. Noch vor der Fertigstellung dieses UNIVAC (später hieß der Computer UNIVAC I) verkauften Eckert und Mauchly im Jahre 1950 wegen finanzieller Schwierigkeiten ihre Firma an Remington Rand. Die Firma ERA wurde im Januar 1946 von einer Gruppe von Ingenieuren gegründet, die im Zweiten Weltkrieg in einer Dechiffrierungsabteilung der US-Marine gearbeitet hatten. Ab 1948 bauten sie für ihren früheren Arbeitgeber einen Computer, der später in einer vereinfachten Version auch für die kommerzielle Produktion freigegeben wurde. Nach der Übernahme der Firma ERA im Frühjahr 1952 vertrieb Remington Rand verbesserte Versionen dieser Anlage unter dem Namen UNIVAC SCIENTIFIC. Der Name UNIVAC, eine Abkürzung für **Uni**versal **A**utomatic **C**omputer (universeller automatischer Rechner) deutete darauf hin, daß dieser Rechner nach dem von-Neumann-Konzept aufgebaut war; aufgrund seiner Speicherprogrammierbarkeit war er universell einsetzbar und führte die Berechnungen nach der Programmeingabe selbsttätig aus.

Die erste UNIVAC-Anlage (Abb. 47) wurde im Juni 1951 an das statistische Bundesamt der USA ausgeliefert. *Magnetbänder*, die seit 1936 für die Speicherung von analogen Signalen zur Wiedergabe von Wort und Ton eingesetzt wurden, dienten dieser Maschine als *externes Speichermedium*. Die Daten auf einem solchen Magnetband ließen sich ebenso leicht ändern wie die Musik auf einem Tonband und konnten darüber hinaus gegenüber der Speicherung auf Lochkarten wesentlich schneller gelesen werden: Das Bandgerät der UNIVAC konnte in jeder Sekunde 2,5 m Magnetband mit 12800 Zeichen lesen, während die Lochkartengeräte pro Sekunde nur vier Karten mit 320 Symbolen verarbeiteten. Die Magnetbänder wurden mit einer speziellen Schreibmaschine oder auf dem Umweg über Lochkarten beschrieben. Um die berechneten Daten für den Menschen zugänglich zu machen, übertrugen spezielle Geräte den Inhalt der Magnetbänder auf Papier. Dazu benutzte man zunächst eine elektrische Schreibmaschine, die allerdings nur zehn Buchstaben pro Sekunde drucken konnte; später lieferte ein speziell entwickelter ‹Schnelldrucker› in der gleichen Zeit zehn Zeilen.

Die gesamte UNIVAC-Anlage bestand aus dem eigentlichen Computer (s. Abb. 47) und einer Reihe von Zusatzgeräten, mit denen die Daten auf das Magnetband übertragen und nach ihrer Verarbeitung auf Papier gedruckt bzw. in Lochkarten gestanzt werden konnten.

Als interne Speicher waren die Magnetbänder jedoch nicht geeignet. Bei der Ausführung von Programmen wurden oft Daten benötigt, die an voneinander weit entfernten Stellen des Magnetbandes gespeichert waren; man mußte dann beim Auslesen die dazwischenliegenden Daten passieren lassen und warten, bis der gesuchte Speicherplatz den Lesekopf

47: Der erste serienmäßig hergestellte Computer: UNIVAC I. In dem Schrank im Hintergrund links befinden sich Rechenwerk, Steuerwerk, interner Speicher, Ein- und Ausgabeeinheiten. Die Magnetbandgeräte rechts waren eine der wesentlichen technischen Neuerungen gegenüber der Lochkartenära. Auf jedem Magnetband konnte mehr als eine Million Symbole gespeichert werden.

erreichte. Im ungünstigsten Fall mußte das Bandgerät die gesamte Länge des Magnetbandes (einige hundert Meter) abspulen. Bei diesem sequentiellen Zugriff konnte die Zeit zwischen der Anfrage und dem Auslesen der Daten, die sogenannte Zugriffszeit, mehr als eine Minute betragen. Bei der UNIVAC I arbeitete als interner Speicher der schon im EDSAC erprobte Laufzeitspeicher, bei dem die mittlere Zugriffszeit etwa $200\,\mu s$ ($1\,\mu s = 1$ Mikrosekunde $= 1$ millionstel Sekunde) betrug. Mit 48 000 Spei-

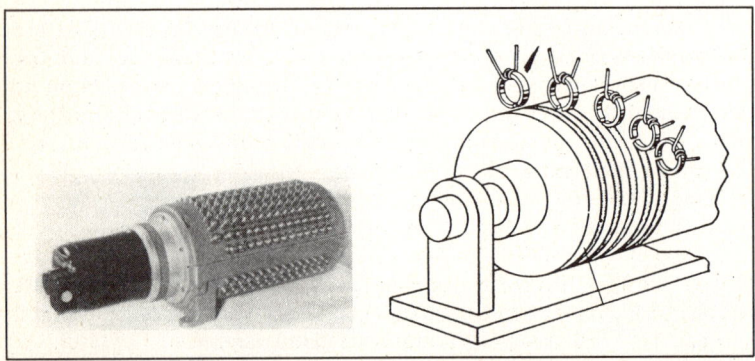

48: Magnetischer Trommelspeicher der UNIVAC SCIENTIFIC 1101. In den fünfziger Jahren wurden in vielen Computern Trommelspeicher als interne Speicher verwendet, bei denen die Magnetschicht auf dem Mantel eines rotierenden Zylinders aufgebracht war. Für jede magnetische Spur war ein eigener Magnetkopf vorhanden, so daß maximal eine Umdrehung bis zum Schreiben oder Lesen der Daten abgewartet werden mußte. Der Speicher hatte eine Kapazität von 24 × 13 384 bit und eine maximale Zugriffszeit von 17 Millisekunden.

cherplätzen besaß er jedoch nur einen Bruchteil der *Speicherkapazität* eines Magnetbandes. Für die UNIVAC SCIENTIFIC wurde ein neuer Speichertyp verwendet. Bei diesem Trommelspeicher war die magnetische Schicht auf dem Mantel eines rotierenden Zylinders angebracht (Abb. 48). Eine ganze Reihe von Leseköpfen sorgte dafür, daß die gewünschten Daten spätestens nach einer Umdrehung der Trommel ausgelesen werden konnten. Die mittlere Zugriffszeit dieses Trommelspeichers war mit 8500 μs sehr gering, im Vergleich zu Bandgeräten aber 40mal größer als die von Laufzeitspeichern. Die Speicherkapazität war dagegen rund zehnmal größer als die der UNIVAC I.

Nach dem Verkauf der ersten UNIVAC I an das statistische Bundesamt der USA konnte Remington Rand innerhalb von vier Jahren zwölf weitere Anlagen dieses Typs absetzen, darunter fünf (38 %) an den militärisch-industriellen Komplex (drei an die Streitkräfte und zwei an die Atomic Energy Commission). Für ausschließlich zivile Zwecke wurden mit Sicherheit nur drei Maschinen (23 %) benutzt, die große Versicherungsunternehmen abnahmen. Die übrigen Computer arbeiteten in einem Rechenzentrum von Remington Rand und bei zwei wichtigen Lieferanten des Verteidigungsministeriums, General Electric und United States Steel. Es ist durchaus möglich, daß diese Anlagen teilweise auch für militärische Aufgaben eingesetzt wurden. Selbst der ‹Veteran› im statistischen Bundesamt diente zu militärischen Berechnungen. Der Leiter dieser Behörde schrieb dazu:

«Im Anschluß an die Volkszählung von 1950 verwendeten wir unser UNIVAC I-System nicht nur für laufende Arbeiten, sondern auch für viele Sonderaufgaben und militärische Projekte» (Die Lochkarte, 1959, Heft 182, S. 1).

Die Konzeption der UNIVAC I galt statistischen Berechnungen. Die Bedeutung dieser Anlage für den militärisch-industriellen Komplex nahm ab, als spezielle Computer für wissenschaftliche Berechnungen verfügbar wurden. Von den insgesamt 36 bis Mitte 1957 ausgelieferten UNIVAC I gingen insgesamt nur 22 % an das Militär und die Rüstungsindustrie (Tabelle 2).

Anders verhielt es sich mit den Computern für wissenschaftliche Berechnungen, zu denen der UNIVAC SCIENTIFIC gehörte. Von den ersten 18 Anlagen dieses Typs wurden 16 Exemplare im ‹Second Survey of Domestic Electronic Digital Computing System› erfaßt, einem Bericht, der am Ballistic Research Laboratory erstellt wurde (Weik, 1957); demzufolge standen vier (25 %) bei den Streitkräften und sieben (44 %) bei den Flugzeugfirmen und Forschungseinrichtungen, die dem militärisch-industriellen Komplex zuzurechnen sind (s. Tabelle 2). Auch für die restlichen Maschinen ist eine militärische Nutzung wahrscheinlich oder zumindest nicht auszuschließen.

115

Tabelle 2: Einsatz der von den Firmen IBM und Remington Rand hergestellten Computer

Computer	Zeit	Anzahl	erfaßte Anlagen	Mil.-ind.-Komplex Mil (%)	AEC	For	Luft	MIK (%)	Teilw. Staat	milit. Ind.	For.	Banken Versicherungen	Rest
a) Wissenschaftliche Großrechner													
UNIVAC SCIENTIFIC	1951–57	18	16	4 (25)	–	3	4	11 (69)	–	–	4	–	1
IBM 701	1952–55	19	19	4 (21)	3	1	8	16 (84)	–	2	1	–	–
IBM 704	1955–57	36	29	5 (17)	3	1	10	19 (66)	–	8	2	–	–
IBM 709	1957–61	> 30	29	6 (21)	1	2	11	20 (69)	–	3	3	–	3
b) Kaufmännische Großrechner													
UNIVAC I	1951–57	36	36	6 (17)	2	–	–	8 (22)	2	4	6	9	7
IBM 702	1955	14	14	3 (21)	–	–	1	4 (29)	1	4	1	2	2
IBM 705	1955–57	47	15	3 (20)	–	–	1	4 (27)	2	2	–	2	5
c) Mittlere Rechenanlagen													
IBM 650	1954–57	524	51	5 (10)	1	1	6	13 (25)	2	8	11	4	13

Zwischen 69% und 100% der UNIVAC SCIENTIFIC Computer wurden im militärisch-industriellen Bereich eingesetzt; die ausschließliche Erfassung von bei den Streitkräften eingesetzten Anlagen (25%) würde die militärische Bedeutung dieses Computers stark unterschätzen.

Remington Rand hatte zwar als erste Firma Computer auf den Markt gebracht, wurde jedoch innerhalb weniger Jahre von IBM, dem größten Büromaschinenkonzern der USA, überholt. Bereits nach der Fertigstellung des MARK I im Jahre 1944 hatten IBM-Ingenieure mit der Entwicklung von Röhrenrechnern begonnen. Eine Arbeitsgruppe baute den SELECTIVE SEQUENCE ELECTRONIC CALCULATOR (SSEC) mit 12500 Röhren, eine Einzelanfertigung wie alle großen Rechner dieser Zeit. Schon drei Jahre vor der Auslieferung der ersten UNIVAC I-Anlage hatte IBM mit dem Verkauf von elektronischen Rechenmaschinen mit 1400 Röhren (Typenbezeichnung IBM604) begonnen. Zusammen mit einem Kunden, den Northrop-Flugzeugwerken, wurde eine erweiterte Version entwickelt, der CPC (card programmed calculator), der mit Lochkarten programmiert werden konnte. Mit diesem Gerät ließen sich zwar nur starre Programme ausführen, da eine Speicherprogrammierung auf Lochkartenbasis nicht möglich war, aber im Gegensatz zur Konkurrenzfirma Remington Rand verfügten Entwicklungsingenieure bei der IBM im Jahre 1950 bereits über eine mehrjährige Erfahrung im Entwerfen komplexer elektronischer Systeme.

Zu Beginn des Koreakriegs (1950) ließ der Vorstandsvorsitzende der IBM, Thomas Watson (1874–1954), eine Abteilung für militärische Produkte aufbauen, in der eine Arbeitsgruppe das ehrgeizigste Computerprojekt der frühen fünfziger Jahre in Angriff nahm. Für die Marine der Vereinigten Staaten entwickelte sie den NORC (Naval Ordnance Research Calculator), der im Vergleich zum UNIVAC I doppelt so viele Röhren enthielt und rund 30mal schneller addieren und 70mal schneller multiplizieren konnte. Obwohl dieser Computer erst 1954 fertiggestellt wurde, gingen viele Erfahrungen in den Entwurf des gleichzeitig entwikkelten aber weniger ehrgeizig konzipierten DEFENSE CALCULATOR ein. Mit dessen Entwicklung hatte IBM ebenfalls nach dem Ausbruch des Koreakrieges begonnen. James Birkenstock (geb. 1912), damals verantwortlich für die Produktplanung und Marktanalyse, schrieb später:

«Er hieß aus politischen Gründen DEFENSE CALCULATOR, nämlich um den Auftrag deutlich zu machen, den Hurd und ich erhalten hatten: Ein Programm für die Computerfertigung zu empfehlen, das zu den Kriegsanstrengungen, gemeint ist der Koreakrieg, beitragen würde» (Annals 5. 1983, S. 113; Übers. d. Verf.).

Der erste Rechner aus dieser Serie, der später die Typenbezeichnung IBM701 erhielt, wurde im Dezember 1952 im Hauptquartier der IBM in New York aufgestellt (Abb. 49) und im April 1953 auf einer Pressekonfe-

49: Die erste Anlage IBM 701. Die beiden Schränke links enthalten einen Trommelspeicher und eine Reihe von Speicherröhren, in der Mitte befindet sich die Zentraleinheit, rechts Bandgeräte und ein Schnelldrucker. Insgesamt wurden 19 Anlagen dieses Typs gebaut, die fast alle bei militärischen Projekten Verwendung fanden.

renz feierlich vorgestellt, bei der der IBM-Präsident Thomas Watson jun. (geb. 1914) ausführte:

«Nach dem Beginn des Koreakriegs stieg der Bedarf an Maschinen für sehr komplexe technische Berechnungen wegen der gestiegenen Verteidigungsanstrengungen in der Flugzeug-, Atomenergie- und Munitionsindustrie. IBM war bemüht, in jeder nur möglichen Weise zu den Verteidigungsanstrengungen beizutragen» (Annals, 1983, Nr. 5, S. 159, Übers. d. Verf.).

Von den insgesamt 19 ausgelieferten Anlagen des Typs IBM 701 standen lediglich vier (21%) bei militärischen Dienststellen; weitere zwölf Maschinen wurden von der Atomic Energy Commission, der Rand Corporation und von Flugzeugfirmen gekauft (s. Tabelle 2), so daß 84% aller Computer des Typs IBM 701 im militärisch-industriellen Komplex eingesetzt waren. Aber auch die restlichen drei Anlagen wurden zumindest teilweise für militärische Berechnungen verwendet. Nach Cuthbert C. Hurd (geb. 1911), der die Entwicklung der IBM 701 geleitet hatte, waren «wenigstens 18 der Computer des Typs IBM 701 an Verteidigungsaufgaben beteiligt» (Annals, 1983, Nr. 5, S. 11, Übers. d. Verf.).

Die IBM 701 konnte in einer Sekunde mehr als 15 000 Additionen oder 2000 Multiplikationen ausführen, die UNIVAC I dagegen nur rund 2000 Additionen oder 500 Multiplikationen. Ein Grund dafür war die Verwendung einer Speicherröhre als interner Speicher bei der IBM-Maschine (Zugriffszeit 12 μs) anstelle des Laufzeitspeichers bei der UNIVAC I (mittlere Zugriffszeit 200 μs). Die Speicherröhren waren jedoch sehr unzuverlässig, und die IBM-Anlagen arbeiteten oftmals nur einige Stunden fehlerfrei.

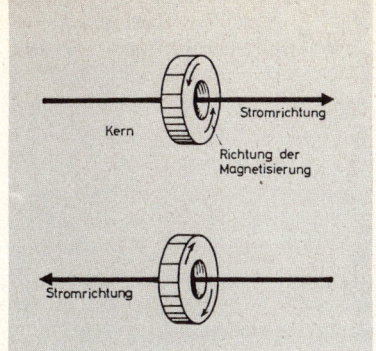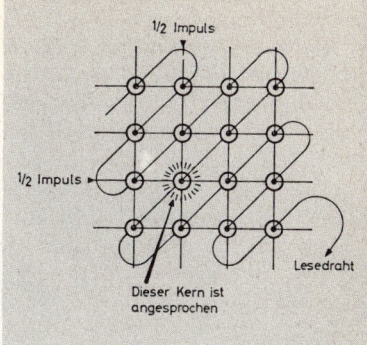

50: Prinzip des Ferrit-Kernspeichers. Als Speicherzelle werden ringförmige Ferrit-Magnete benutzt; die Richtung der magnetischen Feldlinien in den Kernen entspricht einer gespeicherten ‹1› bzw. ‹0› (links). Zum Schreiben der Daten sind die eingezeichneten Stromimpulse erforderlich. Beim Lesen wird versucht, eine ‹1› in den Speicher zu schreiben; wenn vorher eine ‹0› (‹1›) gespeichert ist, dreht sich die Magnetrichtung um (nicht um). Die Drehung der Magnetrichtung im Fall der ‹0› wird mit einem Lesedraht nachgewiesen. Zur Auswahl einer bestimmten Zelle in einer Matrix wird jeweils die Hälfte des notwendigen Impulses über die entsprechenden waagerechten und senkrechten Auswahlleitungen zugeführt.

Bei den ersten Computern der Firmen Remington Rand und IBM konnte das Problem der internen Speicherung nicht zufriedenstellend gelöst werden. Eine schnelle und absolut zuverlässige Speicherung war jedoch für das Luftraum-Überwachungssystem SAGE erforderlich, da ein feindlicher Angriff aus einer riesigen Menge von Daten erkannt werden mußte und Fehlalarme vermieden werden sollten. Im Rahmen des SAGE-Projekts wurde der *Ferritkern-Speicher* (Abb. 50) realisiert, den Jay W. Forrester (geb. 1918), der Leiter dieses Projekts, erfunden hatte (Abb. 51, 52). Bei diesem magnetischen Speicher konnten die Zellen direkt angesprochen und Daten ohne mechanische Bewegungen geschrieben und gelesen werden. Für das SAGE-Projekt waren 27 Befehlszentralen vorgesehen, die über das Gebiet der Vereinigten Staaten verteilt waren. Jede Befehlszentrale verarbeitete Daten aus über hundert Quellen (Radarstationen, Beobachtungsflugzeugen, Schiffen, Wettervorhersagen, Meldungen anderer Befehlszentralen, usw.) und gab Befehle an Flugzeuge oder zum Start von NIKE-Abwehrraketen. In jeder der 27 Befehlszentralen wurden zwei Rechner (Kurzbezeichnung AN/FSQ7) installiert, die die Abteilung für militärische Produkte der IBM herstellte. Jeder dieser Rechner war mit knapp 60 000 Röhren und mehr als zwei Millionen Ferritkern-Speicherplätzen etwa so groß wie alle 19 Anlagen des Typs IBM 701 zusammen.

Die bei dem SAGE-Projekt gewonnenen Erfahrungen flossen auch in

51: J. W. Forrester, der Erfinder des Ferrit-Kernspeichers und Leiter des WHIRLWIND-Projektes mit einer der ersten Speichermatrizen mit 1024 bit.

52: Ferritkernspeichereinheit für 1024 Worte zu je 16 bit. Zwei dieser Speichereinheiten wurden 1953 in den WHIRLWIND-Computer eingebaut.

die Weiterentwicklung der IBM 701 ein. IBM lieferte ab Ende 1955 eine verbesserte Version (Typ 704) aus, die mit Ferritkern-Speichern ausgerüstet war. In den ersten zwei Jahren wurden 36 Anlagen dieses Typs verkauft.

Von den 29 in Tabelle 2 (s. S. 116) erfaßten Maschinen des Typs IBM 704 gingen nur fünf (17 %) direkt an das Militär, aber insgesamt 19 (66 %) an den militärisch-industriellen Komplex; acht weitere Anlagen kauften große Industriefirmen, die zu den wichtigsten Lieferanten des Verteidigungsministeriums zählten, so daß der militärische Anteil noch deutlich über 66 % gelegen haben dürfte. Ähnlich verhielt es sich mit dem Nachfolgemodell IBM 709, das ab 1957 ausgeliefert wurde. Damit ergibt sich ein einheitliches Bild für den Einsatz der wissenschaftlichen Computer der ersten Generation (UNIVAC SCIENTIFIC, IBM 701, IBM 704, IBM 709). Das Verteidigungsministerium kaufte rund 20 % aller Anlagen und war damit der wichtigste Kunde der jungen Computergeneration. Etwa 50 % der Maschinen wurden von der Atomic Energy Commission, militärischen Denkfabriken, Forschungsinstituten und vor allem der Flugzeugindustrie abgenommen. Damit wurden rund 70 % dieser Anlagen im militärisch-industriellen Komplex eingesetzt. Da viele der übrigen Anlagen zumindest teilweise wehrtechnischen Berechnungen dienten, lag der Anteil der wissenschaftlichen Computer der ersten Generation, die für militärische Aufgaben benutzt wurden, zwischen 70 % und 100 %.

Mitte der fünfziger Jahre waren für die Hardware-Probleme technische Lösungen gefunden worden: Magnetbänder waren als externe Speicher, Ferritkern-Speicher als schnelle und zuverlässige interne Speicher geeignet, und die Firmen Remington Rand und IBM hatten in der Produktion großer elektronischer Systeme Erfahrungen gesammelt. Das verbleibende Software-Problem, die Entwicklung einer Programmiertechnik, führte über viele Lösungsversuche zur ersten erfolgreichen höheren Programmiersprache FORTRAN.

Von der Maschinensprache zu FORTRAN

Bei der Realisierung des Computerkonzeptes mit der IAS-Maschine entwickelten von Neumann und seine Mitarbeiter am Institute for Advanced Study auch wichtige Programmiertechniken. Der IAS-Computer konnte 29 unterschiedliche elementare Operationen, sogenannte Befehle, ausführen und besaß einen internen Speicher mit 1024 Speicherplätzen. Die Befehle wurden jeweils durch zwanzig binäre Datenwerte beschrieben; 10 bit kennzeichneten die elementare Operation [15] und weitere 10 bit den Speicherplatz, an dem der Operand abgelegt war. Jedes Programm bestand aus einer Folge solcher Befehle, die in der Reihenfolge abgearbeitet wurden, in der sie im Speicher standen. Für eine Addition zweier Zahlen

$$c = a + b$$

waren beispielsweise drei Befehle nötig, die durch 37 Nullen und 23 Einsen in einer genau festgelegten Reihenfolge beschrieben wurden:
0000001010111100101000000010111111001000000000011001110101000.

Für ein Programm mit 1000 Befehlen hätte ein Programmierer insgesamt 20 000 Nullen und Einsen in einer bestimmten Reihenfolge eingeben und, falls er sich einmal verschrieben hätte, unter 20 000 Ziffern die fehlerhafte Stelle finden und korrigieren müssen. Er konnte zwar der Maschine den Rechengang ‹befehlen›, mußte dabei aber die ‹Sprache› benutzen, die die Maschine ‹verstand›. (Die Apostrophzeichen sollen deutlich machen, daß hier Begriffe der menschlichen Kommunikation auf den Umgang von Menschen mit Maschinen übertragen werden.) Da eine solche aus langen Reihen von Nullen und Einsen bestehende *Maschinensprache* aber für den menschlichen Programmierer nahezu unverständlich war, benötigte er ‹Übersetzungshilfen›. Von Neumann und Goldstine entwickelten dafür im Jahre 1947 eine *symbolische Programmiersprache*. Bei einer Addition schrieben sie nicht einfach

$$c = a + b$$

wie sie es als Mathematiker gewohnt waren, sondern lösten sie computergerecht in drei dafür notwendige Maschinenbefehle auf und schrieben die einzelnen Befehle in einer symbolischen Form, die leichter lesbar war als die reine Maschinensprache (Abb. 53):

	Code	Erklärung
Befehl 1:	10c	A a
Befehl 2:	11h	A a + b
Befehl 3:	12S	12 a + b

Erst dann übersetzten sie jeden Befehl einzeln in die Maschinensprache:

Befehl 1: 0000001010 1111001010
Befehl 2: 0000001011 1111001000
Befehl 3: 0000001100 1110101000

Die Übersetzung eines mathematischen Problems aus der wissenschaftlichen Fachsprache in die für einen Menschen praktisch unlesbare Maschinensprache blieb trotz dieser Übersetzungshilfen eine aufwendige und geisttötende Arbeit. Bei mathematischen Berechnungen traten jedoch einige Aufgaben immer wieder auf, wie z. B. die Berechnung einer Quadratwurzel oder die numerische Integration einer Funktion. Von Neumann und Goldstine schlugen vor, diese grundlegenden Berechnungen gesondert als *Unterprogramme* (subroutines) zu formulieren, einmal zu übersetzen und bei Bedarf in ganz unterschiedliche Programme einzufü-

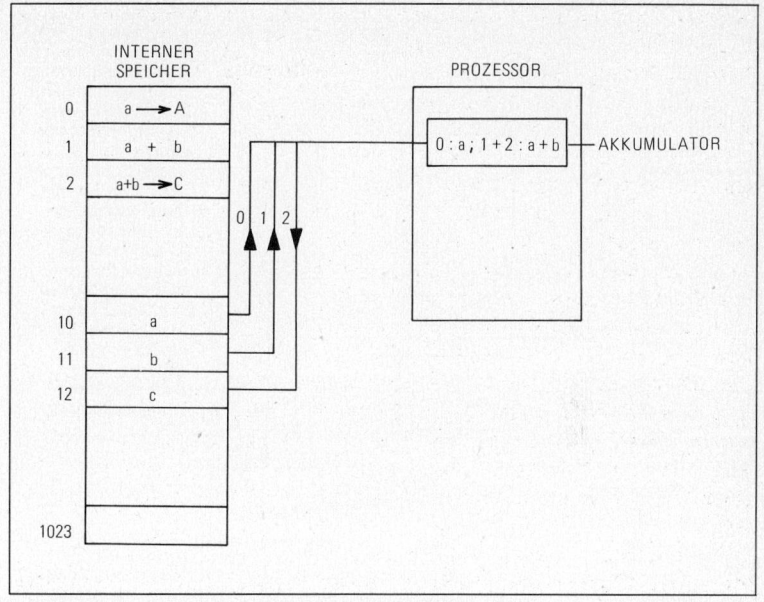

53: Die symbolische Programmiersprache für den IAS-Computer. Für die Addition zweier Zahlen $c = a + b$ sind drei Maschinenbefehle nötig, die beispielsweise im internen Speicher unter den Adressen 0, 1 und 2 abgespeichert sind. Mit dem ersten Befehl wird die Zahl a aus der Speicherzelle 10 in den Akkumulator A geschrieben, mit dem zweiten die Zahl b aus der Speicherzelle 11 im Akkumulator A dazu addiert und mit dem dritten das Ergebnis c in die Speicherzelle 12 geschrieben. Symbolisch kann man die Ergebnisse der Befehle schreiben als: A a, A a + b, 12 a+b. Die Befehle selbst wurden symbolisch geschrieben als: 10c 11h 12s.

gen. M. Wilkes und seine Mitarbeiter, die 1949 den ersten funktionsfähigen Computer EDSAC in England fertiggestellt hatten, erstellten eine ganze ‹Bibliothek› von Unterprogrammen (s. S. 103) und ein spezielles Programm, mit denen diese Unterprogramme in die eigentlichen Arbeitsprogramme eingefügt werden konnten. Da diese Technik der Programmerzeugung der Montage von Bauteilen in der Geräteproduktion ähnelte, bezeichneten sie dieses Programm als einen *Assembler* (Monteur heißt im Englischen assembler).

Auch diese vereinfachte Programmiertechnik war noch *maschinenorientiert*; der Programmierer mußte seine technischen oder wissenschaftlichen Probleme in eine Form bringen, die dem Befehlssatz, dem ‹Wortschatz›, des benutzten Computers entsprach. Ein Wissenschaftler konnte nicht mehr wie gewohnt an ein Problem herangehen, sondern mußte sich der Verarbeitungsweise der Maschine anpassen. Er hatte bisher *problem-*

123

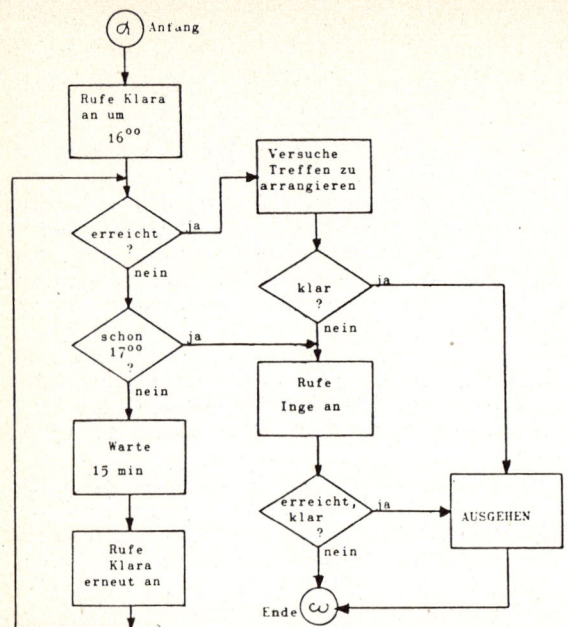

54: Flußdiagramm zur Lösung des Problems einer Rendezvous-Vereinbarung. Flußdiagramme wurden oft zur Lösung von Problemen eingesetzt, die sich kaum formalisieren ließen. Im Ausbildungsbereich wurden viele solcher vielleicht scherzhaft gemeinten Beispiele verwendet. Das abgebildete Flußdiagramm ist die Lösung einer Übungsaufgabe aus einem Lehrbuch über Mikrocomputertechnik.

orientiert gearbeitet und mußte sich jetzt an den speziellen Befehlen für die Maschine orientieren, die er benutzte. Die Befehle waren nicht normiert, und jeder Computer hatte eine eigene Maschinensprache. Wegen dieser ‹Sprachverwirrung› konnten Programme, die beispielsweise für einen UNIVAC-Computer geschrieben waren, nicht auf einer IBM-Anlage benutzt werden.

Von Neumann und Goldstine entwickelten *Flußdiagramme,* mit denen der Programmablauf unabhängig von der speziellen Maschinensprache durch Kästen und Pfeile graphisch dargestellt werden konnte. Dazu mußte jeder Ablauf formalisiert werden, aber eben nicht auf der Ebene der Maschinensprache, sondern auf der Ebene von Algorithmen, die jedem Mathematiker vertraut waren. Diese Formalisierung von Abläufen wurde später allgemein für Planungs- und Entscheidungsprozesse übernommen. Unter Ingenieuren wurde der Gebrauch von Flußdiagrammen oft zwanghaft, auch wenn es manchmal in scherzhafter Form verkleidet war; beispielsweise wurde der meist spontane Ablauf eines Kneipenbesuchs oder die Verabredung eines Rendezvous in Form eines Flußdiagramms formalisiert, um Anfängern diese neue Technik klarzumachen (Abb. 54).

124

Mit diesen wenigen Hilfsmitteln ausgestattet waren die Programmierer zu Beginn der fünfziger Jahre eher Künstler als Ingenieure. John Backus (geb. 1924), der an der Entwicklung mehrerer Programmiersprachen maßgeblich beteiligt war, schrieb später über diese Zeit:

«In den frühen fünfziger Jahren machte das Programmieren einfach Spaß. Viel Vergnügen resultierte aus den absurden Schwierigkeiten, die die ‹Rechenautomaten› für ihre potentiellen Benutzer hervorriefen, und die Herausforderung, die das darstellte. Der Programmierer mußte ein geschickter Erfinder sein, um sein Problem der Empfindlichkeit des Computers anzupassen: Er mußte sein Programm und seine Daten in einen winzigen Speicher zwängen und geradezu bizarre Schwierigkeiten überwinden, um die Daten herein und heraus zu bekommen – und das alles mit einer begrenzten und oft seltsamen Menge von Befehlen. Er mußte jeden nur denkbaren Trick anwenden, um das Programm mit einer Geschwindigkeit ablaufen zu lassen, die die enormen Kosten für den Ablauf rechtfertigten. Und er mußte das alles mit seinem eigenen Erfindungsreichtum leisten, da die einzigen Informationen, die er dafür hatte, das technische Problem und die Bedienungsanleitung der Maschine war ...
In den fünfziger Jahren war das Programmieren eine schwarze Kunst, eine private Geheimwissenschaft, bei deren Anwendung nur ein Programmierer, ein Problem, ein Computer und vielleicht einige Unterprogramme und ein primitives Assemblerprogramm vorhanden waren. Bereits existierende Programme für ähnliche Probleme waren unlesbar und konnten deshalb nicht für neue Anwendungen benutzt werden. Allgemeine Prinzipien für das Programmieren gab es nicht. So mußte jedes Problem von Grund auf bearbeitet werden, und der Erfolg eines Programms beruhte vor allem auf den persönlichen Techniken und Erfindungen des Programmierers ... Viele Programmierer in den fünfziger Jahren begannen sich wie Mitglieder einer Priesterkaste zu fühlen, die Geschicklichkeiten und Geheimnisse bewachten, die für gewöhnliche Sterbliche viel zu komplex waren» (Metropolis, 1980, S. 125 ff; Übers. d. Verf.).

Anfang der fünfziger Jahre erkannten einige Computerwissenschaftler, unter ihnen der Schweizer Mathematiker H. Rutishauser (1918–1970), der an der ETH Zürich mit der bereits erwähnten Z4 arbeitete, die Möglichkeit von *problemorientierten Programmiersprachen*. Jeder mathematischen Notierung entsprach eine Folge von Speicherplatzzuweisungen und Maschinenbefehlen. Die Addition zweier Zahlen

$$c = a + b$$

erfordert beispielsweise folgende Schritte:
- Die Zuweisung bestimmter Speicherplätze für die Variablen a, b und c,
- das Auslesen der Werte für a und b aus diesen Speicherplätzen
- die Ausführung der Addition und
- die Speicherung des Ergebnisses in dem für c vorgesehenen Speicherplatz.

Diese Schritte stellten aber selbst eine Verarbeitung von Daten dar; aus der Anzahl und der Struktur der Daten wurde der erforderliche Speicherplatz ermittelt und zugewiesen, und die Datenfolge ‹c = a + b› wurde in eine Folge von Nullen und Einsen übersetzt. Diese spezielle Datenverarbeitung konnte dann auch von einem Computer ausgeführt werden. Die problemorientierten Programmiersprachen hatten zwei Aspekte: die Angabe von Befehlen und von ‹Sprachregeln›, die eine eindeutige Formulierung der Probleme ermöglichten, und ein spezielles Übersetzungsprogramm, mit dem für eine in dieser problemorientierten Programmiersprache geschriebene Aufgabe per Computer die Maschinenbefehle zusammengestellt wurden. Solche Übersetzungsprogramme wurden nach einem englischen Wort für ‹zusammentragen› (to compile) als *Compiler* (Übersetzer für höhere Programmiersprachen) bezeichnet.

Im Rahmen des Whirlwind-Programms wurden von Computerfirmen und einigen Anwendern erste Versuche zur Realisierung problemorientierter Programmiersprachen unternommen. Beispielsweise wurde bei Remington Rand unter der Leitung von Grace Hopper, der früheren Mitarbeiterin Aikens, die Programmiersprache FLOW-MATIC entworfen. Diese beeinflußte später maßgeblich die Entwicklung von COBOL. Bereits 1954 veranstaltete das Office of Naval Research eine Konferenz über ‹Automatisches Programmieren von digitalen Computern›; dort berichtete auch J. Backus über die Programmiersprache Speedcoding für die IBM 701. Ein bahnbrechender Erfolg gelang jedoch erst mit der Programmiersprache FORTRAN für den Computer IBM 704. Im Jahre 1954 begann eine Arbeitsgruppe von neun Ingenieuren unter der Leitung von John Backus mit der Entwicklung von FORTRAN. Der Name dieser Programmiersprache entstand aus der Abkürzung von ‹*for*mula *trans*lation›; er deutet an, daß damit geeignet geschriebene mathematische Formeln in eine Maschinensprache übersetzt werden können. Wenn man z. B. die mathematische Formel für die Lösung einer quadratischen Gleichung

$$d = \frac{-b/2 + \sqrt{(b/2)^2 - ac}}{a}$$

als

$$D = ((-B/2.0) + SQRFT ((B/2.0)**2 - A*C))/A$$

schrieb, dann konnte ein FORTRAN-Compiler diese Notierung in eine Maschinensprache übersetzen. Für eine einfache Programmierung gab es eine ganze Reihe spezieller FORTRAN-Befehle wie DO, IF, GO TO, READ, PRINT (Abb. 55).

Eine erste Version der Programmiersprache FORTRAN wurde im Jahre 1957 fertiggestellt; im gleichen Jahre berichteten John Backus und

```
       write(2,1000)
       do 100 i=1,10
       read(1,1001)a,b,c
       radik=(b/2.0)**2-a*c
       if(radik)10,20,30
10     write(2,1002)a,b,c
       goto 100
20     x1=-(b/2.0)/a
       write(2,1003)a,b,c,x1
       goto 100
30     x1=(-(b/2.0)+sqrt(radik))/a
       x2=(-(b/2.0)-sqrt(radik))/a
       write(2,1004)a,b,c,x1,x2
100    continue
1000   format(1h ,'  a',8x,'b',8x,'c',7x,'x1',7x,'x2')
1001   format(3f6.2)
1002   format(1h ,3(f6.2,3x),'NEGATIVER RADIKAND')
1003   format(1h ,4(f6.2,3x))
1004   format(1h ,5(f6.2,3x))
       end


    a          b          c          x1         x2
   1.00       4.00       1.00       -.27      -3.73
   1.00     100.00       2.00       -.02     -99.98
   2.00       4.00       2.00      -1.00
   1.00       1.00       1.00     NEGATIVER RADIKAND
   2.00       0.00       1.00     NEGATIVER RADIKAND
  12.34     967.12       0.00        0.00     -78.37
  10.00     100.00       5.00       -.05      -9.95
   3.00      45.00       1.00       -.02     -14.98
   2.00       4.00       1.00       -.29      -1.71
   1.00      20.00       1.00       -.05     -19.95
```

55: FORTRAN-Programm. Befehlsfolge und Ergebnisausdruck für die Berechnung von zehn Werten der Funktion

$$d = ((-b/2) + \sqrt{(b/2)^2 - a \times c})/a.$$

Das Programm ist in einer späteren Version FORTRAN IV geschrieben.

seine Mitarbeiter auf einer Computerkonferenz in Los Angeles über erste Erfahrungen beim Einsatz der neuen Programmiertechnik:

«Ein Programmierer besuchte einen eintägigen Kurs über FORTRAN und verbrachte einige zusätzliche Zeit mit der Bedienungsanleitung. Danach programmierte er eine Aufgabe in vier Stunden und benutzte dabei 47 FORTRAN-Befehle. Diese wurden in sechs Minuten von einer 704-Anlage in rund 1000 Maschinenbefehle übersetzt. Er ließ das Programm laufen und erhielt ein falsches Ergebnis. Er studierte das Ergebnis und konnte den Fehler in einem FORTRAN-Befehl ausmachen, den er geschrieben hatte. Er korrigierte den Fehler und fand, daß das Programm nach einer erneuten Übersetzung fehlerfrei war. Er schätzte, daß er drei Tage gebraucht hätte, um die Aufgabe in Maschinensprache zu schreiben und eine nicht absehbare Zeit, um den Fehler herauszufinden» (Backus, 1957, S. 29; Übers. d. Verf.).

Die IBM-Entwicklungsingenieure schufen mit der IBM 704 und der Programmiersprache FORTRAN einen leistungsfähigen Computer für wissenschaftliche Berechnungen im Rahmen des militärisch-industriellen Komplexes. Etwa 140 Anlagen wurden in einer industriellen Serienfertigung hergestellt. Er war der erste Computer, der über einen schnellen und zuverlässigen Arbeitsspeicher verfügte und für den eine problemorientierte Programmiersprache zur Verfügung stand.

Der zivile Zweig der ersten Computergeneration

Bis auf den UNIVAC I wurden die bisher beschriebenen und in Serie hergestellten Computer (UNIVAC SCIENTIFIC, IBM 704 und IBM 709) überwiegend für technisch-wissenschaftliche Berechnungen im militärisch-industriellen Komplex der Vereinigten Staaten eingesetzt, z. B. bei der numerischen Integration von Differentialgleichungen für die Berechnung von Geschoßbahnen. Dabei wurden aus wenigen Eingabedaten, z. B. Abschußwinkel, Abschußgeschwindigkeit und Luftwiderstand mit komplizierten Berechnungen, z. B. einer Kette von Iterationen wiederum wenige Ausgabedaten, z. B. der Einschußort, ermittelt. Militärische Dienststellen, Flugzeugfirmen und vom Militär finanzierte Forschungseinrichtungen waren bereit, für einen Computer bis zu mehreren Millionen Dollar zu bezahlen; die IBM 704 kostete 1957 rund eineinhalb Millionen, der Supercomputer NORC hatte sogar 2,5 Millionen Dollar gekostet. Außerhalb des militärischen Bereiches waren diese Computer anfänglich wenig gefragt; sie waren für viele zivile Forschungs- und Entwicklungsaufgaben zu teuer und für das kaufmännische Rechnungswesen bei Großbanken, Versicherungen und Industriekonzernen nur bedingt geeignet. Beispielsweise mußten Großbanken Hunderttausende von Konten führen, Versicherungen etliche hunderttausend Buchungen pro Monat vornehmen und Automobilfirmen rund einhunderttausend verschiedene Ersatzteile vorrätig halten. Das Problem im kaufmännischen Rechnungswesen war die Ein- und Ausgabe von Massendaten; die Verarbeitung dieser Daten bei den unterschiedlichen Buchungsvorgängen bestand zum großen Teil aus Additionen und Subtraktionen. In den fünfziger Jahren wurden neben den bisher beschriebenen wissenschaftlichen Computern spezielle Großrechner für das kaufmännische Rechnungswesen entwickelt. Wie stark das Interesse einzelner Großfirmen an solchen

Computern war, wurde an einer Aktivität der Bank of America deutlich. Die größte amerikanische Privatbank vergab noch vor der Auslieferung der ersten UNIVAC-Anlage im Jahre 1950 einen Entwicklungsauftrag für ein automatisches Scheckbuchsystem ERMA (Electronic Recording Method of Accounting, elektronische Buchungsmethode). Mit dem 1955 fertiggestellten Prototyp wurde ein Teil der Daten auf den Schecks automatisch erfaßt. Die Kontonummer des Kunden und die Kennziffer der betreffenden Zweigstelle wurden durch mehrere kleine Rechtecke aus einer magnetischen Substanz auf dem Scheck verschlüsselt und konnten elektrisch gelesen werden. Bei der Scheckabrechnung gab ein Angestellter den auf dem Scheck angegebenen Betrag über eine Tastatur ein, und der Computer führte die Buchung bei dem automatisch ermittelten Konto aus. Die Weiterentwicklung dieser neuen *Eingabetechnik* bis zu den maschinenlesbaren Schriften wurde von den Firmen der Computerindustrie geleistet.

Rund ein halbes Jahr nach der erfolgreichen Vorführung des ersten IBM 701-Computers kündigte das IBM-Management im September 1953 eine kommerzielle Version unter dem Namen IBM 702 an; die ersten Anlagen wurden im Frühjahr 1955 ausgeliefert, und noch im gleichen Jahr war bereits eine verbesserte Version IBM 705 erhältlich. Innerhalb von zwei Jahren verkaufte man bereits 14 Anlagen des Typs IBM 702 und 47 des Typs IBM 705. Von den 29 erfaßten Rechnern (s. Tabelle 2, S. 116) wurden nur sechs (21 %) beim Militär und zwei (7 %) in der Rüstungsindustrie eingesetzt. Rund 20 % der wissenschaftlichen und kaufmännischen Computer kaufte das Militär; die restlichen 80 % fanden jedoch bei beiden Gruppen ganz unterschiedliche Käufer. Die wissenschaftlichen Rechner wurden überwiegend von der Flugzeugindustrie, der Atomic Energy Commission und von militärischen Forschungsinstitutionen gekauft, die kaufmännischen Computer dagegen vor allem von Banken, Versicherungen, staatlichen Verwaltungen und der Großindustrie. Während mindestens 70 % der wissenschaftlichen Großrechner an den militärisch-industriellen Komplex gingen, waren es bei den kaufmännischen Computern nur etwa 30 %. Diese Anlagen wurden vor allem für die Rationalisierung von Büroarbeiten eingesetzt. So automatisierte die Bank of America die Führung von 80 000 Hypothekarkonten, die auf 90 Zweigstellen verstreut waren, mit einer IBM 702, die im Jahre 1955 in der Zentrale in San Francisco installiert wurde. Die Automobilfirma Chrysler setzte ebenfalls eine IBM 702 für die Kontrolle der Lagerhaltung von fast 100 000 Ersatzteilen ein. Ähnliche Verwaltungsprobleme hatten auch die Streitkräfte; so wurde der Nachschub von 185 000 Reparaturteilen der US-Marine beim Ships Parts Control Center mit einer IBM 705 geplant und überwacht.

Ab Mitte der fünfziger Jahre verkauften die führenden Computerhersteller auch kleinere Computersysteme. Die IBM 650, von der mehr als 1300 Exemplare abgesetzt wurden, war die erfolgreichste Maschine dieser Klasse. An diese Anlage konnte ein neuer externer Speicher angeschlossen werden, den IBM-Ingenieure für das kaufmännische Rechnungswesen entwickelt hatten. Bei diesem *Plattenspeicher* war die magnetische Speicherschicht auf beiden Seiten von rotierenden Scheiben aufgebracht. Der Schreib- und Lesekopf ließ sich in radialer Richtung bewegen; damit wurde eine Speicherkapazität von 5 Millionen Symbolen bei einer Zugriffszeit von unter einer Sekunde erreicht (Abb. 56).

Ob die in Tabelle 2 (s. S. 116) erfaßten Anlagen des Typs IBM 650 eine repräsentative Stichprobe darstellten, ist aus den Quellen nicht zu entnehmen. Deutlich wird jedoch, daß der Anwenderkreis bei diesen mittleren Rechenanlagen über den militärisch-industriellen Komplex, die staatlichen Verwaltungen und die großen Konzerne hinausreichte. Von den 51 Anlagen wurden allein zehn an Universitäten eingesetzt, die überwiegend nicht zu den Elite-Hochschulen zählten. Dreizehn Anlagen (25 %) standen im militärisch-industriellen Komplex, eine Reihe von weiteren

56: Magnetplattenspeicher der IBM 305 RAMAC. Dieses 1956 fertiggestellte Gerät ermöglichte die Speicherung von fünf Millionen Symbolen auf 50 Magnetplatten bei einer mittleren Zugriffszeit von etwa einer halben Sekunde. Der Magnetkopf wurde zu der jeweiligen Platte gefahren und radial auf die ausgewählte Spur eingestellt. Damit war ein fast wahlfreier Zugriff (random access) möglich. RAMAC, eine Abkürzung für Random Access Memory Accounting Computer, weist auf die Anwendung im Bankwesen hin.

Tabelle 3: Schätzwerte der in den USA installierten Rechner der ersten Generation (Stand 1959); nicht enthalten sind Einzelanfertigungen, militärische Spezialrechner und die IBM-Anlagen des Typs 701 und 702

Typ	ungefährer Preis in Mio. Dollar	Anzahl (ca.)	geschätzter Wert in Mio. Dollar
a) Lochkartenrechner	0,026–0,14	5300	200
davon IBM 604	0,026	4100	107
b) Kleinrechner	0,015–0,05	1300	40
c) mittlere Rechenanlagen	0,005–0,35	2200	400
davon IBM 650	0,2	1200	240
IBM 305	0,19	500	95
d) wissenschaftl. Großrechner			
davon IBM 704	1,9	98	
IBM 709	2,6	25	310
UNIVAC SCIENTIFIC	1,5	40	
e) kaufmännische Großrechner			
davon IBM 705	1,9	125	
UNIVAC I	1,3	48	340
UNIVAC II	1,5	25	
Summe		9161	1290

Maschinen dürfte ebenfalls für militärische Aufgaben eingesetzt worden sein, so z. B. eine IBM 650 bei der Chrysler Corporation, mit der «Analysen der Flugbahnen ballistischer Raketen und andere technische Berechnungen» (Weik, 1957, Band I, S. 139) ausgeführt wurden.

Im Jahre 1959 waren in den USA mehr als 9000 elektronische Rechenanlagen in Röhrentechnik installiert (Tabelle 3); davon waren 5300, beinahe 60 %, billige Lochkartenrechner ohne die Möglichkeit der Speicherprogrammierung, also keine Computer. Mehr als 80 % des Umsatzes bestritt die beteiligte Industrie jedoch schon mit den großen und mittleren Computersystemen. Das Know-how, das diesen Markt von rund einer Milliarde Dollar ermöglichte, war zum großen Teil im militärisch-industriellen Komplex entwickelt und damit direkt oder indirekt vom Verteidigungsministerium finanziert worden. Als die deutsche Bundesregierung ein Jahrzehnt später die Entwicklung der Datenverarbeitung in Deutschland zu fördern begann, wurde das Beispiel der Vereinigten Staaten zitiert:

«Die amerikanische Regierung hat im Hinblick auf ihren Bedarf an Datenverarbeitungseinrichtungen, insbesondere für Zwecke der Verteidigung, der Weltraumforschung und der Kernforschung, schon sehr früh begonnen, Forschung und Entwicklung auf dem Gebiet der Datenverarbeitung zu fördern. So erhielt allein z. B. die Firma IBM von 1951 bis 1959 insgesamt 396 Millionen $ staatliche Forschungsmittel; dies waren etwa 70 % ihrer Gesamtaufwendungen für Forschung und Entwicklung in diesem Zeitraum» (1. DV-Programm, 1967, Anhang 2).

Der Wert der in Tabelle 3 erfaßten Computer setzte sich aus fast gleichen Anteilen der mittleren Rechenanlagen mit 400 Millionen Dollar, der wissenschaftlichen Großrechner mit 310 Millionen Dollar und der kaufmännischen Großrechner mit 340 Millionen Dollar zusammen. Setzt man voraus, daß die in Tabelle 2 (s. S. 116) zugrundeliegende Auswahl einer repräsentativen Stichprobe entspricht, ergibt sich, daß die Streitkräfte rund 20 % der auf dem Markt angebotenen Computer übernahmen. Unter Berücksichtigung des gesamten militärisch-industriellen Komplexes, in dem wahrscheinlich mehr als 70 % aller wissenschaftlichen Großrechner und mehr als 25 % aller kaufmännischen Großrechner sowie der mittleren Computeranlagen eingesetzt wurden, ergibt sich ein militärischer Anteil am Gesamtwert der aufgeführten Maschinen von ca. 40 %. Tatsächlich war der Anteil des Militärs noch weitaus größer. Tabelle 2 enthält nicht die zahlreichen Einzelanfertigungen für das Militär und die mehr als 50 Computer AN/FSQ7 des SAGE-Systems, die auf dem Markt nicht erhältlich waren. Die Gesamtkosten des SAGE-Systems sind nicht bekannt. Da jeder der riesigen SAGE-Computer die wissenschaftlichen Großrechner an Komplexität und Größe deutlich übertraf, dürfte die Hardware des SAGE-Systems einige hundert Millionen Dollar gekostet haben. Dafür spricht auch, daß allein die Kosten für die Software dieses Systems 250 Millionen Dollar betrugen (Datamation, Mai 1973, S. 48).

Atomforschung, Sputnik und die zweite Computergeneration

Im Dezember 1947 entdeckten die Physiker William B. Shockley (geb. 1910), John Bardeen (geb. 1908) und Walter H. Brattain (geb. 1902) ein neues Verstärkerelement, den *Transistor*. Dieses Bauelement versprach gegenüber den seit 40 Jahren produzierten Röhren erhebliche Vorteile: Transistoren waren kleiner, benötigten weniger Verlustleistung und arbeiteten schneller als Elektronenröhren. Für die Entwicklung der ersten UNIVAC- und IBM-Computer kam die Erfindung des Transistors zu spät, aber es war abzusehen, daß spätere Rechner mit Transistoren ausgestattet würden. Thomas Watson jun. dachte schon bei der Einweihung des ersten Röhrencomputers von IBM im April 1953 an die transistorisierten Computer der Zukunft:

«Wenn Transistoren und andere Bauelemente diese Geräte [gemeint sind Computer] billiger machen, wird die Büromaschinenindustrie Maschinen bauen, mit denen Aufgaben bearbeitet werden können, die heutzutage maschinell nicht lösbar sind» (Annals 5, 1983, S. 159, Übers. d. Verf.).

Bereits zwei Jahre später stellte eine Arbeitsgruppe bei den Bell Laboratories das erste Versuchsmodell TRADIC (Transistor Digital Computer) für die US-Luftwaffe fertig. Es enthielt etwa 800 Transistoren und benötigte nur ca. 5% der Verlustleistung eines vergleichbaren Röhrenrechners. Damit war die zweite Computergeneration ins Leben gerufen.

Am Ende des Jahres 1954 hatte John von Neumann in einer Rede bei der Einweihung des Supercomputers NORC für extreme technologische Wagnisse plädiert:

«Beim Planen neuer Computer ... wird gewöhnlich und mit vollem Recht beachtet, wie groß die Nachfrage und wie hoch der Preis ist, ob eine kühne oder eine vorsichtige Strategie profitabler ist ... Es ist jedoch sehr wichtig, daß in einem von hundert Fällen ein anderer Weg eingeschlagen wird ... Das heißt, man muß manchmal vorgehen, wie es die Marine der USA und IBM in diesem Falle taten, Spezifikationen zu schreiben, die die fortschrittlichste Maschine verlangen, die nach dem jeweiligen Stand der Technologie möglich ist» (Goldstine, 1972, S. 331, Übers. d. Verf.).

Solche Spezifikationen schrieben Entwicklungsingenieure bei IBM und Sperry Univac, früher Remington Rand, in einem technologischen Wettbewerb, den die beiden führenden Computerfirmen für die Atomic Energy Commission veranstalteten. Die Spezifikationen des LARC-Computers (Livermore Atomic Research Computer) der Sperry Univac und des STRETCH-Computers von IBM (der Name Stretch = ‹Anspannung› sollte die Energien verdeutlichen, die in dieses Projekt investiert wurden) waren so ehrgeizig, daß die ersten LARC- und STRETCH-Computer erst 1960 bzw. 1961 fertiggestellt werden konnten. So sollten beide Anlagen etwa hundertmal schneller rechnen können als die gerade erst fertiggestellte IBM 704. Für den STRETCH-Computer wurde der Einsatz von mehr als 150 000 Transistoren geplant, obwohl die industrielle Fertigung dieser Bauelemente gerade erst begonnen hatte. Insgesamt wurden neun STRETCH-Computer zum Stückpreis von über acht Millionen Dollar verkauft, davon drei an die Streitkräfte, zwei an die Atomic Energy Commission und zwei an Atomforschungseinrichtungen in England und Frankreich.

Eine ganze Reihe von transistorisierten Computern wurden jedoch schon im Jahr 1957 fertiggestellt. Die Firma Burroughs, die dritte große Büromaschinenfirma der USA, übergab den ATLAS ICBM GUIDANCE Computer an die Luftstreitkräfte der USA, der die Flugbahn der ersten US-Interkontinentalrakete ‹ATLAS› steuerte (Abb. 57). Im Lincoln-Laboratorium, der federführenden Institution des SAGE-Projekts, wurde ein Transistorrechner namens TX0 fertiggestellt; in Deutschland produzierte überraschenderweise die Firma Siemens mit dem SIEMENS 2000 einen der ersten serienmäßigen Transistorrechner der Welt, und in den USA lieferte die Firma Philco den TRANSAC und kurz darauf den Nachfolgetyp S-2000 aus, deren Entwicklung eine Sicherheitsbehörde bzw. die Marine der USA finanziert hatten.

Der Durchbruch der zweiten Computergeneration wurde jedoch durch

57: ATLAS ICBM GUIDANCE COMPUTER. Einer der ersten Computer der zweiten Generation wurde von der Firma Burroughs für die Flugsteuerung der Atlas-Raketen, der ältesten Interkontinentalraketen der USA, entwickelt. Er wurde von 1957 bis 1959 bei vierzehn Erprobungsflügen dieser Rakete und später beim Raumfahrt-Programm eingesetzt. Dieser ATLAS-Computer ist eine der ganz wenigen älteren Anlagen, deren Hardware noch vollständig erhalten ist; er ist im Technikmuseum der Smithsonian Institution in Washington DC ausgestellt.

ein ganz anderes Ereignis ausgelöst. Am 4. Oktober 1957 schoß die Sowjetunion den ersten künstlichen Satelliten SPUTNIK in den Weltraum. Mit den Trägerraketen hatte der sowjetische Militärapparat zum erstenmal einen technologischen Vorsprung vor dem militärisch-industriellen Komplex der Vereinigten Staaten herausgeholt, und zum erstenmal in ihrer fast zweihundertjährigen Geschichte waren die Vereinigten Staaten ernsthaft bedroht. Zwar verfügte das sowjetische Militär schon seit 1949 über Atombomben und seit 1956 über Interkontinentalbomber; zum Schutz gegen einen Bomberangriff hatten die USA jedoch bereits das SAGE-System konzipiert, mit dem ein Angriff erkannt und dann mit Jagdflugzeugen und NIKE-Raketen abgewehrt werden sollte. Die neuen sowjetischen Interkontinentalraketen konnten jedoch mit dem gerade fertiggestellten SAGE-System nicht rechtzeitig erkannt, geschweige denn abgewehrt werden. Die Sowjetunion konnte damit erstmals in einer ähnlichen Weise die USA bedrohen wie sie selbst seit Jahren von den USA bedroht worden war. Im Jahre 1958 schrieb das amerikanische Militär ein Raketen-Frühwarnsystem aus (BMEWS = Ballistic Missile Early Warning System), für das nur transistorisierte Computer eingesetzt werden sollten. Die Firma IBM gewann die Ausschreibung, weil sie frühzeitig die Software auf einem Röhrenrechner des Typs IBM 709 entwickeln ließ, die dann später für die transistorisierte Version IBM 7090 übernommen wurde. Die ersten beiden Computer IBM 7090 wurden im November 1959 in Grönland installiert. Die IBM 7090 wurde die meistgekaufte Maschine für wissenschaftliche Berechnungen. Einige hundert wurden zum Stückpreis von rund drei Millionen Dollar verkauft. Später gab es vereinfachte Versionen der IBM 7090 (IBM 7040 und IBM 7044) und einen leistungsfähigeren Typ IBM 7094. Daneben bot IBM mittlere Rechenanlagen (IBM 7070, 7072, 7074 und IBM 1401) und einen Großrechner für kaufmännische Aufgaben (IBM 7080) in Transistortechnik an.

Auch bei der zweiten Computergeneration wurde die technologische Entwicklung durch militärische Zielsetzungen vorangetrieben. Welcher Anteil der gesamten Produktion dann im militärisch-industriellen Komplex bzw. den zivilen Bereichen der USA eingesetzt wurde, läßt sich wegen der Vielzahl der Anlagen kaum ermitteln; allein von der Maschine IBM 1401 wurden mehr als 10000 Exemplare produziert. Einen Anhaltspunkt bietet eine Marktübersicht, die im Jahre 1961 im Auftrag des Heeres erstellt wurde (Weik, 1961). Darin sind insgesamt 222 Typen aufgeführt, die in diesem Jahr in den USA benutzt wurden. Allein 72 davon waren spezielle Rechner, die ausschließlich für den militärischen Einsatz entwickelt worden waren. Von den zu diesem Zeitpunkt installierten Anlagen IBM 7090 und IBM 1401 wurde wahrscheinlich ein großer Teil erfaßt (Tabelle 4).

Auch bei der zweiten Computergeneration dürften die Verkäufe der Computerfirmen an den militärisch-industriellen Komplex deutlich höher gewesen sein, als es der direkte Umsatz mit den Streitkräften wiedergibt. So gingen 16% der erfaßten wissenschaftlichen Großrechner

Tabelle 4: Einsatz von Computern IBM 7090 und IBM 1401 im militärisch-industriellen Komplex (MIK) der USA (Mil = Militär; AEC = Atomic Energy Commission; For = militärische Forschungseinrichtungen, Luft = Flugzeugindustrie; Ind = Großfirmen, die zu den Hauptlieferanten der Streitkräfte gehörten)

Computer	erfaßte Anlagen	davon Mil	AEC	For	Luft	MIK	Ind.
IBM 7090	38	6 (16%)	1	1	6	14 (37%)	9
IBM 1401	122	14 (11%)	0	1	8	23 (19%)	26

IBM 7090 direkt an das Militär und insgesamt 37 % an den militärisch-industriellen Komplex; von den weiteren neun Anlagen wurde mit Sicherheit auch ein Teil für militärtechnische Berechnungen verwendet, so daß zwischen 37 % und 60 % dieser Computer militärischen Aufgaben dienten. Trotz dieses hohen Anteils trat gegenüber der ersten Computergeneration, bei der zwischen 70 % und 100 % für wehrtechnische Arbeiten eingesetzt worden waren, eine deutliche Verschiebung zur zivilen Nutzung ein.

Computer in Europa

Zwischen 1935 und 1950 hatten die Computerpioniere in England, Deutschland und den USA die Grundlagen für die moderne Computertechnik erarbeitet. Die industrielle Fertigung von Computern ab 1950 entwickelte sich jedoch zu einer rein amerikanischen Domäne. In Deutschland war nach dem verlorenen Krieg zunächst die industrielle Fertigung von Computern verboten. Nur im Forschungsbereich wurden einzelne Rechenautomaten gebaut, z. B. am Max-Planck-Institut in Göttingen und an der Technischen Hochschule in München. Ab 1954 begannen die deutschen Elektrofirmen Siemens & Halske, Standard Elektrik und Telefunken nach der Aufhebung des Verbots der Alliierten mit der Entwicklung von Computern. Obwohl die Firma Siemens einen der ersten Transistorrechner aus einer laufenden Fertigung auf den Markt brachte, konnte die deutsche Computerindustrie keinen prägenden Einfluß auf die Entwicklung der Computertechnologie gewinnen. Die Anzahl der Computer stieg jedoch in Westdeutschland in den folgenden Jahren rasch an (Abb. 58); Anfang 1965 waren es schon 1657 Anlagen. Davon stammten jedoch nur 199 (12 %) Computer aus deutscher Produktion (135 Zuse-Maschinen, 41 Siemens-Anlagen, 14 von Telefunken und 9 von der SEL). 63 % aller installierten Computer hatten IBM und weitere 11 % Sperry Univac geliefert.

In England wurde schon 1949 mit dem Nachbau des EDSAC, des ältesten speicherprogrammierbaren Rechners, für die Teefirma Lyons begonnen, der nach seiner Fertigstellung unter dem Namen LEO (Lyons Electronic Office) bekannt wurde. Ab 1954 wurde er für unterschiedliche kaufmännische Berechnungen erfolgreich eingesetzt, z. B. für die Lohnbuchhaltung von 1700, später sogar von über 10 000 Mitarbeitern, für das Versandgeschäft an 150 Teestuben und die Lagerhaltung von 6 Millionen kg Tee. Neben den unmittelbaren Kostenvorteilen (LEO übernahm die Arbeit von 200 Beschäftigten) war dieser Computer vor allem ein erfolgreiches Planungsinstrument für die Geschäftsleitung. Die Firma Lyons gründete eigens eine Computerfirma, die allerdings einen ebenso be-

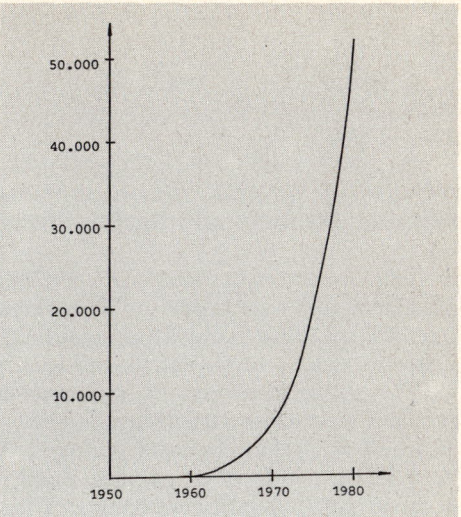

58: Anzahl der Computer in der Bundesrepublik Deutschland.

scheidenen Erfolg erzielte wie einige andere englische Computerfirmen, die im gleichen Zeitraum entstanden waren. Im Gegensatz zu den USA gelang es in England nicht, aus dem während des Krieges gewonnenen Know-how eine konkurrenzfähige Computerindustrie aufzubauen. Der Earl of Halsbury, der fast zehn Jahre lang als Leiter der National Research Development Corporation vergeblich versucht hatte, die Entwicklungsarbeiten der britischen Computerindustrie zu fördern und zu koordinieren, beschrieb 1959 die Gründe dafür folgendermaßen:

«Von den zwei Lochkartensystemen – Holleriths und Powers – war das erste die Basis einer gigantischen US-Industrie mit weltweiter Verzweigung geworden: IBM ... In England war die industrielle Situation von Anfang an ganz anders. Die Büroverwaltung war nicht auf Lochkarten ausgerichtet. Der Verbrauch von Lochkarten pro Pfund des Sozialprodukts war sogar im europäischen Vergleich sehr niedrig ... Zusätzliche Unterschiede ... kamen von dem Verteidigungsproblem, das beide Länder im Verlauf des Kalten Krieges in Angriff nehmen mußten ... Man muß nur auf die Landkarte sehen, um die Folgerungen aus bestimmten geographischen Gegebenheiten zu ziehen. England ist eine kleine Insel. Die USA sind Teil eines großen Kontinents. Das Verteidigungs-Verbundnetz mit Radarstationen, das in den USA möglich ist, würde für England völlig ungeeignet sein. Ein Radarnetz für die Verteidigung wurde dringend notwendig, und da die Computer die idealen Werkzeuge für die Verarbeitung der Radarsignale zu sein schienen, wurde die Entwicklung von Verteidigungsrechnern ein Projekt mit hoher Priorität. Daraus entstand das Lincoln-Projekt und später das SAGE-Projekt. Das erste Resultat waren enorme Staatsausgaben der USA für die Computerentwicklung ... Keiner weiß, wieviel für diese Entwicklung ausgegeben wurde. Vor einigen Jahren wurde gewöhnlich von 250 Millionen Dollar gesprochen … Wir können sagen, daß die Computerindustrie der Vereinigten Staaten riesige Subventionen durch die kostenlose Benutzung des Know-how erhalten hat, das beim Bau der Verteidigungscomputer gewonnen worden war» (The Computer Journal, Jan. 1959, S.155, Übers. d. Verf.).

Mikroelektronik und Interkontinentalraketen

Bei den Computern der zweiten Generation war mit der Transistortechnik eine zuverlässige Hardware-Technologie entwickelt worden, die im Vergleich zur Röhrentechnik nur wenig Platz benötigte. Für viele militärische Anwendungen war das Volumen und das Gewicht der Computer jedoch immer noch zu groß. Beispielsweise enthielt ein B-52 Bomberflugzeug mit rund 40000 Bauelementen (Abb. 59) fast ebenso viele, wenn auch einfachere, Einzelteile wie der riesige NORC-Computer. In einigen Aufklärungsflugzeugen wog die Elektronik mehr als fünf Tonnen und damit rund halb so viel wie ein Computer IBM701. Das große Gewicht und der hohe Raumbedarf waren bei den auf der Erde installierten Anlagen lästige Begleiterscheinungen, bei den fliegenden Geräten bedeuteten sie eine technische und wirtschaftliche Grenze. Die Verkleinerung und die Reduzierung des Gewichts elektronischer Schaltungen wurde in den fünf-

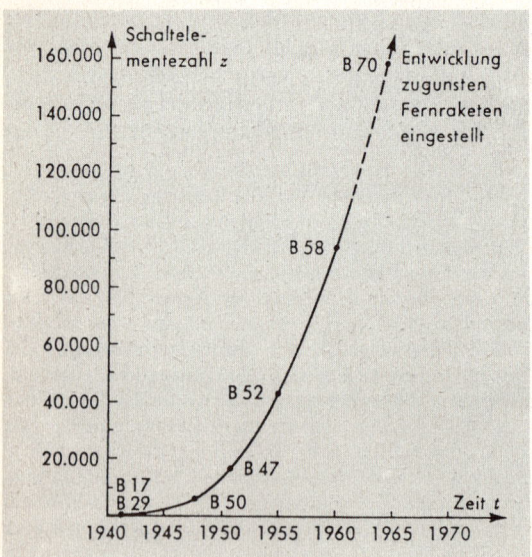

59: Zunahme der Elektronik in Militärflugzeugen am Beispiel der Boeing-Maschinen B 17 bis B 70.

ziger Jahren ein technisches Gebot der Flugzeug- und Raketentechnik; die Militärs und die Industrie entwickelten gemeinsam die Mikroelektronik. Die ersten Schritte in dieser Richtung unternahm die Marine-Luftwaffe der Vereinigten Staaten. Das Bureau of Aeronautics der US-Navy ließ ab 1950 das Konzept der Mikromodultechnik entwickeln. Dabei wurden Bauelemente auf normierten Trägerplatten aufgebracht, die dann übereinandergestapelt und miteinander elektrisch verbunden wurden. Diese Entwicklung war ursprünglich für elektronische Schaltungen mit Röhren konzipiert worden und mußte später für den Einsatz von Transistoren umgeändert werden; erst 1963 konnte bei der Firma RCA die Fertigung aufgenommen werden (Abb. 60).

Schon fünf Jahre zuvor, im Sommer 1958, hatte Jack S. Kilby (geb. 1923), der gerade erst von der Firma Texas Instruments für die Entwicklung von Mikromodulschaltungen eingestellt worden war, eine völlig neue Idee. Bisher wurden die Bauelemente einzeln hergestellt und hinterher zu einer Schaltung verlötet. Er erfand eine Möglichkeit, Schaltungen mit einer ‹Mesatechnologie› direkt ohne die Vorstufe der Fertigung von Bauelementen herzustellen; die Bauelemente wurden bereits bei ih-

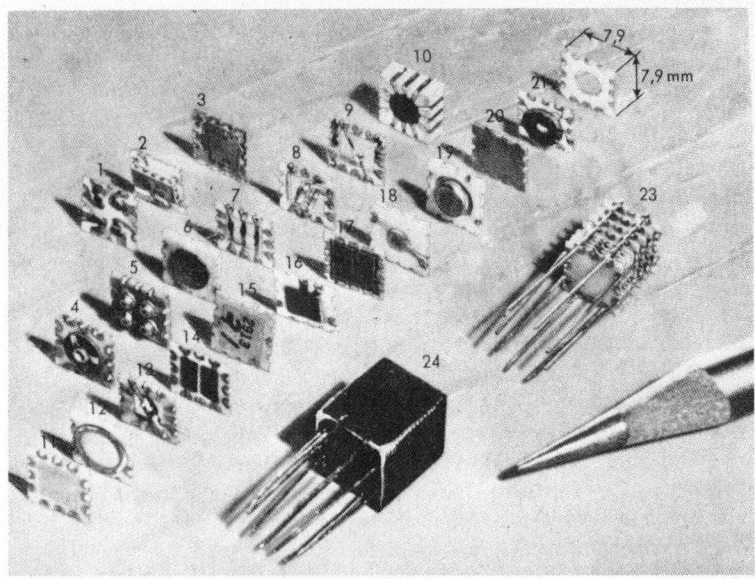

60: Mikromodultechnik. Einzelne Bauelemente (1–22) wurden auf normierten Trägerplatten hergestellt, übereinandergestapelt und über seitliche Steigleitungen mit elektrischen Anschlüssen versehen (23). Schließlich wurde die fertige Schaltung mit einem Kunstharz zu einem stabilen Mikromodul vergossen (24).

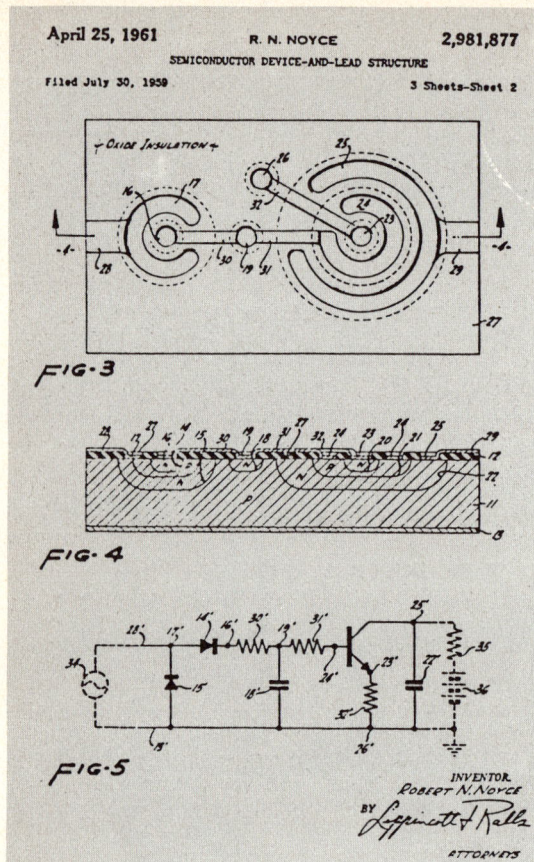

61: Auszug aus dem Patent von Robert N. Noyce zur Herstellung integrierter Schaltungen. Die unten abgebildete Schaltung läßt sich integriert durch verschiedene n- und p-Diffusionsgebiete in einem einheitlichen Siliziumträger herstellen (oben: Aufsicht; in der Mitte: Querschnitt).

rer Herstellung miteinander verbunden, die Schaltung integriert hergestellt. Ein Nachteil dieser Technologie war, daß die Transistoren wie Tafelberge (Mesa ist das spanische Wort für Tafelberg) über der Schaltung aufragten. Bereits ein Jahr später ließ sich Robert N. Noyce (geb. 1927) von der Firma Fairchild die heute verbreitete Technik der *integrierten Schaltungen* patentieren, die auf der ‹Silizium-Planar-Technologie› basierte und ebene Strukturen ermöglichte (Abb. 61). Die ersten integrierten Schaltungen wurden 1961 hergestellt (Abb. 62); sie kosteten jedoch rund zehnmal soviel wie entsprechende konventionell hergestellte Schaltungen und waren deshalb für Produzenten von zivilen Geräten uninter-

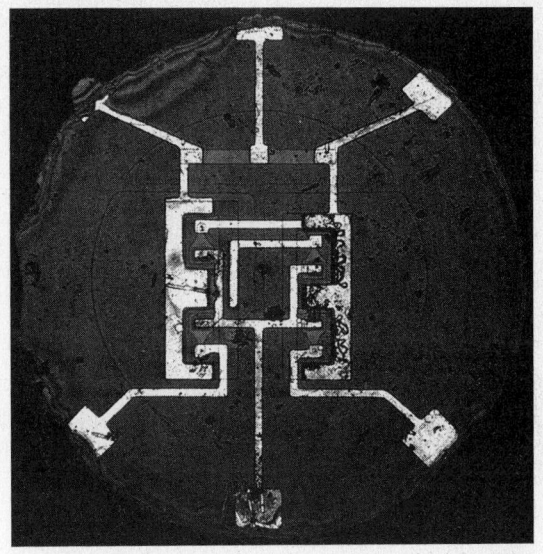

62: Eine der ersten integrierten Schaltungen (1961). Es handelt sich um ein sogenanntes Flip-Flop (Speicherelement) mit vier Transistoren und fünf Widerständen. Der Durchmesser der Scheibe beträgt ungefähr 1,5 mm.

essant. Bis Anfang 1964 wurde fast die gesamte Produktion von integrierten Schaltungen für militärische Produkte eingesetzt, bei denen die Verkleinerung der Schaltungen ein technisches Gebot und der hohe Preis kein Hindernis bedeutete. Noch im zweiten Quartal des Jahres 1965 gingen rund 60 % aller integrierten Halbleiterschaltungen (1,3 von 2,1 Millionen) in den militärischen Bereich. Zu diesem Zeitpunkt wurden bereits rund 400 Geräte mit mikroelektronischen Schaltkreisen entwickelt; das bahnbrechende Projekt war dabei die Steuerungstechnik für die Interkontinentalrakete Minuteman II.

John F. Kennedy (1917–1963) hatte den Präsidentschaftswahlkampf im Jahre 1960 u. a. mit der Behauptung einer Raketenlücke geführt und gewonnen, nach der die Sowjetunion etwa dreimal soviel Interkontinentalraketen besitzen sollte wie die USA. Der neue Verteidigungsminister Robert S. McNamara (geb. 1916) bezeichnete zwar schon im Februar 1961 die vermeintliche Raketenlücke als einen Irrtum, aber die Aufrüstung mit Minuteman II- und POLARIS-Raketen (landgestützte Interkontinentalrakete mit rund 12 000 km Reichweite bzw. U-Boot-gestützte Rakete mit einigen tausend km Reichweite) wurde trotzdem fortgeführt.

Die US-Air-Force vergab 1962 an die Firma Autonetics einen Entwicklungsauftrag für ein verbessertes Steuerungssystem für die neu konzipierte Minuteman II. Die früheren Interkontinentalraketen wurden durch bodenständige Computer gesteuert (s. Abb. 57). Dazu wurde die

Flugposition und die Geschwindigkeit der Rakete mit Radarstrahlen gemessen und die vom Computer berechneten Steuersignale für die Triebwerke zu der Rakete gefunkt. Die Militärplaner befürchteten, daß im Kriegsfall die Bodenleitstelle zerstört werden und der Feind außerdem die Radar- und Funksignale stören könnte und beschlossen eine ‹elektronische Aufrüstung›. Bei der Minuteman II sollte die Steuerung von einem mitfliegenden Bordrechner übernommen werden, der weder gestört noch zerstört werden konnte; das bodenständige Kontrollgerät sollte in einen tragbaren Koffer passen. Die Entwicklungsingenieure beschlossen, die gesamte Elektronik – den Bordrechner (Abb. 63), das Steuergerät für den Raketenantrieb, den Autonavigator und auch das Bodenkontrollgerät – soweit als irgend möglich mit integrierten Bausteinen zu bestücken, von denen es gerade die ersten Musterexemplare gab. Das Minuteman II-Projekt hatte damit eine ähnliche Bedeutung für die Weiterentwicklung der Elektronik wie der NORC-Rechner für die erste und die LARC- und STRETCH-Anlagen für die zweite Computergeneration. Insgesamt soll-

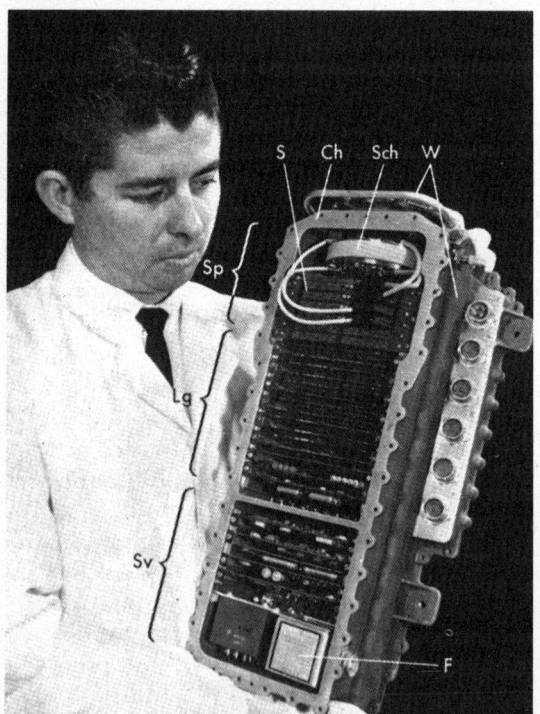

63: Der erste Großeinsatz von integrierten Schaltungen: Bordrechner der Interkontinentalrakete Minuteman II. Die Bauelemente wurden auf Karten montiert, die in ein wassergekühltes Gehäuse Ch mit Wasserumlauf W von $52 \times 26 \times 15\,cm^3$ gesteckt wurden. Sv: Stromversorgung, Lg: Logikteil, Sp: Speicher, S: Hauptschaltkarte, Sch: Scheibenspeicher, F: Filter.

ten 40 Prototypen mit rund je 300 integrierten Schaltungen hergestellt werden. Nach der erfolgreichen Erprobung der Prototypen beschloß die US-Air-Force, die bisherigen 800 Minuteman I-Raketen bis 1970 durch 1000 Exemplare der Version II zu ersetzen. Ende der sechziger Jahre begann man mit der Entwicklung *hochintegrierter Halbleiterschaltungen* (Abb. 65). Qualifizierte und risikobereite Ingenieure gründeten mit dem bei ihren bisherigen Arbeitgebern erworbenem Know-how und mit finanzieller Unterstützung von ‹Technologie-Spekulanten› (venture capitalists = Risiko-Kapitalisten) neue Pionierfirmen. Im Jahre 1968 verließ eine Gruppe von Ingenieuren, unter ihnen Robert Noyce, der das Konzept der integrierten Schaltung erfunden hatte, die Firma Fairchild und gründete das Unternehmen Intel (Abkürzung von *int*egrated *el*ectronics), bei dem innerhalb von wenigen Jahren eine Reihe von bahnbrechenden hochintegrierten Schaltkreisen entwickelt wurde. 1970 stellten sie den ersten integrierten *Halbleiterspeicher* vor, der auf einer Fläche von nur rund 10 mm^2 1024 binäre Daten speichern konnte (s. Abb. 65). Knapp 20 Jahre zuvor war bei der IBM 701 dafür noch eine Speicherröhre von der Größe eines Schuhkartons erforderlich. Ein Jahr später integrierte Marcian E. Hoff

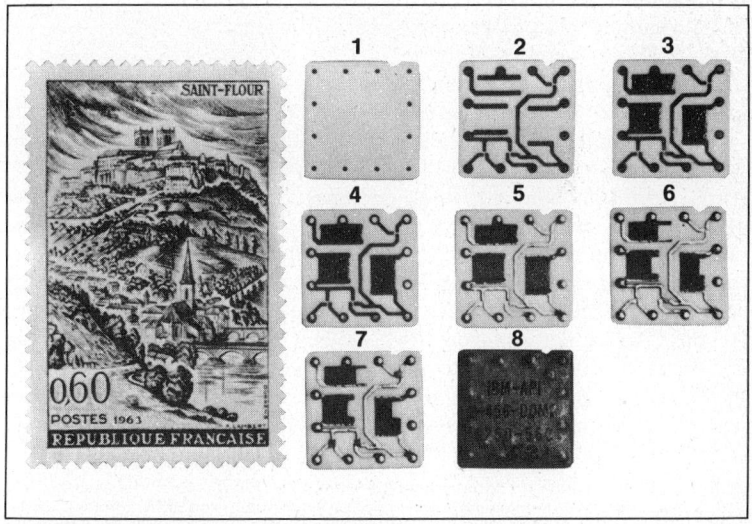

64: Solid Logic Technology (SLT) der Firma IBM. Bei den IBM-Computern der dritten Generation (IBM/360) wurde eine spezielle mikroelektronische Technik eingesetzt. Auf Keramikträgern (1) wurden Leiterbahnen (2) und anschließend Widerstände und Kondensatoren integriert aufgebracht (3 bis 6); danach wurden zusätzliche Bauelemente wie Transistoren direkt darauf befestigt (7). Die fertige Schaltung (8) war kleiner als eine Briefmarke.

(geb. 1928) bei derselben Firma einen gesamten Prozessor mit rund 2300 Transistoren ebenfalls auf einem Siliziumstück von etwa 10 mm². Dieser Mikroprozessor (Abb. 66) hatte eine vergleichbare Leistungsfähigkeit wie der 1946 fertiggestellte ENIAC, der eine Stellfläche von über 150 m² benötigt hatte.

Die dritte und vierte Computergeneration – von der Hardware zur Software

Mit den Computern der zweiten Generation konnten viele Probleme gelöst werden, da es eine Vielfalt von Maschinen für kaufmännische und wissenschaftliche Berechnungen, von peripheren Geräten und Programmen gab. Diese Vielfalt erzeugte jedoch neue Probleme; die Programme waren nicht *kompatibel* (compatible ist das englische Wort für verträglich); sie waren nur für den speziellen Computertyp geeignet, für den sie entwickelt worden waren. In den Jahren 1961/62 wurde bei IBM eine neue Gruppe von Computern mit folgenden Eigenschaften konzipiert:

- einheitliche Arbeitsweise aller Maschinen
- Eignung für kaufmännische *und* wissenschaftliche Berechnungen
- einheitliche periphere Geräte
- Verwendung mikroelektronischer Schaltungen
- Kompatibilität der Programme
- Programme zum Betrieb der Computer.

Für die Realisierung dieses umfangreichen Programms investierte die Firma IBM rund fünf Milliarden Dollar.

Am 7. April 1964 fanden Pressekonferenzen in 62 Städten der USA und in 14 Städten des Auslands statt, auf denen die neue Computerfamilie unter dem Namen IBM/360 vorgestellt wurde; die wesentliche Verbesserung der Hardware durch den Einsatz mikroelektronischer Schaltungen war das Kennzeichen dieser neuen *dritten Generation* von Computern. Als die Planung der Anlagen IBM/360 begonnen wurde, waren gerade erst Versuchsmuster von integrierten Halbleiterschaltungen hergestellt worden. Im Gegensatz zum Militär, das zur gleichen Zeit den Einsatz der neuen Technik in den Raketen vom Typ Minuteman II beschloß, entschie-

65: Der erste hochintegrierte Speicherbaustein: Intel 1103. Mit diesem 1970 fertiggestellten Baustein konnten 1024 bit auf einer Fläche von nur rund 10 mm² gespeichert werden. Dafür wurden mehr als 3000 Transistoren integriert. Die vier regelmäßigen Flächen enthalten je 256 Speicherzellen, dazwischen und darunter liegen Dekodierschaltungen. (S. 145 oben)

66: Der erste Mikroprozessor: Intel 4004. Rund 2300 Transistoren wurden auf einer Fläche von etwa 10 mm² hergestellt. Wegen der unterschiedlichen logischen Funktionen ist der Entwurf weniger regelmäßig als bei dem in Abb. 65 dargestellten Speicherbaustein. (S. 145 unten)

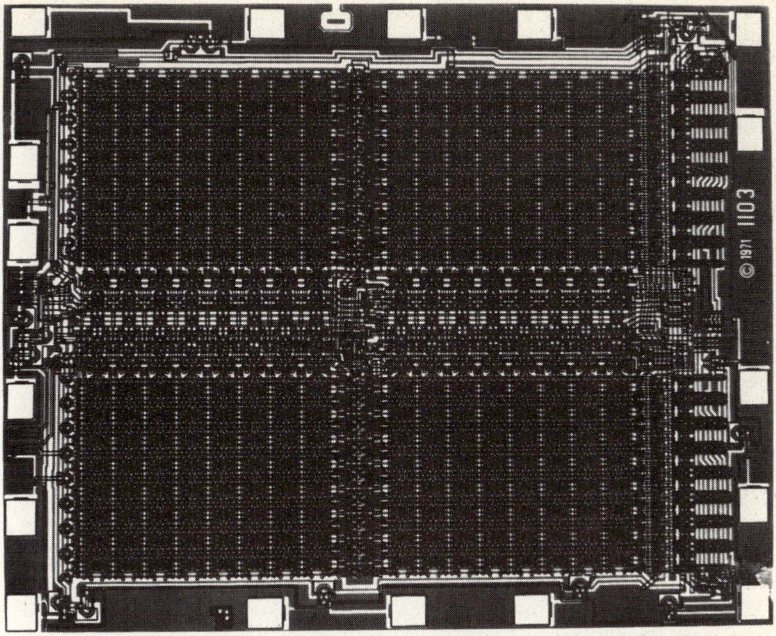

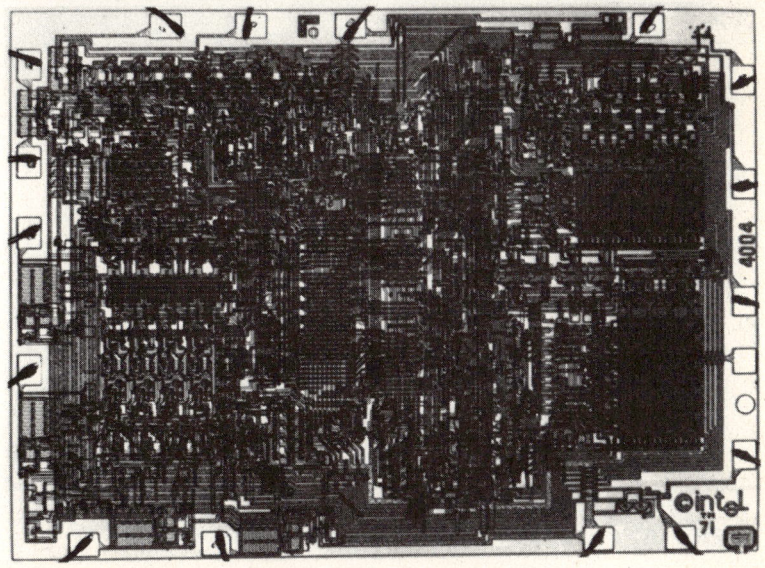

den sich die Produktplaner bei IBM für eine weniger riskante Hybrid-Technologie. Bei dieser ‹gemischten› Technik (hybrid ist das englische Wort für Mischling) wurden passive Bauelemente integriert auf einem Keramiksubstrat aufgebracht und die Halbleiterbauelemente später darauf montiert (Abb. 64). Konkurrenzfirmen brachten später Computer der dritten Generation mit integrierten Halbleiterschaltungen auf den Markt, u. a. RCA mit der SPECTRA 70 und die Firma Siemens mit der Serie SIEMENS 4000. Mit den Computern der dritten Generation wurde eine Fülle von neuen Anwendungen erschlossen, und der Bestand an Computern wuchs rasch. Anfang 1970 waren schon mehr als 110 000 Computer installiert, davon allein 70 000 in den USA, 6350 in der Bundesrepublik Deutschland, 5750 in Japan, 5050 in Großbritannien, 4500 in Frankreich und 4200 in der UdSSR; 55 % aller Anlagen in der Bundesrepublik Deutschland wurden von IBM geliefert.

Seit Beginn der siebziger Jahre wurden Computer der *vierten Generation* mit hochintegrierten Halbleiterschaltungen angeboten. Die Firma IBM kündigte im Jahre 1970 die Serie IBM/370 an, bei der Halbleiter-Speicherbausteine die Stelle der bisherigen Ferrit-Kernspeicher einnahmen. Durch beständige Verbesserungen der Mikroelektronik konnten immer mehr Funktionen integriert und damit leistungsfähigere Anlagen hergestellt werden. So hatten beispielsweise die 1964 angekündigten Computer der Serie IBM/360 eine maximale Arbeitsspeicherkapazität von 512 KByte (mehr als vier Millionen bit), während heute schon mittlere Rechenanlagen wie die VAX 11/750 der Firma Digital Equipment Speichergrößen bis zu 8 MByte (rund 70 Millionen bit) besitzen.

Ab Mitte der siebziger Jahre wurden neben den großen und mittleren Anlagen auch kleine Computersysteme entwickelt. Nachdem drei Funk-

67: Personalcomputer. Mit integrierten Bausteinen und billigen Magnetspeicherplatten wurden ab Mitte der siebziger Jahre Personalcomputer hergestellt. Der abgebildete Teil eines Computers der Firma Apple entspricht dem in Abb. 47 gezeigten Schrank der UNIVAC I.

146

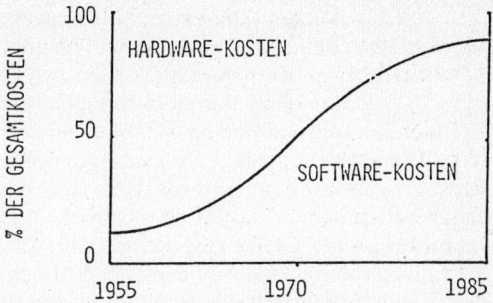

68: Die Gesamtkosten einer Computeranlage werden in zunehmendem Maß von der Software bestimmt.

tionsblöcke des von-Neumannschen Computerkonzepts (Prozessor, interner Speicher, Ein- und Ausgabeeinheiten) durch hochintegrierte Halbleiterschaltungen und externe Speicher durch billige Magnetspeicher, sog. Floppy Disks (‹schlappe Scheiben›), realisiert werden konnten, ließen sich Computer mit den Abmessungen und dem Preis von Stereoanlagen bauen. Heute kann man *Personalcomputer* für einige tausend Mark kaufen (Abb. 67), die leistungsfähiger als die Rechner der ersten Computergeneration sind, die vor 30 Jahren rund eine Million Dollar gekostet hatten. Daneben gibt es noch billigere Heimcomputer für den ‹Heimwerkermarkt› der elektronischen Datenverarbeitung. Noch vor wenigen Jahren waren Computer nur für Experten zugänglich; heute gibt es kleine Systeme, die in absehbarer Zeit ebenso selbstverständlich in Gebrauch sein werden wie elektrische Bohrmaschinen oder Kühlschränke. Diese rasche Popularisierung einer neuen Technik ist einmalig in der Geschichte der Datenverarbeitung. Während die Kunst des Schreibens fast 5000 Jahre lang das Privileg einer geistigen Elite blieb, wurde die Informatik schon 30 Jahre nach dem Beginn der Computerentwicklung ein Unterrichtsfach in der Schule.

Die Hardware wurde mit den Fortschritten der Mikroelektronik immer billiger, und die Software bestimmte in zunehmendem Maß die Kosten der Anlagen (Abb. 68). Bei den ersten Computern lag der Anteil der Softwarekosten unter 20%. Ende der sechziger Jahre hielten sich Hardware- und Softwarekosten die Waage, und in Zukunft werden fast 90% der Gesamtkosten eines Computersystems durch die Software bestimmt werden. Die zunehmende Bedeutung der Software ist jedoch nicht nur durch Kostengründe bedingt. Die Hardware ist ja nur die materielle Voraussetzung für die Datenverarbeitung; zu einem arbeitenden Gerät wird ein Computer erst mit einem speziellen Programm für die jeweilige Anwendung. Solche *Anwenderprogramme* machen aus einer universellen Datenverarbeitungsanlage beispielsweise einen Buchungsautomaten,

147

eine Platzreservierungsmaschine, eine Maschine zur Identifizierung von Verbrechern oder zum automatischen Planen und Entscheiden.

Viele Benutzer mit unterschiedlichen Anwenderprogrammen mußten sich die Nutzung eines teuren Computersystems teilen. Anfänglich geschah das im sogenannten open-shop Betrieb («offener Laden»), bei dem jeder Benutzer die Anlage für eine bestimmte Zeit zu seiner Verfügung hatte. Er ging mit seinem Lochkartenstapel oder Magnetband in das Rechenzentrum und lud das Programm in den Arbeitsspeicher. Bei der Korrektur möglicher Fehler ging jedoch ein großer Teil der kostbaren Rechenzeit verloren. Es wurde deutlich, daß sich die Rechenkosten verringern ließen, wenn spezielle Programme den Betrieb einer Computeranlage steuern würden. Solche *Betriebssysteme* wurden zuerst für die wissenschaftlichen IBM-Computer der ersten Generation entwickelt, die überwiegend im militärisch-industriellen Komplex standen. Bei General Motors und der Flugzeugfirma North American Aviation wurde ab 1955 ein Betriebssystem für die Anlage IBM 704 programmiert, das später auch an vielen anderen Maschinen dieses Typs zum Einsatz gelangte. Dabei wurde eine Gruppe von Anwenderprogrammen zusammengefaßt. Wenn die Programme auf Lochkarten zur Verfügung standen, wurden die Lochkartenbündel hintereinander gestapelt und eingegeben; das Betriebssystem steuerte dann die Abarbeitung der vielen Programme in dem Stapel automatisch. Deswegen erhielt diese Betriebsart den Namen *Stapelverarbeitung*.

Im Jahre 1955 war eine Vereinigung der Benutzer der wissenschaftlichen IBM-Computer unter dem Namen SHARE gegründet worden. Die Mitgliederfirmen beschlossen Ende 1956, ein spezielles Betriebssystem SOS (**SH**ARE **O**perating **S**ystem; operating system ist das englische Fachwort für Betriebssystem) für die IBM 709 zu entwickeln. Dieses System hatte jedoch anfänglich keinen Compiler für die Programmiersprache FORTRAN und war deshalb für die meisten Anwender uninteressant.

Erst 1962 kündigte die RAND-Corporation einen FORTRAN-Compiler für das Betriebssystem SOS an.

Inzwischen hatte sich herausgestellt, daß immer noch ein großer Teil der teuren Rechenzeit nutzlos vertan wurde, da der Prozessor keine Daten verarbeiten konnte, solange die relativ langsamen Ein- und Ausgabeoperationen abliefen. Es entstand die Idee des *Multiprogramming*, bei dem solche Wartezeiten zur Ausführung von Teilen eines anderen Programms benutzt wurden. Dazu mußten mehrere Programme gleichzeitig im Arbeitsspeicher vorhanden sein, deren Ablauf von einem Betriebssystem koordiniert wurde. Solche Betriebssysteme gehörten zu den komplexesten Software-Produkten der damaligen Zeit. Für das Betriebssystem OS /360 der Computerfamilie IBM /360, das im April 1966 zum erstenmal ausgeliefert wurde, gab die Firma IBM rund 200 Millionen Dollar aus.

Nach der erfolgreichen Erprobung von FORTRAN wurden mehrere hundert problemorientierte Programmiersprachen entworfen, von denen jedoch nur wenige eine weite Verbreitung gefunden haben (Abb. 69). Die Programmiersprache ALGOL (eine Abkürzung für **Algo**rithmic **L**anguage), die wie FORTRAN für technisch-wissenschaftliche Berechnungen gedacht war, wurde von Vertretern der deutschen Gesellschaft für angewandte Mathematik und Mechanik (GAMM) und der amerikanischen ACM (**A**ssociation for **C**omputing **M**achinery) auf zwei Konferenzen im Jahre 1958 bzw. 1960 konzipiert. ALGOL erlangte jedoch in den USA keine bestimmende Bedeutung, da sich IBM und die Benutzerorganisation SHARE für den Einsatz von FORTRAN entschieden. Die Konzepte von ALGOL beeinflußten jedoch stark den Entwurf einiger anderer Programmiersprachen. Dazu gehörte die Sprache JOVIAL (**J**ules **S**chwartz **O**wn **V**ersion of the **I**nternational **A**lgebraic **L**anguage), die bei der RAND Corporation für das Strategic Air Command and Control System (SACCS) der US-Luftwaffe entwickelt wurde, und die Sprache SI-MULA, die, wie es der Name ausdrückt, für die Simulation von Systemen besonders geeignet war.

SIMULA wurde an einem norwegischen Forschungsinstitut für Datenverarbeitung entwickelt; die Grundideen stammten jedoch, wie einer der beiden Projektleiter später schrieb «aus unserer Arbeit am norwegischen Institut für Verteidigungsforschung in den fünfziger Jahren» (Wexelblat, 1981, S. 440). Ein weiterer Abkömmling der ALGOL-Entwicklung war die Programmiersprache PASCAL, die Niklas Wirth (geb. 1934) Anfang der siebziger Jahre an der ETH Zürich speziell für die Erstellung großer Programme und zum Lehren einer systematischen Vorgehensweise beim Programmieren entwarf; PASCAL hat inzwischen eine weite Verbreitung gefunden.

Die Programmiersprache COBOL (**C**ommon **B**usiness **O**riented **L**anguage) wurde ab 1959 im Auftrag des Verteidigungsministeriums der USA für kommerzielle und administrative Problemstellungen entwickelt (s. S. 170). Einige Jahre später stellte IBM die Programmiersprache PL/1 vor, die für kaufmännische und wissenschaftliche Berechnungen konzipiert worden war. Daneben entstand eine Reihe von dialogorientierten Sprachen. JOSS (**J**ohnniac **O**pen **S**hop **S**ystem) wurde bei der RAND Corporation entwickelt und 1963 zum erstenmal vorgeführt. Die Sprache BASIC (**B**eginners **A**ll-Purpose **S**ymbolic **I**nstruction **C**ode) entwickelten zwei Professoren in den USA für Ausbildungszwecke; sie wollten Studenten, die wenig mathematische Kenntnisse und Neigungen hatten, über das praktische Programmieren zur Computertechnik führen. Die Sprache APL schließlich (eine Abkürzung für **A** **P**rogramming **L**anguage) wurde

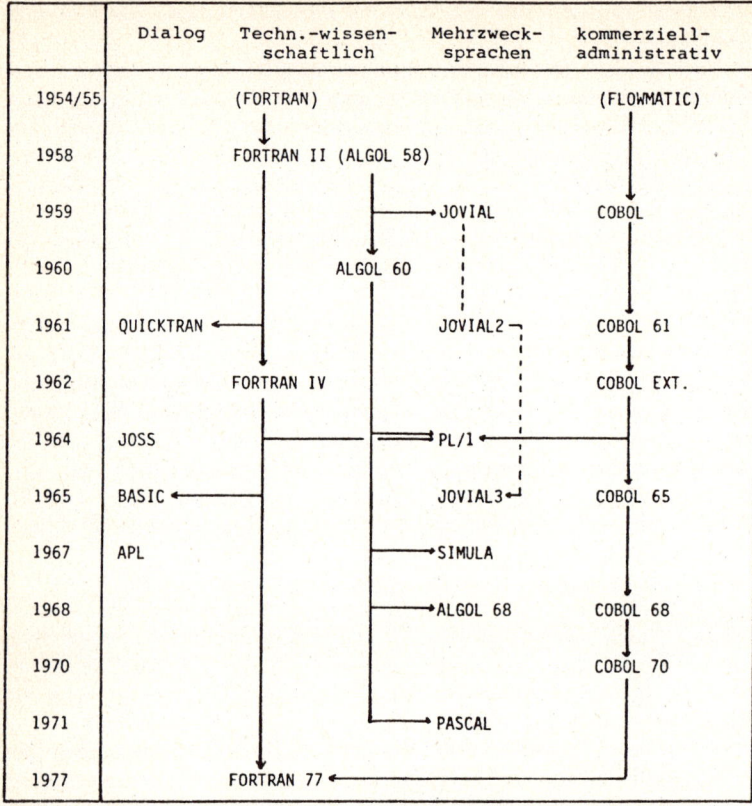

	Dialog	Techn.-wissen-schaftlich	Mehrzweck-sprachen	kommerziell-administrativ
1954/55		(FORTRAN)		(FLOWMATIC)
1958		FORTRAN II (ALGOL 58)		
1959			JOVIAL	COBOL
1960		ALGOL 60		
1961	QUICKTRAN		JOVIAL2	COBOL 61
1962		FORTRAN IV		COBOL EXT.
1964	JOSS		PL/1	
1965	BASIC		JOVIAL3	COBOL 65
1967	APL		SIMULA	
1968			ALGOL 68	COBOL 68
1970				COBOL 70
1971			PASCAL	
1977		FORTRAN 77		

69: Entwicklung der Programmiersprachen. Die erste Programmiersprache, die eine weite Verbreitung fand, war die bei IBM entwickelte Sprache FORTRAN. Heute gibt es mehrere hundert solcher Programmiersprachen. In diesem Diagramm (Schneider, 1981) sind die Entwicklungslinien einiger sehr wichtiger Programmiersprachen zusammengestellt.

an der Harvard University konzipiert und später zum erstenmal auf einem Computer IBM /360 implementiert.

Auch bei der Erstellung der Betriebssysteme und beim Entwurf von Programmiersprachen spielte das Militär und die Rüstungsindustrie eine bestimmende Rolle, und das Verteidigungsministerium wurde der dominierende Software-Anwender der gesamten westlichen Welt. Anfang der siebziger Jahre wurden in den USA etwa zehn Milliarden Dollar pro Jahr für Software ausgegeben, was rund einem Prozent des Bruttosozialprodukts entsprach. Davon entfielen zwischen 2,9 und 3,6 Milliarden Dollar auf die Software der amerikanischen Verteidigung; das waren etwa 45 % der gesamten Ausgaben für Datenverarbeitung in diesem Bereich (Gewald, 1977, S. 13). Ein Mitarbeiter der Defense Advanced Research Project Agency (ARPA) beschrieb 1978 die Bedeutung des Verteidigungsministeriums der USA im Software-Sektor:

«Das Verteidigungsministerium der Vereinigten Staaten gibt rund drei Milliarden Dollar im Jahr für Software aus ... Nur ein kleiner Teil davon geht in die Buch- und Lagerhaltung, die Lohnabrechnung und Finanzverwaltung ... Ein viel größerer Teil der Investitionen des Verteidigungsministeriums für Datenverarbeitung geht in Computeranwendungen bei großen Waffensystemen, Nachrichtensystemen, Kommando- und Kontrollsystemen ... Vor einigen Jahren war das Verteidigungsministerium ein bedeutender Schrittmacher und zugleich ein wichtiger Anwender der höchstentwickelten Computer-Hardware. Heute repräsentiert es nur noch einen kleinen Teil des Marktes. Auf dem Software-Sektor trifft das noch heute zu. Ein bedeutender Teil der gesamten Software-Industrie arbeitet an Programmen für das Verteidigungsministerium und das trifft vor allem für die technisch fortgeschritteneren und anspruchsvolleren Systeme zu» (Whitaker, ACM SIGPLAN Not., *13,2,* 1978, S. 219).

5. Militärische Planung mit Computern

In diesem Kapitel greifen wir wieder die Frage nach den mit der elektronischen Datenverarbeitung möglichen Planungs- und Entscheidungsverfahren auf, die wir unterbrochen hatten, um in Kapitel 4 die Erfindung und Entwicklung der Computertechnik darzustellen. Im folgenden geht es um die Wechselwirkungen zwischen der Entwicklung von Planungssowie Entscheidungsverfahren und der technischen Weiterentwicklung der Hard- sowie der Software. Wir springen dazu noch einmal in die Zeit vor dem Zweiten Weltkrieg zurück und beschreiben dann die Entwicklung bis Ende der sechziger Jahre. Da diese Methoden und Verfahren weitgehend im Auftrag militärischer Dienststellen erarbeitet wurden, beschränken wir uns bei der Darstellung der Anwendungen bewußt auf das Militär.

Die Entstehung der Operations-Research

Der Begriff Operations-Research wurde zum erstenmal 1938 im Zusammenhang mit Forschungsarbeiten einiger britischer Wissenschaftler verwendet. Im Auftrag der englischen Armee entwickelten sie Methoden, mit denen sich die von den seit 1935 aufgestellten Radargeräten gelieferten Daten so aufbereiten und komprimieren ließen, daß die Offiziere in den Kommandozentralen auf dieser Basis Entscheidungen fällen konnten. Zwei Jahre später analysierten dieselben Wissenschaftler während der ‹Luftschlacht über England› alle Phasen der Abwehroperationen und versuchten, mit mathematischen Verfahren die Wirksamkeit von Radargeräten, Scheinwerfer-Batterien und Luftkampftaktiken der Jagdflugzeuge unter verschiedenen Wetterbedingungen zu berechnen. Die Ergebnisse trugen nicht unwesentlich dazu bei, daß die britischen Streitkräfte die Luftherrschaft verteidigen konnten und die deutsche Wehrmacht die ursprünglich geplante Invasion Englands unterließ.

Nach dieser ersten erfolgreichen Anwendung der Operations-Research (OR) richtete das Coastal Command, das unter anderem für den Schutz britischer Handelsschiffe zuständig war, eine eigene OR-Abteilung ein. Unter Leitung von Professor Patrick M. S. Blackett (1897 bis 1974) beschäftigten sich dort bis zu 25 Wissenschaftler mit Strategien zur Bekämpfung deutscher U-Boote. Die Forschergruppe, auch ‹Blackett's Circus› genannt, erarbeitete beispielsweise Einsatz- und Wartungspläne

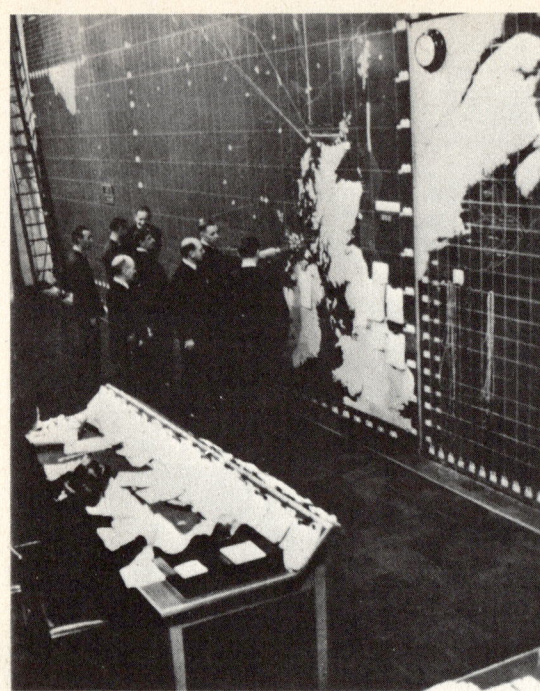

70: Der ‹Operations Room› der britischen Marine im Derby House, Liverpool. In dieser Kommandozentrale studierten die Offiziere die Lage eines Schiffskonvois, der sich gerade nordöstlich von Malin's Head aufhielt. Auf der Tafel im Hintergrund wurden die Einsätze des Coastal Command angezeigt.

für Patrouillenflugzeuge, um mit den zur Verfügung stehenden Flugzeugen und Piloten ein möglichst großes Gebiet kontrollieren zu können. Die deutschen U-Boote sollten zum Untertauchen gezwungen werden, um ihren Aktionsradius zu verringern. Da die U-Boote unter Wasser nur langsam fahren konnten, waren die englischen Handelsschiffe dadurch indirekt geschützt. Ab Sommer 1942 flogen über der Biscaya, an der die Stützpunkte der deutschen U-Boote lagen, rund um die Uhr britische Flugzeuge. Vom 14. Juni bis 21. September 1943 organisierte das Coastal Command rund 4000 Einsätze von Patrouillenflugzeugen, die in diesem Zeitraum 196mal deutsche U-Boote sichteten und davon zehn versenkten (Abb. 70).

Von den englischen Erfolgen beeindruckt, gründete die US-Navy kurz nach Kriegseintritt die OR-Gruppe ASWORG (**A**ntisubmarine **W**arfare **O**perations **R**esearch **G**roup). Unter Leitung von Philip M. Morse (geb. 1903) vom Massachusetts Institute of Technology (MIT) begannen im Mai 1942 sieben Wissenschaftler OR-Methoden zur U-Boot-Bekämpfung zu entwickeln. Am Ende des Zweiten Weltkrieges bestand diese

OR-Gruppe aus 73 Mitgliedern. Im Laufe des Krieges wurden auch bei anderen militärischen Einheiten OR-Abteilungen eingerichtet, in denen viele namhafte Wissenschaftler mitarbeiteten. So auch John von Neumann, der kurzzeitig der Naval Ordnance Laboratory Operational Research Group angehörte, die sich gegen Ende des Krieges vor allem mit Abwehrstrategien gegen Kamikaze-Flieger beschäftigte. Mit Hilfe der *Spieltheorie* (Kasten 4: Spieltheorie), die John von Neumann und der Wirtschaftswissenschaftler Oskar Morgenstern entwickelt hatten, versuchte man die beste Strategie gegen einen Angriff durch Kamikaze-Flieger zu finden. Es ging dabei um die Frage, ob ein angegriffenes Schiff dem Flugzeug durch scharfe Manöver ausweichen oder ob es seinen Kurs beibehalten und damit seinen Flugabwehr-Geschützen eine bessere Zielmöglichkeit bieten sollte.

Kasten 4: Spieltheorie

Mit ihrem 1944 veröffentlichten Werk ‹Theory of Games and Economic Behaviour› (deutsch: Spieltheorie und wirtschaftliches Verhalten, Würzburg 1961) verfolgten John von Neumann und Oskar Morgenstern das Ziel, mathematische Verfahren für ‹rationales Verhalten› in Konfliktsituationen zu begründen. Ein ‹Spiel› ist ein mathematisches Modell für eine Konfliktsituation. Solche Situationen, in denen die Beteiligten entgegengesetzte Interessen haben, kommen am klarsten in militärischen Auseinandersetzungen vor. Die Handlungsweisen der ‹Spieler› bestehen z. B. in der Wahl der Waffen, dem Einsatz der Angriffswaffen (bzw. Abwehrwaffen). Das Ziel ist immer gleich; größtmögliche Schwächung des Gegners (bis zur Vernichtung). Am folgenden Beispiel soll die Spieltheorie in ihren Grundzügen erklärt werden.

Seite P_1 greift mit zwei hintereinander fliegenden Flugzeugen ein Objekt an, ein Flugzeug führt eine Bombe mit sich. Seite P_2 setzt zur Abwehr ein Jagdflugzeug ein. Greift der Jäger von vorn an, so wird er durch die Bordwaffen beider Flugzeuge bekämpft und mit einer Wahrscheinlichkeit von 0,7 (70%) abgeschossen. Greift der Jäger von hinten an, so wird er nur vom hinten fliegenden Flugzeug bekämpft und mit einer Wahrscheinlichkeit von 0,3 (30%) abgeschossen. Wird der Jäger nicht abgeschossen, so verfehlt er in beiden Fällen sein Ziel mit der Wahrscheinlichkeit 0,4.

Die Handlungsweisen für die Angreifer (P_1) sind demnach:
H_1: Vorderes Flugzeug ist Bombenträger,
H_2: Hinteres Flugzeug ist Bombenträger.
Die Handlungsweisen für den Verteidiger (P_2) sind:
h_1: Vorderes Flugzeug angreifen,
h_2: Hinteres Flugzeug angreifen.
In die Spielmatrix werden nun die Wahrscheinlichkeiten für den Durchbruch des Bombenträgers für die einzelnen Handlungsweisen eingetragen. Sie ermit-

teln sich aus den Additions- und Multiplikationsgesetzen der Wahrscheinlichkeitstheorie: $H_1h_2 = H_2h_1 = 1$ (100 %), weil der Jäger in beiden Fällen nur das Begleitflugzeug angreift; $H_1h_1 = 0,7 + 0,3 \times 0,4 = 0,82$ und $H_2h_2 = 0,7 \times 0,4 + 0,3 = 0,58$.

Spielmatrix
für den Durchbruch des Bombers bzw. die Vernichtung des angegriffenen Objektes (Abb. 71):

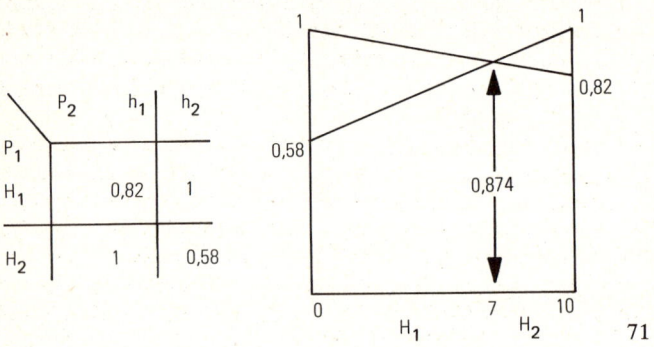

71

Mit Hilfe der abgebildeten grafischen Lösung kommt man zu dem Ergebnis, daß die angreifende Partei ihre Handlungsmöglichkeiten ($H_1 : H_2$) im Verhältnis von 7:3 wählt und mit einer Wahrscheinlichkeit von 87,4 % das Ziel vernichtet. Für den Verteidiger bedeutet das, daß er einen zweiten Jäger einsetzen sollte.
Rationales Verhalten im Sinne der Spieltheorie liegt also dann vor, wenn jeder Spieler diejenige Strategie wählt, die seinen maximal zu erwartenden Verlust möglichst klein oder seinen mindestens zu erwartenden Gewinn möglichst groß werden läßt.

Ähnlich wie bei der Computerentwicklung gelang es den Engländern auch in der Operations-Research nicht, ihre Vorreiterrolle nach Kriegsende zu erhalten. Obwohl viele englische OR-Experten für verstaatlichte Großunternehmen weiterarbeiteten, erfolgte die Weiterentwicklung der OR fast ausschließlich in den USA. Zwar gingen dort viele der OR-Fachleute an die Universitäten zurück, aber die US-Streitkräfte gründeten zusammen mit diesen Hochschulen und Rüstungsfirmen OR-Institute, die formal nicht den Militärs unterstanden, jedoch fast ausschließlich im Auftrag des Pentagons arbeiteten.
Im November 1945 wurde zwischen der US-Navy und dem MIT ein

Vertrag über die Einrichtung des OR-Institutes OEG (**O**perations **E**valuation **G**roup) unterzeichnet. Vier Monate später, im März 1946, vereinbarte die US-Luftwaffe mit der Flugzeugfirma Douglas Aircraft Company, die im Krieg begonnenen OR-Arbeiten gemeinsam fortzusetzen. Aus diesem Projekt RAND wurde zu Beginn des Kalten Krieges mit finanzieller Unterstützung der Ford-Stiftung ein eigenes Unternehmen: die RAND Corporation (**R**esearch **A**ssociation for **N**ational **D**efense) in Santa Monica, Kalifornien. In dieser Denkfabrik wurde hauptsächlich für die US-Air-Force und später auch für die Luft- und Raumfahrtbehörde NASA geforscht. Im Dezember 1957 wurde aus der RAND Corporation jene Abteilung, die sich mit der Programmentwicklung für das SAGE-System beschäftigte, in die neugegründete System Development Corporation (SDC) ausgegliedert. Bei ihrer Gründung waren in der SDC rund 1000 Mitarbeiter tätig; 1967, während des Vietnamkrieges, stieg die Zahl der Angestellten auf rund 3000. Das amerikanische Heer, das während des Zweiten Weltkrieges nicht über eigene OR-Gruppen verfügte, baute erst 1948 zusammen mit der Johns Hopkins University das OR-Institut ORO (**O**perations **R**esearch **O**ffice) auf. Im gleichen Jahr wurde vom Pentagon die WSEG (**W**eapons **S**ystems **E**valuation **G**roup) gegründet, deren erster ‹ziviler› Direktor (neben dem militärischen) Philip M. Morse war. Acht Jahre später wurde die WSEG in ‹Institute of Defense Analysis› (IDA) umbenannt. An diesem Institut waren neben dem Pentagon das MIT, das Case Institute, die Tulane University des California Institute of Technology und die Stanford University beteiligt. Daneben gab es noch militärische OR-Einheiten, die den einzelnen Streitkräften direkt zugeordnet waren.

Optimierung des militärischen Nachschubs

Im Jahre 1947 bildete die US-Luftwaffe die OR-Gruppe SCOOP (**S**cientific **C**omputation **o**f **O**ptimum **P**rograms), die sich u. a. mit der optimalen Organisation des militärischen Nachschubs beschäftigen sollte. Schon einige Monate nach der Gründung stellte George B. Dantzig (geb. 1914), ein Mitarbeiter der SCOOP, die *Simplex-Methode* vor, mit der man Transportpläne, die Zuteilung von Personal oder die Planung von Wartungsaufgaben optimieren konnte (Kasten 5: Lineare Programmierung und Simplex-Methode).

Auf Anregung Dantzigs ließ die US-Luftwaffe beim National Bureau of Standards (NBS) einen Computer speziell für lineare Programme entwickeln. Der Leiter des Electronic Computer Laboratory beim NBS, Samuel Alexander (geb. 1922), hatte bereits für den elektronischen Rechner des Institute for Advanced Study (IAS) in Princeton einige Ein-/Aus-

Kasten 5: Lineare Programmierung und Simplex-Methode

Ein praktisches Beispiel für eine militärische Nachschubaufgabe zeigt die Abbildung. Die Aufgabe besteht darin, mit möglichst geringen Kosten die in den drei Fabriken (F_1, F_2, F_3) hergestellten Bomben zu den fünf Flughäfen (f_1, f_2, f_3, f_4, f_5) zu befördern (dies nennt man ein lineares Programm aufstellen). Gegeben sind die Transportkosten pro Bombe für die verschiedenen Wege und die Herstellungskapazität der Fabriken sowie die Anzahl der benötigten Bomben auf den Flughäfen (Abb. 72). Um diese Optimierungsaufgabe zu lösen, stellt man zwei Matrizen auf: Die Liefermengen-Matrix (x_{ij} = noch unbekannte Liefermengen) zeigt die Zuordnung der Liefermengen von den Fabriken zu den Flughäfen.

Liefermengen-Matrix

	f_1	f_2	f_3	f_4	f_5	Kapazität
F_1	x_{11}	x_{12}	x_{13}	x_{14}	x_{15}	500
F_2	x_{21}	x_{22}	x_{23}	x_{24}	x_{25}	750
F_3	x_{31}	x_{32}	x_{33}	x_{34}	x_{35}	250
Bedarf	300	300	300	300	300	

Aus dieser Matrix kann man die folgenden Gleichungen aufstellen:
a) für die Fabriken
$$500 = x_{11} + x_{12} + x_{13} + x_{14} + x_{15}$$
$$750 = x_{21} + x_{22} + x_{23} + x_{24} + x_{25}$$
$$250 = x_{31} + x_{32} + x_{33} + x_{34} + x_{35}$$
b) für die Flughäfen
$$300 = x_{11} + x_{21} + x_{31}$$
$$300 = x_{12} + x_{22} + x_{32}$$
$$300 = x_{13} + x_{23} + x_{33}$$
$$300 = x_{14} + x_{24} + x_{34}$$
$$300 = x_{15} + x_{25} + x_{35}$$

Kosten-Matrix

	f_1	f_2	f_3	f_4	f_5
F_1	0,5	2,0	1,8	1,7	2,5
F_2	0,6	1,6	1,4	1,8	2,5
F_3	2,7	1,8	1,5	1,0	0,9

Die Kosten-Matrix sieht genauso aus wie die Liefermengen-Matrix, nur daß an der Stelle der Liefermengen die Kosten (Dollar pro Bombe) eingetragen sind.

Aus diesen Matrizen kann man die Zielfunktion (G = Gesamtkosten sollen möglichst klein sein) aufstellen:

$$G = 0,5\,x_{11} + 2,0\,x_{12} + 1,8\,x_{13} + 1,7\,x_{14} + 2,5\,x_{15} + 0,6\,x_{21} + 1,6\,x_{22} + 1,4\,x_{23} + 1,8\,x_{24} + 2,5\,x_{25} + 2,7\,x_{31} + 1,8\,x_{32} + 1,5\,x_{33} + 1,0\,x_{34} + 0,9\,x_{35}$$

Diese 9 Gleichungen mit 16 Unbekannten kann man aber mit den klassischen algebraischen Verfahren nicht lösen. Man muß deshalb entweder einige Unbekannte gleich Null setzen oder mit einem Probierverfahren eine Lösung suchen. Eine mögliche Vorgehensweise ist, die ‹billigste› Strecke zuerst zu vergeben und dann die nächste usw. Für das oben angegebene Beispiel ergibt sich unter Berücksichtigung der Nebenbedingungen folgende Liefermengen-Matrix:

Liefermengen-Matrix

	f_1	f_2	f_3	f_4	f_5	
F_1	–	150	–	300	50	500
F_2	300	150	300	–	–	750
F_3	–	–	–	–	250	250
	300	300	300	300	300	

G = 2000

BOMBENFABRIKEN

AIR-FORCE-FLUGHÄFEN

Der Nachteil dieses einfachen Lösungsverfahrens besteht darin, daß bei größeren Matrizen die zuletzt ‹vergebenen› Strecken eventuell sehr teuer sind. Mit Hilfe der Simplex-Methode kann man dieses erste noch nicht optimale Ergebnis schrittweise verbessern. Durch systematisches Vertauschen von vier in der Matrix nebeneinanderliegenden Wegen wird allmählich das optimale Ergebnis gefunden. Dieses systematische Vertauschen wird wegen des hohen Rechenaufwandes in der Regel von Computern ausgeführt.

gabegeräte gebaut und von daher bereits das Konzept der Von-Neumann-Maschine kennengelernt. Er entwickelte den Computer SEAC (Standards Eastern Automatic Computer) in der Rekordzeit von nur zwei Jahren (Abb. 73). Der SEAC, der im Mai 1950 in Betrieb genommen wurde, war der erste funktionsfähige speicherprogrammierbare Computer in den Vereinigten Staaten. Der Computer hatte allerdings für praktische Programme einen relativ kleinen Arbeitsspeicher von 1500 Worten mit jeweils 44 bit. Bei der Einweihungsfeier für den SEAC wurde ein Programm für die Simplex-Methode am Beispiel einer Transportaufgabe vorgeführt.

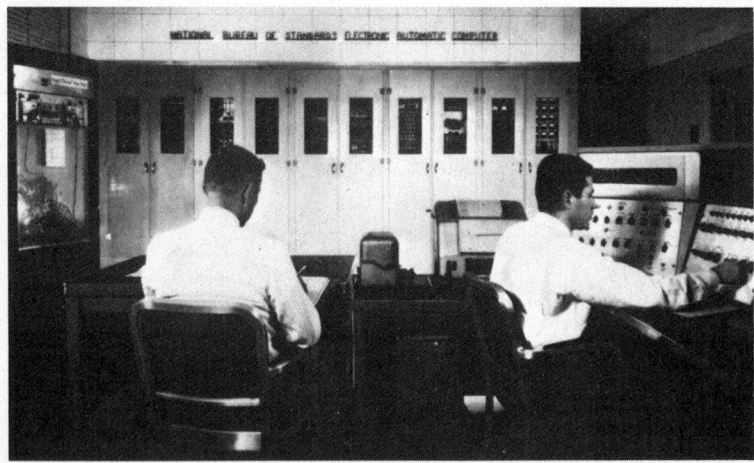

73: Der SEAC war 1950 der erste fertiggestellte und funktionsfähige speicherprogrammierbare Computer in den USA. Im Vordergrund steht die Operator-Konsole mit einem Fernschreiber als Ein-/Ausgabegerät. In den Schränken im Hintergrund befand sich die Zentraleinheit des Computers. Die logischen Schaltungen waren nicht mit Röhren, sondern mit Germanium-Dioden realisiert worden. Röhren wurden nur noch zum Aufbau des internen Speichers verwendet.

74: Der JOHNNIAC von der RAND Corporation. Ein Blick hinter die Kulissen zeigt den Aufbau dieses Röhrenrechners. Der Ventilator wird wahrscheinlich nicht allzuviel zur Beseitigung der Wärme beigetragen haben, die die 5000 Röhren dieses Computers produziert haben.

Die Nachschubprobleme beim Korea-Krieg beschleunigten die Entwicklung der Software für die lineare Programmierung. Im Juni 1951 veranstalteten die US-Air-Force und das NBS gemeinsam das erste Symposium über lineare Programmierung, auf dem auch ein verbessertes Simplex-Programm für den SEAC vorgestellt wurde. Im gleichen Jahr wurden die Forschungsaktivitäten über lineare Programmierung bei der RAND Corporation konzentriert. George B. Dantzig wechselte deshalb zu RAND und entwickelte dort zusammen mit William Orchard-Hayes (geb. 1918) eine verbesserte Simplex-Methode, speziell für die Berechnung mit Computern.

Die Entwicklung von OR-Programmen förderte auch den Bau neuer Computer. Die US-Navy ließ bei der Remington Rand Corporation einen speziellen Computer für logistische Aufgaben entwickeln. Dieser im März 1953 fertiggestellte Computer LOGISTICS hatte einen Trommelspeicher mit einer Kapazität von 180000 Dezimalstellen. Auch bei der RAND Corporation hatte man mit dem JOHNNIAC (Abb. 74) einen eigenen Computer für OR-Aufgaben gebaut (Inbetriebnahme März 1954). Parallel dazu erwarb die RAND Corporation einen der ersten IBM-Computer der Serie 701, die ab 1953 erhältlich waren (Quellentext 7).

Ein Jahr nach der Auslieferung der IBM 701 hatte Orchard-Hayes von der RAND Corporation ein Simplex-Programm für diesen Computer geschrieben. Aber erst mit dem Computer IBM 704 (Auslieferung ab 1956) konnte man auch größere lineare Programme, wie sie in der militärischen Praxis üblich waren, in einer akzeptablen Zeit berechnen. Der IBM 704 löste innerhalb von fünf Stunden zweihundert Gleichungen (Nebenbedingungen) mit über tausend Unbekannten. Neben den Transportkosten wollten die Militärs auch die Lagerhaltungskosten möglichst gering halten. Deshalb entwickelten OR-Wissenschaftler Anfang der fünfziger Jahre spezielle Lagerhaltungstheorien[16], mit denen eine zentrale Lagerhaltung organisiert werden konnte. Eine der bedeutendsten Methoden zur Kontrolle der Lagerbestände sowie zur Berechnung der optimalen Bestellmengen und -zeitpunkte, die dynamische Programmierung, stammte von Richard E. Bellman (geb. 1920), der damals bei der RAND Corporation beschäftigt war. Ab Mitte der fünfziger Jahre wurden bei vielen militärischen Dienststellen Computerprogramme für eine automatisierte Lagerverwaltung in Betrieb genommen. Eines der ersten Lagerhaltungssysteme wurde beim Ordnance Tank-Automative Command der US-Army installiert. Der Computer BIZMAC I von RCA, auf dem dieses Lagerhaltungsprogramm ablief, mußte einige hunderttausend Artikel verwalten. Lagerhaltungsprogramme wurden auch auf IBM-Rechnern installiert; bei den amerikanischen Streitkräften gab es Ende der fünfziger Jahre mehrere Computer der Serie IBM 650 und IBM 305 mit Lagerhaltungsprogrammen. Eines der größten Lagerhaltungssysteme installierte das Pentagon 1957 in Louisville, Kentucky. Das dort errichtete Medical Depot, die ‹größte Apotheke der Welt›, sollte den Sanitätsbedarf für alle US-Soldaten decken. Die automatische Kontrolle der Lagerbestände, die Zusammenstellung der Bestellungen und das rechtzeitige Auffüllen der Lagerbestände wurde mit Hilfe eines IBM-Computers des Typs RAMAC 305 realisiert. Mit dem im März 1958 in Betrieb genommenen Computersystem konnten die Lagerbestände reduziert werden, ohne daß es zu Engpässen bei der Auslieferung kam. Ähnliche Lagerhaltungsprobleme hatten die Militärs bei den modernen Waffensystemen zu lösen, denn man benötigte beispielsweise allein für den Starfighter rund 40 000 verschiedene Ersatzteile. Mit OR-Verfahren wurde Anfang der sechziger Jahre auch der ‹Nachschub› an und die ‹Lagerhaltung› von Soldaten optimiert. Die US-Luftwaffe hatte im Dayton Air Force Depot den Computer UNIVAC 1105 installiert, auf dem ein Programm ablief, das aus einer Anzahl von Bewerbern die fünf geeignetsten aussuchte. Als Auwahlkriterien wurden Geschicklichkeit, geistige Anlagen, Ausbildung, Trainingskurse, Erfahrungen und die Ergebnisse eines Eignungstests benutzt. Dieses Manpower Management Program (for Personal and Labor Accounting) kann man als Vorläufer der heute in einigen Industriebetrieben eingesetzten Personaldatensysteme ansehen (Weik, 1961, S. 920). Ein ähnliches System entwickelte die MITRE Corporation in Bedford, Massachusetts im Auftrag der US-Air-Force. Dieses Personalplanungssystem wurde auf dem damals größten Computer, dem STRETCH von IBM, installiert. Mit ihm konnten die Qualifikationen der Soldaten mit vorgegebenen Anforderungen der militärischen Einheiten verglichen werden, so daß jeder den Posten erhielt, der den gespeicherten Fähigkeiten entsprach (man-job-match). Da es beim Militär keine demokratischen Entscheidungsstrukturen gab und gibt, sondern nur Befehl und Gehorsam, konnte man die Soldaten wie Objekte mit Nummern verplanen und mit ähnlichen OR-Verfahren wie Bomben und Medikamente verwalten.

Militärische Warn- und Entscheidungssysteme

Während der Luftschlacht um England im Jahre 1940 hatten britische Wissenschaftler zum erstenmal OR-Verfahren für die Organisation der Luftabwehr verwendet, und Anfang der fünfziger Jahre war auf Cape Cod in den USA mit dem WHIRLWIND der Prototyp eines computergesteuerten Luftraumüberwachungssystems aufgebaut worden. Basierend auf diesen Erfahrungen begann die US-Luftwaffe im April 1953 mit der Installation des SAGE-Systems. Zwei Ketten von Radarstationen umspannten das Territorium der Vereinigten Staaten, die Daten an 27 Leitzentralen übermittelten. (Abb. 75). In diesen Leitzentralen wurden die eingehenden Daten halbautomatisch durch Computer vom Typ AN/FSQ-7 verarbeitet – halbautomatisch deshalb, weil die Offiziere an den Bildschirmen die Verarbeitung kontrollierten und gegebenenfalls selbst Daten eingaben. Das SAGE-System war das erste Management-Informationssystem, es lieferte den verantwortlichen Offizieren aufbereitete Daten als Grundlage für zu treffende Entscheidungen. Im Jahre 1957, als die Leitzentralen an die Kommandozentrale NORAD (North American Air Defense) in Colorado Springs angeschlossen wurden, war der Hardware-Aufbau beendet. Die Programme für die eigentliche Früherkennung und -warnung wurden am MIT geschrieben; die Unterstützungssoftware, z. B. für die Ausbildung und Schulung, stammte von der RAND Corporation. Insgesamt waren rund eine Million Befehle auf den Trommelspeichern der AN/FSQ-7 abgespeichert und sollten die vielfältigen Aufgaben des Luftraumüberwachungssystems erfüllen.[17] Allein die Software soll 250 Millionen Dollar gekostet haben. Davon entfielen 39 % auf die Entwurfsphase, 14 % auf das tatsächliche Programmieren in einer Programmiersprache und 47 % auf die Testphase. Das SAGE-System war das erste große Programmsystem, das nie fertiggestellt wurde. Bis zu sei-

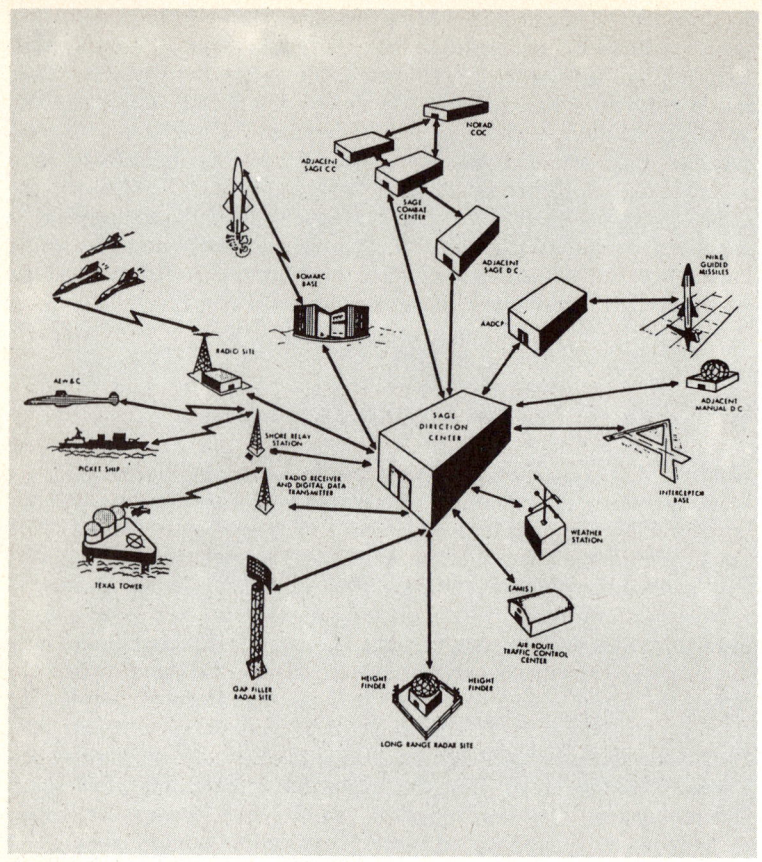

75: Schematische Darstellung des Datenflusses im SAGE-System. In den insgesamt 27 Leitzentralen wurden die eingehenden Daten durch Computer vom Typ AN/FSQ-7 verarbeitet.

ner Außerbetriebnahme mußten immer wieder Fehler beseitigt werden.
Das SAGE-System bot schon im Jahre seiner Inbetriebnahme keinen
vollständigen Schutz vor einem atomaren Angriff, da es nur zur Abwehr
von Flugzeugen entwickelt worden war. Mit dem Start des Sputniks hatte
die UdSSR jedoch bewiesen, daß sie in der Lage war, Interkontinentalraketen zu bauen, gegen die man sich nicht verteidigen konnte.

Die Militärs forderten deshalb ein Raketenfrühwarnsystem. Das 1959 fertiggestellte Raketenfrühwarnsystem BMEWS (**B**allistic **M**issile **E**arly **W**arning **S**ystem) wertete die von drei Großradaranlagen in Thule (Grönland), Clear (Alaska) und in Flyindales Moor (England) gelieferten Daten aus und übermittelte die Ergebnisse an das inzwischen unter die Erde verlegte NORAD-Zentrum (Abb. 76). Von dort sollten, im Falle eines Angriffs, Daten zur Auslösung eines Gegenschlages an den Computer des Strategic Air Command (SAC) in Omaha, Nebraska, weitergegeben werden, der aufgrund dieser Daten dafür zu sorgen hatte, «daß unsere verdammten Bomber und Raketen ihren Arsch hochkriegen und nicht am Boden ausradiert werden» (Der Spiegel, 1980, Nr. 26, S. 109; Zitat eines US-Air-Force-Offiziers). Dieses Einsatzplanungssystem Strategic Air Command Control System (SACCS) basierte auf dem Computer AN/FSQ-32, den IBM speziell für das SAC entwickelt hatte.

Die hektische Entwicklung des BMEWS nach dem Sputnik-Schock führte dazu, daß viele Programmierfehler vor der Installation nicht mehr beseitigt werden konnten. Deshalb wurden z. B. anfänglich bis zu 200 Ingenieure nach Grönland beordert, um die Programme der dort installierten Computer zu korrigieren. Nicht alle Fehler in der Hard- und Soft-

76: Radar-Horchposten des BMEWS-Systems in Clear (Alaska). Die drei Großradar-Anlagen des BMEWS-Systems lieferten an den Computer der NORAD-Zentrale in Nebraska ihre Daten, die dort ausgewertet wurden.

ware konnten jedoch beseitigt werden. Einige Fehlalarme infolge solcher Defekte sind bekannt; so wurden beispielsweise 1959 ein Schwarm Wildgänse und ein Jahr später der aufgehende Mond als sowjetische Raketenangriffe interpretiert. Derartige Fehler in Warnsystemen hätten damals einen ‹Krieg aus Versehen› auslösen können. Im Oktober 1960 verhinderte der kanadische Luftwaffen-Generalleutnant Roy Slemon, der im NORAD-Hauptquartier das Oberkommando führte, im letzten Augenblick eine Katastrophe. Er ignorierte den Computeralarm, da er im Rundfunk gehört hatte, daß an diesem Tag der russische Ministerpräsident Nikita Chruschtschow in New York zu Besuch war. In den Programmen war eine solche Plausibilitätskontrolle nicht vorgesehen. «Im Grunde», so erinnerte sich der OR-Fachmann Herman Kahn (geb. 1922) vom Hudson Institute an die sechziger Jahre, «fürchteten wir einen Zufallskrieg weit mehr als einen vorsätzlichen Krieg» (Der Spiegel, 1980, Nr. 26, S. 108).

Auch heute noch kommt es in den Frühwarnsystemen des US-Verteidigungsministeriums immer wieder zu Fehlalarmen. In der *International Herald Tribune* vom 30. Oktober 1980 wurde berichtet, daß im NORAD-Hauptquartier in den vorangegangenen 18 Monaten 147 Fehlalarme ausgelöst wurden, von denen vier dazu führten, daß die Bomber und Interkontinentalraketen in Alarmbereitschaft versetzt wurden. Diese Fehlalarme konnten bisher zwar immer rechtzeitig erkannt werden, aber mit der wachsenden Geschwindigkeit und Zielgenauigkeit der Raketen wird die Zeit, einen Irrtum zu entdecken, immer kürzer. Zudem sind angesichts der riesigen Computersysteme Programmierfehler nicht auszuschließen. Das amerikanische World Wide Military Command and Control System (WWMCCS), in das alle Früh- und Vorwarnsysteme der NATO integriert sind[18], besteht aus 35 verschiedenen Computersystemen und hat ein Programmvolumen von 17 Millionen Befehlen. Die Software für dieses System kostete 750 Millionen Dollar und die Computerhardware ungefähr 250 Millionen Dollar.

Solch große Programmsysteme sind wahrscheinlich nicht fehlerfrei herzustellen, und auch die Fehlerbeseitigung ist recht schwierig, da bei einer Programmkorrektur erneut Fehler entstehen können. Aus diesen und anderen Gründen erhoben 1983 fünf Professoren beim Bundesverfassungsgericht in Karlsruhe Klage gegen die Beteiligung der Bundesrepublik am geplanten Frühwarn- und Entscheidungssystem (FWES; Quellentext 8).

An die Frühwarnsysteme des Pentagons ist auch ein Computer der US-Behörde FEMA (Federal Emergency Management Agency) angeschlossen. Seit 20 Jahren werden dort alle überlebenswichtigen Infrastrukturdaten abgespeichert: Erfaßt sind rund zwei Millionen Objekte, von Fabriken über Militäranlagen bis hin zu Bevölkerungszentren, Farmen, Staudämmen, Bergwerken und Banken. Der FEMA-Computer soll aus den

wahrscheinlichen Zieldaten der angreifenden Raketen die für die ‹Nach-
kriegszeit› verbleibenden Ressourcen errechnen und automatisch einen
ersten Plan für den Wiederaufbau erstellen. Dies entspricht der geltenden
amerikanischen Militärdoktrin, wonach bei einem totalen Atomkrieg
letztlich diejenige Macht gesiegt hat, der es am schnellsten gelingt, wieder
zum gewohnten Alltag überzugehen. Angesichts von Millionen Toten
und atomar ‹Verseuchten›, die es bei einem atomaren Schlagabtausch geben wird, erscheint dieses computerunterstützte Planungssystem als blan-
ker Zynismus.

Vom militärisch-industriellen Komplex
zur amerikanischen Militärmaschine

Der militärisch-industrielle Komplex, die mit Abstand größte Organisation der gesamten westlichen Welt, wird vom Pentagon (Abb. 77) aus verwaltet. Der Verteidigungsetat der USA betrug 1960 mit rund 46 Milliar-

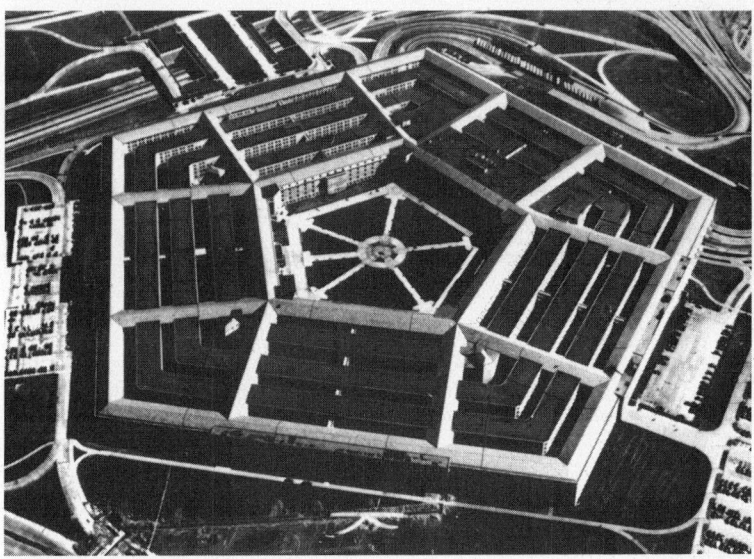

77: Das amerikanische Verteidigungsministerium: das Pentagon. Die Verwaltungszentrale der
US-Streitkräfte war das größte Verwaltungsgebäude der Welt. Bezeichnenderweise hätte das
Parlamentsgebäude leicht in jeden der fünf Flügel hineingepaßt. Im Pentagon arbeiteten An-
fang der sechziger Jahre mehr als 30000 Menschen, für die Kommunikation gab es 40000
Telefonanschlüsse, 2100 Sprechanlagen, 24 km Rohrpostleitungen und Korridore von insge-
samt 28 km Länge. Der tägliche Papierabfall (ausgenommen die Geheimdiensttexte) wog zehn
Tonnen.

den Dollar etwa 9 % des Bruttosozialprodukts der Vereinigten Staaten, das war etwas mehr als die Hälfte des Bruttosozialprodukts der Bundesrepublik. Um dieses gigantische Unternehmen steuern, d. h. verwalten zu können, benötigte man neue computerunterstützte Verwaltungstechniken.

Wegen des Rüstungswettlaufs kam der zeitlichen Koordinierung von militärischen Großprojekten eine besondere Bedeutung zu. Beim Bau des Polaris-Raketen-Systems mußten beispielsweise die Termine von rund 11 000 Zulieferfirmen und staatlichen Behörden aufeinander abgestimmt werden. Das Planungsbüro der US-Marine unter Leitung von Willard Frazer entwickelte dafür Ende der fünfziger Jahre in Zusammenarbeit mit OR-Fachleuten der Flugzeugfirma Lockheed die Netzplanmethode PERT (**P**rogram **E**valuation and **R**eview **T**echnique). Mit dieser neuen Planungstechnik (Kasten 6: Netzplantechnik) konnte das Polaris-Projekt, zwei Jahre früher als ursprünglich geplant, fertiggestellt und damit kurz nach dem Sputnik-Schock wieder ein Vorsprung im Rüstungswettlauf erreicht werden. Nach diesem Erfolg verpflichtete das Pentagon alle Auftragnehmer bei Projekten im Wert von über einer Million Dollar zur Übernahme dieser Netzplanmethode.

Kasten 6: Netzplantechnik

Mit der Netzplantechnik PERT (Program Evaluation and Review Technique) kann man vornehmlich große Projekte planen und kontrollieren, bei denen sich nur sehr ungenaue Aussagen über die Dauer der einzelnen Tätigkeiten machen lassen. Mit Hilfe verschiedener Schätzwerte und der Statistik versucht man dennoch, die Terminplanung und -überwachung solcher Projekte in den Griff zu bekommen. Zuerst muß man alle möglichen Ereignisse definieren (entweder den Beginn oder das Ende einer Tätigkeit). Danach werden die Ereignisse durch Pfeile verbunden, die die Dauer der Tätigkeit darstellen.
In dem Beispiel (Abb. 78a) sind 11 Ereignisse gegeben. Die Zahlen an den Pfeilen bedeuten: optimistischste Dauer (OD) – häufigste Dauer (HD) – pessimistischste Dauer (PD).

Zur Berechnung der mittleren Dauer (MD) aus den drei Schätzwerten benutzt man folgende Formel:

$$MD = \frac{OD + 4 \times HD + PD}{6}$$

Für das obige Beispiel ergibt sich dann folgender Netzplan (Abb. 78b):
Die Gesamtprojektdauer ergibt sich aus dem längsten Weg durch das Netzwerk (‹kritischer Pfad›). In diesem Beispiel ist das: 1-2-3-5-6-10-11 mit insgesamt 19,4 Tagen. Um die geplante Projektdauer einzuhalten, muß man vor allem auf

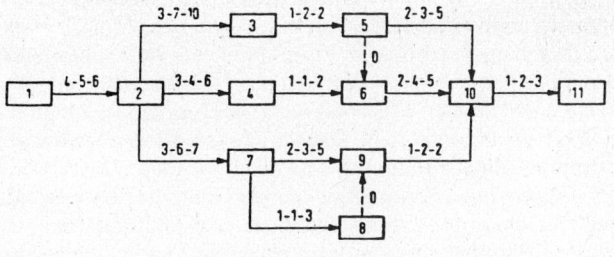

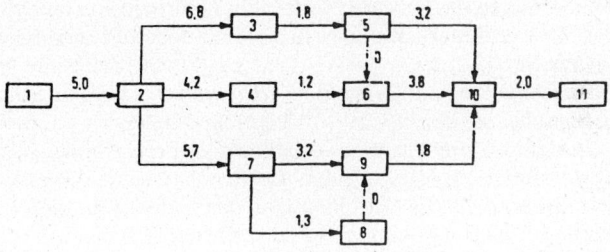

den ‹kritischen Pfad› achten und möglichst viele Ressourcen (Menschen und Maschinen) für die entsprechenden Tätigkeiten zur Verfügung stellen. Mit Hilfe der Wahrscheinlichkeitsrechnung kann man auch noch die Varianz der einzelnen Tätigkeiten berechnen; die Varianz der erwarteten Zeitdauer einer Tätigkeit ist ein Maß für die Unsicherheit über die wirkliche Dauer dieser Tätigkeit. Die Varianz berechnet sich nach folgender Formel:

$$\sigma_D^2 = \frac{(PD - OD)^2}{36}$$

Für die Tätigkeit 6-10 ergibt sich eine Varianz von 0,25 und für die Tätigkeit 2-3 von 1,36. Mit anderen Worten: es ist wahrscheinlicher, daß die Tätigkeit 6-10 3,8 Einheiten dauert, als daß die Tätigkeit 2-3 nach 6,8 Einheiten beendet ist. Mit der PERT-Methode gelingt es vor allem, die terminlich verhältnismäßig sicheren Tätigkeiten und Ereignisse von denjenigen zu unterscheiden, die sehr unsicher sind, also besonders überwacht werden müssen.

Für Projekte, bei denen die Dauer der einzelnen Tätigkeiten aufgrund von Erfahrungen konstant sind (z. B. Wartungsarbeiten), wurde parallel zur PERT-Methode von Remington Rand und dem Chemiekonzern Du Pont de Nemours die Netzplantechnik CPM (Critical Path Method) entwickelt. In Frankreich wurde zur gleichen Zeit für den Aufbau von Atomkraftwerken ebenfalls eine Netzplantechnik entworfen (MPM – Metra Potential Methode).

Mit dem zunehmenden Einsatz von Computern in den Verwaltungen des militärisch-industriellen Komplexes wurde der Wunsch nach einer hardware-unabhängigen höheren Programmiersprache speziell für administrative Aufgaben immer größer. Die bis dahin entwickelten Programmiersprachen FLOW-MATIC von Grace M. Hopper (Remington Rand) und COMTRAN (**Com**mercial **Tran**slator) von IBM waren jeweils nur für die firmeneigenen Computer entwickelt worden. Das US-Verteidigungsministerium lud auf Anregung einiger Computerwissenschaftler im Mai 1959 über 40 Leute (15 aus staatlichen, meist militärischen, Computerzentren, 11 Benutzer aus Rüstungsfirmen und Softwarehäusern sowie 11 Computerhersteller) ins Pentagon ein. Bei diesem Treffen wurde ein Komitee gegründet, das den Auftrag erhielt, innerhalb von drei Monaten die Schwächen und Stärken der bisher vorhandenen Programmiersprachen FLOW-MATIC, COMTRAN (das zu diesem Zeitpunkt nur auf dem Papier existierte) und AIMACO (eine von der US-Air-Force entwickelte Sprache, die der FLOW-MATIC sehr ähnlich war) herauszufinden und aus diesen eine hardware-unabhängige Programmiersprache zu definieren.[19] Am 23. Juni 1959 nahm das Komitee seine Arbeit auf und legte am 1. Dezember 1959 dem Pentagon den Entwurf für die Programmiersprache COBOL (**Com**mon **B**usiness **O**riented **L**anguage) vor, der mit kleinen Änderungen 1960 angenommen wurde. Da das US-Verteidigungsministerium von nun an für kaufmännische und administrative Programme nur noch die Programmiersprache COBOL akzeptierte, setzte sich diese Sprache recht schnell durch. Selbst technisch hochentwickeltere Sprachen, wie etwa FACT von Honeywell (die allerdings erst nach der Entwicklung von COBOL offiziell vorgestellt wurde), konnten sich ihr gegenüber nicht durchsetzen.

Die Verwaltungsprobleme des militärisch-industriellen Komplexes am Ende der fünfziger Jahre waren jedoch nicht allein durch eine Verbesserung der Datenverarbeitungstechniken zu lösen. Aus dem lose organisierten militärisch-industriellen Komplex sollte eine zentral steuerbare Militärmaschine aufgebaut werden, die wiederum mit weiter entwickelten Planungs- und Entscheidungsverfahren gelenkt werden sollte. Den ersten Schritt in diese Richtung unternahm US-Präsident Eisenhower mit der ‹Defense Reorganization Message of 1958›, mit welcher die drei Waffengattungen, die bisher weitgehend unabhängig voneinander geplant und entschieden hatten, einem gemeinsamen Verteidigungsminister unterstellt wurden. Die Maßnahmen von Eisenhower, das Militär zentral zu verwalten, kamen aber erst während der Regierungszeit des Demokraten John F. Kennedy (1917–1963) zum Tragen.

Kennedy berief den Republikaner Robert McNamara (geb. 1916) im Jahre 1961 zum Verteidigungsminister. McNamara hatte sich seit seiner Studentenzeit, während seiner Tätigkeit als Dozent für Statistik an der

Business School in Harvard und als Beamter des Pentagon im Zweiten Weltkrieg mit der Verwaltung von großen Organisationen beschäftigt. Er war davon überzeugt, daß

«die Techniken der Verwaltung einer großen Organisation einander sehr ähnlich sind, ob es sich dabei nun um ein Industrieunternehmen, eine Regierungsbehörde, eine Bildungsinstitution oder irgendeine andere große Ansammlung menschlicher Individuen zu einem gemeinsamen Zweck handelt» (Schlesinger, 1966, S. 296).

Damit kündigte sich bereits die Übertragung von Planungs- und Entscheidungsverfahren, die für das Militär entwickelt worden waren, auf weniger hierarchisch organisierte gesellschaftliche Bereiche an.

McNamara holte sich aus der RAND Corporation eine Reihe von OR-Experten, unter anderem Charles J. Hitch (geb. 1909) und Alain Enthoven (geb. 1910), die er zu Staatssekretären ernannte. Mit dieser neuen Generation ‹militärischer› Intellektueller wollte McNamara den militärisch-industriellen Komplex verwaltbar machen. Dazu gründete er 1962 eine übergeordnete zentrale Beschaffungsbehörde, die Defense Supply Agency (DSA). Bis dahin hatten rund 20 Ämter weitgehend unabhängig voneinander Aufträge an die Industrie vergeben, zwischen dem Pentagon und der Industrie bestand ein Verhältnis ähnlich dem von Käufer und Verkäufer. McNamara erstrebte dagegen eine straffe Organisationsform, wie sie zwischen Topmanagement und mittlerem Management herrscht. Rund 15 000 DSA-Mitarbeiter arbeiteten deshalb zentral die Verträge mit der Industrie aus, und weitere 40 000 DSA-Angestellte kontrollierten die Einhaltung der Abmachungen. Wichtigstes Instrument war dabei die 1962 im Auftrag des Pentagon und der NASA weiterentwickelte Netzplantechnik PERT/COST, mit der neben der Zeitplanung auch die Kosten geplant und kontrolliert werden konnten. Dazu mußten die Firmen ständig Zwischenergebnisse, Termine und Kosten, weitergeben. So hatte beispielsweise der Hauptlieferant der Titan-III-Rakete alle zwei Wochen 2 500 Zwischenergebnisse abzuliefern. Mitte der sechziger Jahre kontrollierte die DSA mehr als 270 000 Lieferanten mit einem Auftragsbestand von rund 50 Milliarden Dollar.

Das Zusammenwachsen der einzelnen Teile des militärisch-industriellen Komplexes zu einer Militärmaschine zeigte sich auch deutlich am Aufbau von Rechnernetzen. Eines der größten *Computernetze* in den sechziger Jahren wurde von der Pentagon-Behörde ARPA (**A**dvanced **R**esearch **P**rojects **A**gency) installiert, die für die Überwachung der militärischen Forschungsprogramme verantwortlich war. Im Jahre 1966 hatten die 30 an das Computerwerk ARPANET angeschlossenen Institute und Universitäten rund eine Milliarde Dollar vom Pentagon erhalten. Über ARPANET standen die Ergebnisse der Forschungen zentral zur Verfügung. Außerdem konnten die einzelnen Institute über das Computernetz eventuell gerade nicht benötigte Rechner anderer Netzwerkteilnehmer mitverwenden.

Das technisch Neue an diesem Computernetz war der flexible Datenaustausch. Im Gegensatz zu den sternförmigen Netzen (z. B. das SAGE-System) gab es bei ARPANET von einem Rechner zu einem anderen mehrere mögliche Datenübertragungswege, d. h., selbst im Falle einer Störung oder Zerstörung von einzelnen Computern oder Datenleitungen konnte das Gesamtsystem weiterarbeiten. Ähnlich wie bei der Post wurden die zu übertragenden Daten in ‹Pakete› gepackt (packet switching), mit einer Adresse versehen und über das Netz (bei der Post in der Regel das Eisenbahnnetz) an den adressierten Computer transportiert. Dieses Netzkonzept war bei Remington Rand unter Leitung von P. Baran im Auftrag des Pentagon entwickelt worden.

John F. Kennedy und Robert McNamara entwickelten auch eine neue militärische Strategie: Die ‹massive Vergeltung› sollte durch eine ‹flexible Antwort› (flexible response) abgelöst werden. «Je größer die Vielfalt der Waffen ist», erklärte Kennedy, «desto größer sind unsere politischen Auswahlmöglichkeiten in jeder gegebenen Situation» (Schlesinger, 1966, S. 299). Da aus Kostengründen nicht beliebig viele Waffensysteme produziert werden konnten, entwickelten die OR-Experten des Pentagons ein Entscheidungsverfahren, mit dem sich der Nutzen und die langfristigen Kosten von Waffensystemen ermitteln ließen. Dieses Planning-Programming-Budgeting-System (PPBS) wurde bei der RAND Corporation entworfen. Das ‹Herz und die Seele› des 1963 vom Pentagon in Betrieb genommenen Verfahrens war die *Systemanalyse*.

Alain Enthoven, Assistant Secretary of Defense unter McNamara, hat eine der besten Definitionen der Systemanalyse gegeben:

«Was ist Systemanalyse? Mir war es nicht möglich, eine gute und kurze Definition zu finden. Ich würde die Systemanalyse, so wie sie im Verteidigungsministerium entwickelt wurde, als einen durch Vernunft geleiteten Ansatz zur Lösung von Entscheidungsproblemen umschreiben. Einige haben sie als quantitative Vernunft definiert. Es ist die wechselseitige Anwendung von Methoden der quantitativen Wirtschaftsanalyse und wissenschaftlicher Methoden im weitesten Sinne auf Entscheidungsprobleme über bestimmte Waffensysteme und Strategien. Es ist der systematische Versuch, den Entscheidungsträger mit einer vollständigen, exakten und sinnvollen Zusammenfassung der für eindeutig definierte Issues [Zielvorstellungen] und Alternativen relevanten Informationen zu versorgen» (Naschold, 1973, S. 336).

Alain Enthoven beschrieb auch den Unterschied von Operations-Research und Systemanalyse:

«Allgemein betrachtet akzeptiert Operations-Research spezifizierte Ziele und gegebene Annahmen über die Einzelheiten, Hardware und ähnliches, und versucht dann die optimale Lösung zu berechnen, also gewöhnlich ein Ziel zu maximieren oder zu minimieren, wenn die verfügbaren Ressourcen gegeben sind. Die Systemanalyse hat demgegenüber einen weiteren Blickwinkel ... Ihr Anliegen ist es, große Irrtümer zu vermeiden und dem Entscheidungsträger ein Spektrum von Wahlmöglichkeiten vorzulegen, die verschiedene Zusammensetzungsmöglichkeiten von Wirksamkeit und Kosten darstellen, so daß er seine Wahl treffen kann. Es ist Bestandteil der Systemanalyse, die Ziele in Frage zu stellen» (Naschold, 1973, S. 290).

Dieses Infragestellen von Wahlmöglichkeiten hatte bereits Daniel Bernoulli mit seiner Nutzentheorie versucht. Die Systemanalyse, auf der das PPBS basierte, war allerdings keine abgeschlossene mathematische Theorie. Charles J. Hitch, der maßgeblich an der Einführung des PPBS beteiligt war, beschrieb die Anwendung der Systemanalyse wie folgt:

«Systemanalyse ... beinhaltet einen kontinuierlichen Zyklus der Definition von militärischen Zielen, der alternative Systeme zur Erreichung der Ziele aufzeigt und diese Alternativen im Hinblick auf ihre Wirksamkeit und ihre Kosten bewertet, die Ziele und andere Annahmen, die der Analyse zugrunde liegen, in Frage stellt, neue Alternativen eröffnet und neue militärische Ziele setzt – und so weiter, ohne Ende» (Naschold, 1973, S. 267).

Mit der Einführung des PPBS wollte das Pentagon selbst die Initiative bei der Entwicklung neuer Waffen ergreifen, die bis dahin weitgehend von der Rüstungsindustrie und den Generälen ausgegangen war. Mit Hilfe von Computern simulierten die Planer im Pentagon die Wirkung von verschiedenen Waffensystemen und konnten so eine Kosten-Nutzen-Analyse durchführen. Dazu mußten Simulationsprogramme erstellt werden, die eine Gefechts- oder Kriegssituation und die entsprechenden Waffen nachahmten. Um die Programmierung der dazu erforderlichen Software-Pakete zu erleichtern, wurden Anfang der sechziger Jahre Simulationssprachen entwickelt. Die RAND Corporation entwarf die Sprache SIMSCRIPT, die System Development Corporation SIMPAC und das Massachusetts Institute of Technology DYNAMO. Die Simulationsprogramme des Pentagons waren derart umfangreich, daß sie nur auf Großcomputern (z. B. dem IBM 7090) ablauffähig waren.

Lyndon B. Johnson (1908–1973), der nach der Ermordung John F. Kennedys 1963 US-Präsident wurde, wollte das PPBS nach der Anwendung im Pentagon 1965 in allen Ministerien einführen. Dieser Versuch, die Organisation der amerikanischen Militärmaschine auf die gesamte staatliche Administration zu übertragen, scheiterte jedoch aus mehreren Gründen.

Ein wichtiger Grund war, daß viele Beamte in den Ministerien das Wesen der Systemanalyse nicht begriffen. Alain Enthoven erklärte resigniert:

«Es vergeht kaum eine Woche, in der ich nicht irgendwelche phantastischen Beschreibungen der Systemanalyse im Pentagon lese. Wenn ich auch nur einen kleinen Teil dieser Beschreibungen für wahr hielte, würde ich Minister McNamara und seinem Stellvertreter Nitze empfehlen, mich vor die Tür zu setzen» (Naschold, 1973, S. 250).

Ein anderer Grund war, daß die frühen Befürworter des PPBS glaubten, dieses Planungssystem sei politisch neutral. Das PPBS unterstellt aber stillschweigend ein bürokratisches System, in welchem die Ziele aller Beteiligten übereinstimmen und der Budgetprozeß nichts weiter als eine stufenweise Filterung der ursprünglichen Vorschläge ist (Naschold, 1973, S. 301 f.). Dies funktionierte einigermaßen im Verteidigungsministerium, da dort das Ziel, eine möglichst hohe Wehrkraft zu erreichen, von allen an der Planung Beteiligten anerkannt wurde. In den anderen Ministerien und den angeschlossenen Verwaltungen gab es jedoch zwischen den Behörden, die Gelder beantragten, und denen, die die finanziellen Mittel genehmigten, abweichende Zielvorstellungen.

«Auf diesem Hintergrund stellt jedes Informations- und Analysesystem, das die Tätigkeit und Wirksamkeit der vorschlagenden Behörde ‹erhellt›, für diese eine Bedrohung dar und wird folglich entweder auf Widerstand treffen oder unterlaufen werden» (Naschold, 1973, S. 301).

Vom Sandkasten zur automatischen Kriegführung

Anfang des 19. Jahrhunderts entwickelten preußische Offiziere sogenannte Kriegsspiele, um im Feld für immer wiederkehrende Situationen theoretisch erprobte Entscheidungsalternativen zu besitzen. Sie simulierten auf einer Landkarte oder in einem Sandkasten Schlachten zwischen zwei Armeen. Die Aktionen und Operationen von Infanterie, Kavallerie und Artillerie unterlagen gewissen Spielregeln, beispielsweise gab es für verschiedene Geländearten unterschiedliche Marschgeschwindigkeiten. Zufallselemente im Krieg wurden mit Würfeln entschieden. Nach einer simulierten Schlacht wurde mit Hilfe von Tabellen die Höhe der Verluste bestimmt. Dabei stützte man sich auf Kriegs- und Gefechtserfahrungen früherer militärischer Auseinandersetzungen. Diese Art der Kriegsplanung wurde noch bis in den Zweiten Weltkrieg hinein angewendet.
   Diese einfachen Verfahren waren für die Simulation eines globalen Atomkrieges nicht mehr ausreichend. Deshalb wurde Mitte der fünfziger Jahre bei der RAND Corporation eine erste Version des Computerkriegsspiels STAGE (**S**imulation of **T**otal **A**tomic **G**lobal **E**xchange) entwickelt. Einer der wichtigsten Mitarbeiter an diesem Projekt war Herman Kahn (geb. 1922), einer der führenden OR-Wissenschaftler in den USA. Es dauerte fast drei Jahre, bis das Programm fertiggestellt war. Die Simulation eines atomaren Schlagabtausches dauerte rund 30 Stunden. Um zu einigermaßen wirklichkeitsnahen Ergebnissen zu kommen, wurde dieses

‹Spiel› unzähligemal wiederholt. Etwa sechs Monate nach der Kubakrise berichtete darüber die Londoner Times:

«WELTWEITER NUKLEARKRIEG PER COMPUTER. Das Verteidigungsministerium hat soeben ein Kriegsspiel mit Computern beendet, das, entsprechenden Berichten zufolge, die Ansicht bestätigt, die Vereinigten Staaten würden einen totalen Nuklearkrieg gewinnen ... Die Vorbereitung des als Simulation eines weltweiten totalen Kernwaffenkrieges (Simulation of Total Atomic Global Exchance = STAGE) bezeichneten Spiels soll fast drei Jahre gedauert haben, die Durchführung fünf Monate. Elektronische Symbole für Raketen, Bomber, Attrappen, Abfangwaffen und dergleichen waren auf Magnetband festgehalten, und das Spiel ging so vonstatten, daß man den Maschinen Lochkarten mit Instruktionen eingab. Insgesamt wurden 160000 Anweisungen erteilt, und die Computer stellten fest, welche Schläge erfolgreich waren und wie viele Verluste eintraten. Die Einzelresultate werden noch ausgewertet und bleiben geheim» (Wilson, 1969, S. 7).

Verständlicherweise fällt das STAGE-Programm weitgehend unter die militärische Geheimhaltung.

Ein Detailproblem von STAGE war die Simulation eines Bombereinsatzes (Abb. 79). Ein Offizier der US-Luftwaffe beschrieb dieses Flußdiagramm folgendermaßen:

«Startet der Bomber rechtzeitig? Das kann von Ja-Nein-Fragen über die Zuverlässigkeit der Fernmeldeverbindungen, über die Sicherheit des Bomberstützpunktes, über die Einsatzbereitschaft der Maschine etc. abhängen. Geschieht das Auftanken nach Plan? Wieder eine Folge von Fragen, diesmal in bezug auf das Verhalten der Tankmaschine, das exakte Zusammentreffen, das erfolgreiche Anlegen usw. Gelingt es, die Abwehr zu durchdringen? Dabei kann man erwarten, daß die Reihe von Ja-Nein-Fragen nach einem stochastischen (Monte-Carlo-)Verfahren entschieden wird ... Wahrscheinlichkeiten beruhen auf Annahmen oder Kenntnissen über den Prozentsatz an Fehlschlägen (oder Erfolgen) im gegnerischen Bomberabwehrsystem. Findet der Bomber sein Ziel? Abermals eine Folge von Ja-Nein-Fragen, die sich etwa auf Radarfehler, Navigationsirrtümer, Wetterbedingungen etc. beziehen. Werden die Bomben an der richtigen Abwurfstelle gelöst? Eine weitere Reihe von Ja-Nein-Fragen. Kehrt die Maschine heil zurück ...?» (Wilson, 1969, S. 133).

Die einzelnen Ja-Nein-Entscheidungen wurden automatisch mit Hilfe eines Zufallsgenerators gefällt. Zufallsgeneratoren erzeugen nach einer *Monte-Carlo-Methode* (Kasten 7: Monte-Carlo-Methode) Zahlen, die als Kriterium für eine Ja-Nein-Beantwortung genommen werden können. Der Zufallsgenerator entspricht dabei dem Würfel im preußischen Sandkastenspiel.

Die OR-Experten der RAND Corporation, die viele der Kriegsspiele entwickelt hatten, äußerten gelegentlich erhebliche Einwände gegen deren extensive Verwendung. Frederick Sallagar, ein leitender Angestellter bei RAND, erläuterte die Grenzen dieser Programme:

175

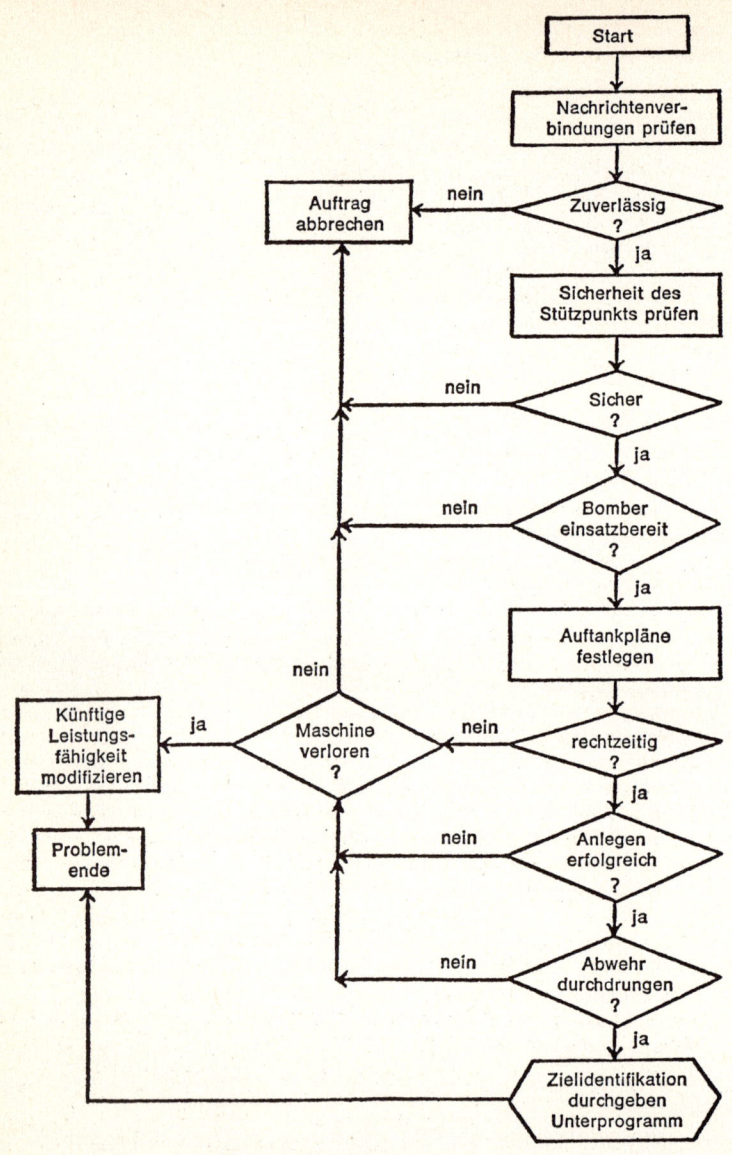

79: Flußdiagramm eines Unterprogramms des Computer-Kriegsspiels STAGE. Dieses Unterprogramm simuliert den Angriff eines Flugzeuges. Die ‹Entscheidungen› (Rauten) wurden während des Programmlaufes mit Hilfe der Monte-Carlo-Methode entschieden.

Kasten 7: Monte-Carlo-Methode

Anfang der 50er Jahre wurden mehrere Methoden zur Erzeugung von Zufallszahlen entwickelt. Benötigt wurden diese Zahlen für die Simulation atomphysikalischer Vorgänge. Eines der bekanntesten Verfahren stammt von John von Neumann und Stanislaw M. Ulam (geb. 1909), bei dem vierstellige Zufallszahlen erzeugt werden. Dabei wird eine beliebige vierstellige Zahl quadriert und die ersten beiden und die letzten beiden werden abgeschnitten. Die verbleibenden vier Ziffern werden quadriert usw. Man erhält dann beispielsweise folgende Zufallszahlen-Tabelle (Tabelle 5):

Tabelle 5: Ausgangszahl = 7529

Zufallszahl x	x^2
7529	56 6858 41
6858	47 0321 64
0321	00 1030 41
1030	01 0609 00
0609	00 3708 81
3708	13 7492 64
7492	56 1300 64
1300	01 6900 00

Diese Monte-Carlo-Methode entspricht einem ‹Würfel› mit 10000 Möglichkeiten. Legt man beispielsweise alle Zahlen zwischen 0 und 2435 als ‹nein› und alle größeren als ‹ja› aus, dann werden 24,35 % aller Entscheidungen negativ getroffen.

«Zunächst liegt der eigentliche Grund für die Schwierigkeit bei der Anlage von Computermodellen in der Behandlung der Variablen. Doch diese sind nur ausschlaggebend, wenn man sich für geringfügigere Werte interessiert, und deren Auswirkungen aufs Ganze sind stets gering. Natürlich macht es einen Unterschied, wenn man sich für Angaben über verschiedene Flugzeugtypen oder ähnliches interessiert. Doch wiederum setzt dies voraus, daß Kriegsspiele der richtige Ort sind, diese Variable zu prüfen, vor allem, wenn man Jahre voraus an einen Krieg gegen einen unbekannten Gegner denkt.

Dann muß man bei der Anlage eines Computermodells, das notwendigerweise nur eine gewisse Menge an Variablen enthalten kann, zusammenfassen, und man kann dabei die wichtigsten unberücksichtigt lassen. Drittens ist es schwierig, politische Variable einzuführen, die sich nicht in Zahlenwerten darstellen lassen. Also muß man eine Reihe politischer Faktoren zu Beginn des Spiels voraussetzen und sie unverändert lassen. Viertens sind zahlreiche Ergebnisse von Kriegsspielen völlig von den vorausgesetzten Annahmen abhängig. Es fällt auch einem redlichen Forscher schwer, sich das stets vor Augen zu halten. Nicht nur der Entwerfer eines Modells, sondern jeder bis hinab zum Programmierer muß von Annahmen ausge-

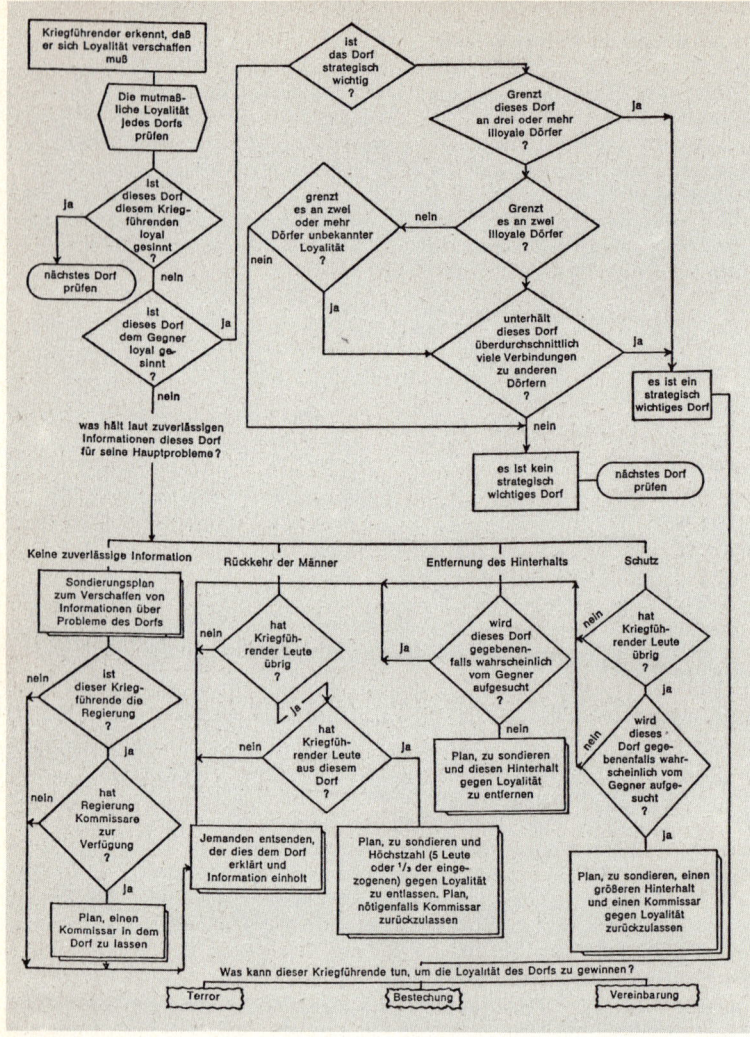

80: Flußdiagramm eines Unterprogrammes des Simulationsprogramms AGILE. Dieses Unterprogramm simuliert die Bekämpfung von Vietkongs in südvietnamesischen Dörfern.

hen. Sie können sich dieser Annahmen auf ihrem eigenen Gebiet wohl bewußt sein; aber möglicherweise wissen sie dann nicht über die Bedeutung dieser Voraussetzungen Bescheid. Und sie können dem Leser vielleicht nicht die Annahmen klarmachen, die das Ergebnis beeinflußt haben» (Wilson, 1969, S. 140).

Diese Computer-Simulationen wurden auch praktisch eingesetzt, beispielsweise bei der militärischen Invasion der Dominikanischen Republik im Jahre 1965 durch US-Truppen. Dabei wurden die notwendige Truppenstärke sowie die Daten für Nachschubgüter und die erforderlichen Transportmittel errechnet. Für den ab Mitte der sechziger Jahre eskalierenden Vietnamkrieg gab die Pentagon-Behörde ARPA (Advanced Research Projects Agency) das Simulationsprogramm AGILE in Auftrag. Mit diesem Programm sollte vor allem die Bekämpfung von Aufständen simuliert werden, die von den bisherigen Modellen nicht erfaßt wurden (Abb. 80). Ob dieses Kriegsspiel jemals für militärische Entscheidungen eingesetzt wurde, ist umstritten.

Nicht umstritten ist dagegen, daß Präsident Johnson persönlich jeden Morgen die Ziele für Luftangriffe in Vietnam genehmigte und am gleichen Abend Berichte über die Ergebnisse der Bombardements erhielt. In Saigon gab es vier Computerzentren, die Tag und Nacht mit rund hunderttausend Daten gefüttert wurden. Das Ziel war, über alle feindlichen Truppen und Materialien ‹Buch zu führen›. Die Computer schlugen aufgrund dieser Daten vor, welche Dörfer bombardiert werden sollten und ermittelten die Gebiete, in denen auf alles geschossen werden sollte, was sich bewegte, weil dort ein erschossener Vietnamese mit hoher statistischer Wahrscheinlichkeit als Vietkong galt (Abb. 81). Die Offiziere hatten kaum noch einen Einfluß auf die Vorschläge des Computerprogramms, da die Eingabedaten meistens aus anderen Computern stammten und sie außerdem die Funktion der Entscheidungsverfahren im Computer nicht kannten. Als der US-Präsident Johnson aufgrund der Computerergebnisse beschloß, Kambodscha zu bombardieren, wurden sogar die Computer des Pentagon für die systematische Fälschung von Einsatzberichten genutzt, in denen dann nur noch vietnamesische Orte auftauchten. Nach einem Bericht der New York Times vom 19. August 1973 erklärte Admiral Thomas Moorer, Vorsitzender der Vereinigten Stabschefs, gegenüber dem US-Senatskomitee für die Streitkräfte: «Es ist ein Unglück, daß wir zu Sklaven der verfluchten Computer geworden sind.» Er meinte wahrscheinlich, er sei zum Sklaven derjenigen geworden, die die Computerprogramme zu verantworten hatten.

Die Computerprogramme waren und sind aber nicht nur für die militärischen Führungskräfte undurchschaubar und unverständlich, auch die Programmierer hatten Schwierigkeiten mit großen Programmsystemen. Die Entwicklung des Tactical Operating Systems (TOS), das dem ‹Battle-

81: Angriff auf ein vietnamesisches Dorf. Die Gebiete, in denen aufgrund von Computerberechnungen eine genügende Dichte von Vietkongs vermutet wurden, erklärten die US-Militärs für ‹Free Fire Zones›. Dort durfte auf alles geschossen werden, was sich bewegte.

field Commander› im Kriegsfall weitgehend die Routineentscheidungen abnehmen sollte, mußte abgebrochen werden, weil die notwendige Zusammenschaltung mit bereits bestehenden Computersystemen nicht funktionierte. Der Kongreß stoppte das Projekt, obwohl bereits über 100 Millionen Dollar investiert worden waren. Das Pentagon erteilte aufgrund dieser negativen Erfahrungen 1975 der HOLWG (**H**igh **O**rder **L**anguage **W**orking **G**roup) den Auftrag, eine universelle Programmiersprache zu entwickeln. Diese Sprache, die für alle Anwendungen geeignet sein sollte, wurde zu Ehren der ersten Programmiererin Augusta Ada (s. Abb. 23, S. 59) ADA genannt. Ab Mitte der achtziger Jahre will das Verteidigungsministerium nur noch in ADA geschriebene Programme kaufen. Kritiker meinen jedoch, daß ADA so komplex sei, daß niemand mit ihr ein größeres fehlerfreies Programm erstellen könne.

C. A. R. Hoare (geb. 1934), ein bedeutender europäischer Software-Wissenschaftler, warnte anläßlich der Verleihung des Turing-Preises der Association for Computing Machinery (ACM) 1980 vor der derzeitigen Fassung von ADA:

«Seit 1975 unterstützte ich dieses Projekt mit meinem besten Rat. Zunächst war ich voller Hoffnungen. Zu den ursprünglichen Zielsetzungen der Sprache gehörten Zuverlässigkeit, Lesbarkeit der Programme, formale Sprachdefinition und sogar Einfachheit. Nach und nach wurden diese Zielsetzungen zu Gunsten der Leistung (power) geopfert, die angeblich durch eine Fülle von Konzepten und notariellen Konventionen erreicht werden sollte; viele davon waren überflüssig, einige sogar gefährlich – zum Beispiel die Fehlerbehandlung … So wurde also mein Rat an die Begründer und Konstrukteure von ADA mißachtet. Im Sinne eines letzten Auswegs appelliere ich an Sie als Vertreter des Berufsstandes der Programmierer in den USA und als Bürger, denen es um das Wohlergehen und die Sicherheit des eigenen Landes und der Menschheit geht: Lassen Sie es nicht zu, daß diese Sprache in ihrem gegenwärtigen Zustand in Anwendungsfällen benutzt wird, wo die Zuverlässigkeit entscheidend ist, d. h. in Atomkraftwerken, Cruise Missiles, Frühwarnsystemen und ballistischen Raketenabwehrsystemen. Die nächste Rakete, die wegen eines Programmiersprachenfehlers von ihrer Flugbahn abkommt, ist vielleicht keine Forschungsrakete auf einem harmlosen Flug zur Venus: Sie kann Träger eines Nuklearsprengkopfes sein und über einer unserer Städte explodieren. Eine unzuverlässige Programmiersprache, aus der unzuverlässige Programme hervorgehen, bedeutet eine sehr viel größere Gefahr für unsere Umwelt und für unsere Gesellschaft als unsichere Automobile, giftige Pestizide oder Reaktorunfälle in Kernkraftwerken» (Kursbuch 75, 1984, S. 72 f).

Ein anderes Problem bei der Automatisierung von Entscheidungen ist die Verschiebung von Kompetenzen. Beim SAGE-System wurde die Befehlshierarchie beispielsweise um zwei Hierarchiestufen nach oben verlegt. Diese Zentralisierung der Entscheidungsbefugnisse war teilweise auch eine direkte Folge der modernen Waffensysteme. Im Zeitalter der Atomraketen kann schon eine taktische Aktion einen atomaren Weltkrieg auslösen, wenn der Gegner diese Operation als Bedrohung seiner Sicherheit betrachtet. Als 1967 der Krieg zwischen Israel und den arabischen Staaten ausbrach, informierte US-Präsident Johnson über das ‹Rote Telefon› die Regierung in Moskau über die Operationen der Sechsten Flotte im Mittelmeer, die er gleichzeitig selbst leitete. Er wollte damit rechtzeitig eventuelle Mißverständnisse beseitigen, um eine unwiderrufliche Kettenreaktion zu verhindern.

Auch bei einem realen oder vermeintlichen Angriff auf das amerikanische Territorium kann nur der US-Präsident einen Gegenschlag auslösen. Handelt er allerdings auf der Basis eines Fehlalarms, so kommt es primär zu einem atomaren Angriff auf die Mitgliedstaaten des Warschauer Pakts, wahrscheinlich mit den künftig in Europa stationierten Mittelstreckenwaffen. Die sowjetischen Militärs werden dann voraussichtlich mit einem Gegenschlag in Europa reagieren. Die weitgehende Automatisierung birgt also die Gefahr, daß eine einzige Person, in diesem Fall der amerikanische Präsident, die Entscheidung darüber zu treffen hat, ob es zu einem atomaren Holocaust kommt oder nicht.

Betriebssysteme, Datenbanken und Software-Engineering

Für die Computer AN/FSQ-7 des SAGE-Systems entwickelte die RAND Corporation ein Multiprogramming-Betriebssystem, das Sequence Control Program. Da die Computer rund 75000 Befehle pro Sekunde verarbeiten konnten, die Ein-/Ausgabe-Operationen jedoch mehrere Sekunden dauerten, in denen der Prozessor nichts zu tun hatte, konnte in dieser ‹Wartezeit› ein zweites, und wenn dies ebenfalls auf eine Ein-/Ausgabe wartete, noch ein weiteres Programm gestartet werden.

Ein experimentelles Dialogsystem, bei dem mehrere Benutzer mit dem Computer arbeiten konnten, realisierte man bei der System Development Corporation (SDC) auf dem JOHNNIAC in der Programmiersprache JOSS.

Für den AN/FSQ-32 des Strategic Air Commands (SAC), der den Einsatz der amerikanischen Atombomberflotte und der Interkontinentalraketen planen sollte, entwickelte die SAC dann ein Dialog-Betriebssystem für 25 Benutzer. Sie arbeiteten gleichzeitig im Dialog mit dem Computer. Dabei wurde jedem Anwender der Prozessor 40 Millisekunden lang zugeteilt. Nach rund 2 Sekunden war der erste Anwender wieder an der Reihe, so daß jeder Benutzer den Eindruck hatte, der Computer würde ihm allein zur Verfügung stehen. Das Betriebssystem, das dieses *Timesharing* steuerte, bestand aus 65000 Befehlen und war in der Programmiersprache JOVIAL geschrieben worden. Am MIT beschäftigte man sich Anfang der sechziger Jahre im Auftrag des Pentagons ebenfalls mit der Entwicklung eines Timesharing-Betriebssystems. Für den IBM-Computer 7090 wurde das Betriebssystem CTSS im Jahre 1962 fertiggestellt.

All diesen bisher erwähnten Systemen haftete jedoch der Nachteil an, daß sie nur auf einem Computer ablauffähig waren. Das Pentagon beauftragte deshalb das MIT, ein Timesharing-Betriebssystem zu entwickeln, das auf allen Großrechnern eingesetzt werden konnte. Als IBM eine neue Computergeneration ankündigte, hofften die MIT-Wissenschaftler, daß die neuen Rechner von der Hardware her Timesharing-Anwendungen unterstützen würden. Als jedoch am 7. April 1964 die seit 1961 in Entwicklung befindlichen Computer der Serie /360 offiziell vorgestellt wurden, waren die MIT-Entwickler enttäuscht, da IBM keine Timesharing-Verarbeitung vorgesehen hatte. Als daraufhin mehrere wissenschaftliche Institute Computer bei der Konkurrenz kauften, entwickelte IBM dann doch einen Timesharing-Computer, den IBM 360/67, mit dem Betriebssystem Timesharing Operating System (TSS). Obwohl IBM angekündigt hatte, daß über 100 Anwender mit dem Computer gleichzeitig im Dialog arbeiten könnten, war bei den Anlagen, die Anfang 1967 ausgeliefert wurden, die Anzahl der Fernschreibstationen auf acht beschränkt.

IBM hatte aber nicht nur mit diesem TSS Schwierigkeiten. Auch das erste universelle Betriebssystem, das Operating System 360 (OS 360), war fehlerbehaftet. Im NATO-Report von 1969 schrieb der Computer-Wissenschaftler Hopkins dazu:

«Bei großen Systemen sehen wir uns phantastischen Problemen gegenüber. Wir haben z. B. beim OS 360 bei jeder Auslieferung etwa 1000 Fehler. Diese Zahl scheint ziemlich konstant zu sein» (Brinch Hansen, 1977, S. 21).

Bei der Größe des Betriebssystems mit einigen Millionen Befehlen war dies sogar noch ein geringer Fehlerprozentsatz. Für das Testen des Betriebssystems und das Beseitigen der Fehler mußte IBM die gleiche Geldmenge aufwenden wie für den Entwurf und die eigentliche Programmierung.

Bei den Timesharing-Systemen tauchte erstmals auch das Problem der redundanten Datenspeicherung auf. Da jedes Programm seine eigenen Datenbestände hatte, kam es vor, daß viele Daten doppelt und dreifach gespeichert werden mußten. Die System Development Corporation (SDC) entwickelte deshalb ein Datenbanksystem (Kasten 8: Datenbanken), das Time-Shared Data Management System (TDMS) für den IBM-Computer 360/65. Das erste käufliche Datenbanksystem wurde Mitte der sechziger Jahre von IBM angeboten. Die Möglichkeit, mit einem Datenbanksystem Datenbestände flexibel zu verknüpfen und auszuwerten, nutzte IBM auch bei der Entwicklung eines Management Information Systems (MIS) für zivile Anwendungen. Die gesamten entscheidungsrelevanten Daten innerhalb eines Unternehmens sollten in einer Datenbank abgespeichert werden, um den Entscheidungsträgern auf jeder Hierarchieebene genau jene Daten zur Verfügung zu stellen, die sie benötigten. In der Chefetage sollten schließlich sämtliche Daten aufbereitet zusammenfließen, um auch große Konzerne wieder überschaubar zu machen. Bereits Anfang 1963 begann man mit der Entwicklung der MIS, aber das 1967 unter der Bezeichnung MIS/360 innerhalb von IBM eingesetzte System wurde nicht verkauft, da es wahrscheinlich nie zur vollen Zufriedenheit funktionierte. Die Unüberschaubarkeit der Unternehmen hatte sich auf die Programme verlagert. Nach einer Anfangseuphorie am Ende der sechziger Jahre wurde es bald wieder still um die Management-Informationssysteme. Später, in den siebziger Jahren, entstanden aus diesem Konzept Personaldatensysteme, mit denen man zwar nicht alle Bereiche eines Unternehmens planen und überwachen, aber immerhin die Personalplanung teilweise automatisieren konnte.

Wie bereits erwähnt, hatten alle Hersteller großer Programmsysteme Ende der sechziger Jahre Schwierigkeiten. Vor allem bei militärischen

Kasten 8: Datenbanken

Der entscheidende Vorteil von Datenbanken besteht darin, daß die enge Bindung von Datenbeständen und Verarbeitungsprogrammen gelöst werden konnte. Die Bedeutung dieses Entwicklungsschrittes läßt sich am Beispiel eines Telefonbuches erläutern:

Das Telefonbuch einer Großstadt enthält einige hunderttausend Eintragungen (Datensätze) mit folgendem Aufbau:

Familienname, Vorname, Titel/Beruf, Postamtsbezirk, Straße Nr., Ruf-Nr.

Im Telefonbuch ist dieser Datenbestand nun so organisiert, daß zu einem bekannten Namen die zugehörigen weiteren Daten des Datensatzes, vornehmlich die Rufnummer, gefunden werden können. Dementsprechend sind die Datensätze nach den Namen sortiert. Dadurch kann relativ schnell die Seite gefunden werden, die den gesuchten Datensatz enthält – vorausgesetzt, man kennt den Namen.

Für andere Fragestellungen, z. B. eine Spenglerei zu finden, ist diese Datenorganisation sehr unpraktisch; man müßte nämlich das ganze Telefonbuch durchsuchen. Deshalb gibt es für diesen Fall ein spezielles Telefonbuch, das Branchenbuch. Für die Frage, wem gehört die Rufnummer 980419, gibt es allerdings kein Spezialbuch. Eine vergleichbare enge Bindung von Datenbeständen und spezifischen Auswertprogrammen bestand auch bei den frühen Computerprogrammen.

Ähnlich wie ein Mensch eine bestimmte Seite aus dem gesamten Telefonbuch gezielt auswählt, um auf dieser Seite den Namen der gesuchten Person und damit auch die Telefonnummer zu finden, konnten Computer erstmals mit den Plattenspeichern die Datenbestände verwalten. Diese externen ‹Direktzugriffsspeicher› – im Gegensatz zu den Magnetbändern, die nur sequentiell gelesen werden konnten – waren die Geräte technische Voraussetzung für den Aufbau von Datenbanksystemen. Im Gegensatz zum Telefonbuch kann man mit Datenbanksystemen nicht nur auf ein ‹Schlüsselfeld› des Datensatzes direkt zugreifen, sondern über alle Datenfelder. Somit läßt sich derselbe Datenbestand nach sehr verschiedenen Fragestellungen auswerten. Beispielsweise zur Beantwortung der Frage: ‹Wer ist Inhaber des Anschlusses mit der Rufnummer 8446497?› Auch Fragen, die mit Hilfe der Aussagenlogik aufgebaut wurden, können beantwortet werden, z. B. wer ist Dipl.-Phys. *und* wohnt in der Arcisstraße? Das Datenbanksystem liefert nun alle Datensätze der Diplomphysiker, die in der Arcisstraße wohnen. Im Gegensatz zum Computer müßte der Mensch das gesamte Telefonbuch durchsuchen. Es ist offensichtlich, daß diese ‹Rastermethode› um so interessanter wird, je mehr Einzelmerkmale in jedem Datensatz gespeichert sind.

Computeranwendungen hatte sich gezeigt, daß die Erstellungs- und Wartungskosten für umfangreiche Software-Systeme die Ausgaben für die Hardware bei weitem überschritten. Allein die US-Luftwaffe gab für neue Programmsysteme damals jährlich rund eine Milliarde Dollar aus, die Hardwarekosten waren nur halb so groß. Wichtiger noch als dieser Kostengesichtspunkt, der für die Militärs traditionell eine untergeordnete Rolle spielte, war die Unverständlichkeit und Unüberschaubarkeit der Programme, auf deren Zuverlässigkeit man zunehmend angewiesen war. Die ersten von der NATO einberufenen Konferenzen, auf denen man sich speziell mit dem Problem der ‹Software-Krise› befaßte, fanden im Oktober 1968 in Garmisch-Partenkirchen und im Oktober 1969 in Rom statt. Provokativ hatten die Veranstalter die Tagungen unter das Motto ‹Software Engineering› gestellt. Sie wollten damit ausdrücklich hervorheben, daß die Erstellung von Software keine ‹Kunst› – viele Programmierer halten sich auch heute noch für ‹Künstler› –, sondern vielmehr eine Ingenieurdisziplin sei. Mit der Verwendung des Wortes ‹Engineering› im Zusammenhang mit der Tätigkeit des Programmierens wollten die NATO-Experten erneut darauf hinweisen, was Zuse, Turing und von Neumann in ihren Arbeiten bereits angedeutet hatten: Die Entwicklung eines Programms entspricht der Konstruktion einer Maschine. Es war daher folgerichtig, für das Programmieren vorzuschreiben, was bei traditionellen Konstruktionsarbeiten längst selbstverständlich ist: Der Entwurf eines Programms sollte nach ingenieurmäßigen Grundsätzen in standardisierter und normierter Form erfolgen. Pionierarbeiten auf dem Gebiet des ‹Software Engineerings› leisteten auch europäische Computer-Wissenschaftler, z. B. E. W. Dijkstra (geb. 1930) in Holland, C. A. R. Hoare in Großbritannien und N. Wirth in der Schweiz. Ob dieses ingenieurmäßige Vorgehen bei der Ausarbeitung großer Programmsysteme, an der Hunderte von Software-Spezialisten beteiligt sind, die Programme tatsächlich durchschaubar und verständlich macht, wird von einer Reihe von Computerexperten bezweifelt.

Josef Weizenbaum vom MIT und der Informatiker C. A. R. Hoare von der Oxford University halten Computersysteme wie das amerikanische Frühwarnsystem für prinzipiell nicht mehr verstehbar. Weizenbaum warnt daher vor einer ‹Informationskatastrophe›, beispielsweise einem Atomkrieg, ausgelöst durch einen Programmierfehler:

«Wir müssen vor allem zwischen kleinen und großen Systemen unterscheiden. Was die großen Systeme anbelangt, etwa das amerikanische Luftverteidigungssystem oder das International Communication System, da muß ich sagen, daß niemand mehr diese Systeme versteht – sie sind undurchschaubar. Als Beispiel möchte ich hier nur das milliardenschwere Kommunikationssystem des Pentagons erwähnen, das vor ein paar Jahren auf seine Tauglichkeit hin untersucht wurde. Dabei stellte sich heraus, es funktionierte kaum, und, was viel schlimmer ist, niemand versteht es. Es kann nicht korrigiert werden, sondern nur geflickt werden, und dieses Flickwerk vertieft natürlich noch seine Undurchschaubarkeit» (Frankfurter Rundschau, Nr. 278/1983, S. 13).

Und dieses ‹Flickwerk› kostet eine Menge Geld: 1982 gab das Pentagon allein für die Wartung der Software zwei Milliarden Dollar aus. In einem Fall, bei der Entwicklung des Tactical Operations System (TOS), das den Battlefield Commander bei seinen Entscheidungen unterstützen sollte, stoppte das amerikanische Parlament die Fertigstellung. Bei der Zusammenschaltung mit anderen bereits bestehenden Computersystemen entdeckte man unzählige Fehler, die nur mit großem finanziellen Aufwand zu beseitigen gewesen wären. Bis zu diesem Zeitpunkt hatte die Regierung rund 100 Millionen Dollar investiert.

6. Problematische Computeranwendungen außerhalb des Militärs

In den vorausgehenden zwei Kapiteln wurden die wichtigsten Entwicklungsschritte in der Computertechnologie und die Funktion des Militärs als des dabei entscheidenden Schrittmachers dargestellt. In der aktuellen Diskussion über die gesellschaftlichen Folgen der Datenverarbeitungstechniken ist dieser militärische Ursprung noch kaum zur Kenntnis genommen worden. Über die Frage, ob und inwieweit für das Militär typisches Denken in grundlegende Computerkonzepte eingegangen ist und möglicherweise durch die Technik in zivile gesellschaftliche Bereiche ‹exportiert› wird, wurde bislang noch kaum spekuliert und noch viel weniger systematisch gearbeitet.

Einen sinnvollen Ausgangspunkt für diesen noch zu leistenden Teil der Technikbewertung könnte jedoch die heute übliche Unterscheidung bei Computeranwendungen in
- die Hardware und Systemarchitektur,
- die Systemsoftware (vor allem Betriebssysteme, Sprachübersetzer und Datenbanksysteme) und
- die Anwendersoftware
bilden.

Die Entwicklungsgeschichte der Hardware und der Systemarchitektur (vor allem des Von-Neumann-Konzepts) sowie der wichtigsten Komponenten der Systemsoftware bildete einen Schwerpunkt der vorangehenden beiden Kapitel. Jeder moderne Computer beruht auf diesen Grundlagen. In ihnen ein Fortwirken militärischer Strukturen nachzuweisen, dürfte äußerst schwierig, vielleicht sogar unmöglich sein. Anders verhält es sich bei der Anwendersoftware, zu der auch die im letzten Kapitel beschriebenen Planungs- und Entscheidungssysteme zu rechnen sind. Erst die Anwenderprogramme machen Computer zu einsatzfähigen Maschinen für konkrete Zwecke. Die Vielfalt dieser Anwendersoftware ist heute unüberschaubar. Es ist jedoch bereits abzusehen, daß die meisten gesellschaftlichen Probleme im Zusammenhang mit der elektronischen Datenverarbeitung nicht von der Hardware und auch wohl kaum von der Systemsoftware herrühren, sondern von spezifischen Anwendersystemen und den ihnen zugrundeliegenden Verfahren und Datenbeständen.

Vor allem zwei Anwendungssysteme sind in den vergangenen Jahren wegen ihrer gesellschaftlichen und politischen Brisanz in das Blickfeld der Öffentlichkeit geraten:

● Eine Vielzahl von Großbetrieben und Behörden in der Bundesrepublik wickeln heute ihre Personalverwaltung und -planung über Personaldatensysteme ab, für die die Grundlagen bereits Anfang der sechziger Jahre mit für das US-Militär entwickelten Personaleinsatzsystemen (s. S. 162f.) gelegt wurden.

● Ab Anfang der siebziger Jahre wurde von den Innenministerien des Bundes und der Länder das **In**formationssystem der **Pol**izei (INPOL) aufgebaut, ein bundesweites Rechnerverbundsystem, das für die ‹innere Sicherheit› der BRD inzwischen für ebenso unverzichtbar gehalten wird wie die Raketenfrühwarnsysteme für die militärische ‹äußere Sicherheit›.

Von der Lohnbuchhaltung zur computerunterstützten Personalplanung

Während der sechziger Jahre hatten viele Großbetriebe und öffentliche Verwaltungen damit begonnen, diejenigen Funktionen ihrer Personalverwaltungen zu computerisieren, bei denen regelmäßig Massendaten verarbeitet werden mußten. Dies betraf vor allem die Lohn- und Gehaltsabrechnungen sowie die gesetzlich vorgeschriebenen regelmäßigen Auskünfte gegenüber Finanz- und Arbeitsämtern, Krankenkassen, Sozialversicherungen und der Gewerbeaufsicht. Die zuvor in Karteisystemen oder Lochkartendateien enthaltenen Personalstammdaten, Gehaltsdaten, Arbeitszeitdaten usw. wurden dazu in Magnetbanddateien übernommen und zu den jeweils fälligen Stichtagen verarbeitet. Mit Hilfe dieser Lochbuchhaltungssysteme wurden in der Regel die Daten sämtlicher Beschäftigter verarbeitet. Ein beliebiger Zugriff auf Einzeldaten, ihre Kombination und logische Verknüpfung war dabei weder erforderlich noch technisch möglich. Diese Systeme stellten somit lediglich die Automatisierung von bereits zuvor weitgehend standardisierten Verfahren dar. Eine auf die Zukunft gerichtete Personalplanung und Personalführung war damit nicht möglich. Genau darin bestand jedoch ein Teilziel der Management-Informationssysteme, mit denen die gesamten Planungen und Entscheidungen des Managements ‹objektiviert› werden sollten. Das Scheitern umfassender MIS-Konzepte während der sechziger Jahre hatte jedoch gezeigt, daß diese hochgesteckten Ziele mit den damals verfügbaren Mitteln noch nicht zu erreichen waren. An Teilsystemen für die Material- und Personaleinsatzplanung wurde jedoch weitergearbeitet.

Anfang der siebziger Jahre hatte eine vom Bundesarbeitsministerium einberufene Expertenrunde das Fehlen von Konzepten für eine ‹effektive

Personalplanung› in öffentlichen und privaten Verwaltungen beklagt und als Planungsgrundlage die ‹vollständige Erfassung, Speicherung und Auswertung aller entscheidungserheblichen Informationen über Personal und Arbeitsplätze› gefordert. Diese Personalinformationssysteme (PIS) sollten direkt mit den Computern der Arbeitsämter und Sozialverwaltungen gekoppelt werden. Etwa um dieselbe Zeit begannen einzelne Großbetriebe mit dem Aufbau entsprechender Systeme, so z. B. IBM mit dem System PERSIS und Ford mit dem System IPIS, die einen größeren Funktionsbereich abdeckten als die traditionellen Lohnbuchhaltungssysteme. Die Personaldaten wurden in diesen Systemen so gespeichert, daß sie für beliebige auch nicht vorhersehbare Fragestellungen verknüpft werden konnten. In PERSIS wurden dazu z. B. mehrere bislang getrennte Personaldatenbestände in einer ‹Personaldatenbank› (Abb. 82), einer ‹Fähigkeitendatenbank›, einer ‹Tätigkeitendatenbank›, einer ‹Stellendatenbank› und einer ‹Kostenstellendatenbank› zusammengefaßt. Da die Teildatenbanken gekoppelt werden konnten, standen die gesamten Daten eines Beschäftigten (bei PERSIS etwa 300 Einzelangaben) für beliebige Auswertungen zur Verfügung. Ein wesentliches Merkmal dieses frühen Personaldatensystems bestand somit in der Tatsache, daß durch ihre Zusammenführung und Verknüpfung die persönlichen Daten der Beschäftigten aus ihrem ursprünglichen Verwendungszusammenhang (z. B. der Gehaltsabrechnung) herausgelöst und für nur der Betriebsleitung bekannte neue Zwecke verwendet werden konnten.

Die Firma Siemens, die 20% der Entwicklungskosten ihres Personaldatensystems IVIP als Subvention vom Staat erhielt, sah in ihrem Personaldatensystem «insbesondere den Vorteil, im freien Dialog die gespeicherten Daten einzelner Mitarbeiter oder Mitarbeitergruppen auszuwählen, zu verknüpfen, zu sortieren, sich zeigen und / oder drucken zu lassen» (Protokoll über eine Unterrichtung des Betriebsrates München-Perlach am 25. 2. 1980 über IVIP / DAZUSY).

Heute haben nahezu alle Großbetriebe und staatlichen Großverwaltungen Personaldatensysteme eingeführt. Hinter ihrer verwirrenden Namensvielfalt (PEDATIS bei VW, IVIP bei Siemens, IPIS bei Ford, PERSIS bei IBM und vielen IBM-Kunden, ISA/PSI bei Daimler-Benz, PAISY bei mehreren hundert Firmen, PERFIS bei der Bundeswehr usw.) verbirgt sich ein weitgehend ähnliches Konzept mit vier charakteristischen Stufen:

In ihrer Grundstufe leisten Personaldatensysteme kaum mehr als herkömmliche Lohnbuchhaltungssysteme. Die dafür erforderlichen Datenbestände, wie die Personalstammdaten, die Arbeitszeitdaten usw. sind jedoch bereits in ein Datenbanksystem eingespeichert und damit beliebig zu erweitern und zu kombinieren.

In der zweiten Ausbaustufe werden weitere, bislang getrennt geführte

SEGM.-NAME		KLARTEXT
PERSNR	001	Personalia
PNOTFALL	002	Notfallanschrift
PFAMDAT	003	Ehegattendaten
PKIND	004	Kinderdaten
PABWES	005	Abwesenheiten-Daten
PGBNKDAT	006	Bank-Angaben
PGABRDAT	007	Gehaltsabr.-Daten
PGZULDAT	008	Gehaltszulagen-Daten
PGEHIS	009	Gehaltsentwicklung (History)
PPOS	010	Stellennummer
PVORS	011	Vorschuß-/Darlehen-Daten
PSKILL	012	Fähigkeiten/Kenntnisse
PROMHIS	013	Tätigkeitsnachweis-INTERN
PMWEHRD	014	Wehrdienstdaten
PMWEHRUB	015	Wehrdienstübungen
PMKURS	016	Kursbesuchsdaten
PMDIENR	017	Dienstreisen
PMURLB1	018	Urlaub-Vorgabe (SOLL)
PMURLB2	019	Urlaub-Genommen (IST)
PMBEURT	020	Beurteilungsdaten
PMVOLLM	021	Vollmachten
PMDISZIP	022	Disziplinar-Daten
PBEWERB	023	Bewerberdaten
PMARBUNT	024	Arbeitsmittel/Arbeitsunterlagen
PMGEWERK	025	Gewerkschaftsdaten
PMVV	026	Verbesserungsvorschläge
PMFSPORT	027	Firmensport-Daten
PMFAAUSZ	028	Firmenauszeichnung
PBERDAT	029	Berufserfahrungsdaten (extern)
PAUSBDAT	030	Ausbildungsdaten (Schule, Beruf)
PVERKAUF	031	Werksverkäufe
PWERKSWO	032	Werkswohnungen
PLEHRLI	033	Auszubildende
PAUSBROT	034	Ausbildung/Rotation
PKWARZT	035	Schwerbehinderten-Daten
PSWKARZT	036	Werksärztliche Überwachung
PGEHDT01	037	Lohn-/Gehaltsdaten
PGEHDT02	038	Lohn-/Gehaltsdaten
PGEHDT03	039	Lohn-/Gehaltsdaten
PGEHDT04	040	Lohn-/Gehaltsdaten

82: Die Datengruppen in der Personaldatenbank des frühen Personaldatensystems PERSIS von IBM. In PERSIS wurden über jeden Beschäftigten bereits mehr als 300 Einzeldaten abgespeichert, die durch das neue Datenbanksystem im Unterschied zu früheren Personaldateien beliebig logisch verknüpft werden konnten.

Datensammlungen in das System integriert. Dazu gehören Daten zur Leistungsbeurteilung, über die betriebliche und außerbetriebliche Weiterbildung der Beschäftigten, ihren innerbetrieblichen Werdegang und ihren Gesundheitszustand; Angaben über Krankheits- und Ausfallzeiten sowie die Benutzung von Werksbussen. Der typische Datensatz eines Personaldatensystems dieser Ausbaustufe enthält bereits mehrere hundert Einzeldaten über jeden Beschäftigten. Damit werden qualitativ neue

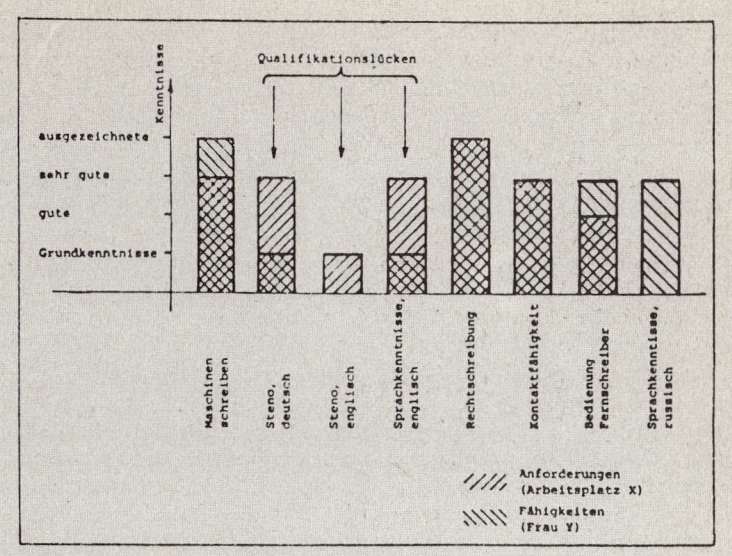

83: Eines der Hauptziele moderner Personaldatensysteme besteht in der Zuordnung von Arbeitskräften zu Arbeitsplätzen. Dafür wurden rechnergestützte Profilmethoden entwickelt, die die *Fähigkeitsprofile* von Arbeitskräften mit den *Anforderungsprofilen* von Arbeitsplätzen abgleichen. Die Graphik stellt das Abgleichergebnis zwischen den Daten eines Sekretariatsarbeitsplatzes X und einer Bewerberin Y dar. Bei den Arbeitsplatzanforderungen Steno deutsch, Steno englisch und englischen Sprachkenntnissen zeigt der Profilabgleich Qualifikationslükken bei der Bewerberin. Verfeinerungen dieser Methode arbeiten mit gewichteten Kennzahlen als Maß für die Profilabweichung. Hervorstechendes Merkmal einer Personaleinsatzplanung dieses Typs ist der Ausschluß des lebendigen Menschen aus dem Entscheidungsprozeß.

Auswertungen möglich: detaillierte und jederzeit aktuelle Krankheits- und Ausfallzeitstatistiken für den gesamten Betrieb, aber auch bezogen auf beliebig kleine Organisationseinheiten bis herunter zum einzelnen Arbeitnehmer. Das System PAISY bei Opel wurde z. B. dazu benutzt, alle ‹Kurzerkranker› – das sind Beschäftigte, die nur jeweils einen Tag krank sind – herauszufiltern (Stern 1983, Nr. 27). Andere Auswerteprogramme (z. B. im System IVIP von Siemens) weisen die Personalleitungen rechtzeitig automatisch auf bevorstehende Veränderungen im Status einzelner Beschäftigter hin: Keine Probezeit kann mehr unbemerkt ablaufen, kein erhöhter Kündigungsschutz unbemerkt wirksam werden, aber auch kein Jubilar wird mehr übersehen.

Eine davon qualitativ verschiedene Ausbaustufe liegt bei Personaldatensystemen wie dem System ISA bei Daimler-Benz vor. Im System ISA wird jeder Arbeitsplatz durch etwa 300 Merkmale beschrieben, u. a. Arbeitsplatzbewertung, erforderliche Kenntnisse, Belastungen durch Schmutz, Staub, Gase, Lärm usw. bis zu Angaben, ob der Arbeitsplatz für Einäugige, Gehörlose oder Rollstuhlfahrer geeignet ist. Personaldatensysteme dieser Stufe sind durch die Verknüpfung zweier Datenbanken gekennzeichnet: Eine Datenbank beschreibt detailliert jeden *Mitarbeiter*, die andere jeden *Arbeitsplatz*. Mit Systemen dieser Art verfügen die Betriebsleitungen über ein Planungs- und Entscheidungsinstrument zur – wie Manager von Daimler-Benz es ausdrückten – ‹Systematisierung und Objektivierung von Auswahl- und Einsatzentscheidungen› (Quellentext 9). Dafür existieren Auswerteprogramme, die die *Eignungsprofile* einzelner Beschäftigter oder von Beschäftigtengruppen gegen die *Anforderungsprofile* einzelner Arbeitsplätze oder ganzer Werksteile abgleichen (Abb. 83). Optimal im Sinne der Betriebsleitung sind die Mitarbeiter dann eingesetzt, wenn ihr Datenprofil dem Anforderungsprofil ihres Arbeitsplatzes möglichst weitgehend entspricht. Mit Systemen dieser Stufe lassen sich für den Einsatz von Tausenden von Beschäftigten Modellrechnungen durchführen, Planungsalternativen entwickeln und einander gegenüberstellen, um die kostengünstigste Lösung für die Firma zu finden. Die dafür entwickelten Verfahren sind Abkömmlinge der für das Militär entwickelten OR-Verfahren, die bereits in den Soldaten-Informationssystemen Anfang der sechziger Jahre verwendet wurden.

Die Datenbestände der bisher beschriebenen Systeme sind dadurch gekennzeichnet, daß jedes einzelne Merkmal *von Hand* erfaßt und eingegeben werden muß. Dieses Verfahren ist in den Fällen ungeeignet, bei denen häufig (z. B. täglich) anfallende Beschäftigtendaten in das Personaldatensystem eingespeichert werden sollen. Voraussetzungen für eine *Automatisierung der Datenerfassung* haben inzwischen viele Firmen durch die Ausgabe maschinell lesbarer Werksausweise geschaffen. Eingeführt wurden sie meist zuerst im Angestelltenbereich in Verbindung mit Gleitzeitregelungen. Das Kommen und Gehen jedes Beschäftigten läßt sich damit automatisch erfassen und abrechnen. Der Zugang zu Werksteilen, zu denen nicht jeder Zutritt haben soll, wird über Ausweislesegeräte automatisch überwacht. Der Computer öffnet die Tür nur, wenn der Ausweis eines Berechtigten gelesen wurde, er registriert die Anwesenheitsdauer in Sicherheitsbereichen und weiß somit, wer wann wo ist und war. Das von Siemens entwickelte und im Werksteil München-Perlach bereits eingesetzte Personenausweissystem SIPASS dient darüber hinaus, wie ähnliche Systeme in anderen Firmen, zur bargeldlosen Kantinenabrechnung. Bei der Essenausgabe steckt der Angestellte seinen Firmenausweis in einen Ausweisleser, das gewählte Menu wird eingetippt und der entsprechende Betrag vom Gehaltskonto abgebucht. Bei Personaldatensystemen, die bereits eine automatische Datenerfassung in dieser Weise vorsehen, hinterläßt jeder Arbeitnehmer bei seinen alltäglichen Beschäftigungen eine Datenspur, die mit den anderen, im Personaldatensystem gespeicherten Daten kombinierbar ist.

Viele Firmen konnten gegen Ende der siebziger Jahre Personaldatensysteme ohne erkennbaren Widerstand einführen, da ein öffentliches Datenschutzbewußtsein noch kaum entwickelt war. Das mit diesen Systemen verfolgte Gesamtkonzept wurde nur wenigen Beschäftigten bewußt, weil ihr Aufbau schrittweise erfolgte und zumeist in der Grundstufe kaum mehr als die traditionellen Lohnbuchhaltungsfunktionen umfaßte. Außerdem betonten die Personalchefs oft humanitäre Zielsetzungen: Der Personalmanager Dr. Osswald von Daimler-Benz beispielsweise begründete die Einführung von ISA mit der Fürsorge für ältere, ‹leistungsgewandelte› Beschäftigte:

«In erster Linie geht es mir darum, die Voraussetzungen für einen verbesserten Arbeitseinsatz zu schaffen. Bei diesen Bemühungen stehen selbstverständlich die älteren, schwerbehinderten und leistungsgewandelten Mitarbeiter im Vordergrund; also immerhin ein Personenkreis von über 20000 Mitarbeitern. Es gibt eine uns bisher nicht bekannte Zahl von Arbeitsplätzen, die von älteren und leistungsgewandelten Mitarbeitern ausgefüllt werden könnten, die aber besetzt sind, wobei wir nicht wissen, ob dort bereits Mitarbeiter beschäftigt sind, die ihrerseits nicht versetzt werden können. Wir dürfen uns daher in der Datenerfassung nicht auf die älteren, schwerbehinderten und uns bekannten leistungsgewandelten Mitarbeiter beschränken» (Referat von Dr. Osswald am 31. 8. 1979).

Über jeden Beschäftigten soll demnach ein möglichst umfangreiches Datenmodell aufgebaut werden. Grundlage unternehmerischer Entscheidungen sind dann nicht mehr die lebendigen Menschen, ihre Beziehungen zu Kollegen und ihren Tätigkeiten. Menschen werden wie Maschinen und andere sachliche Betriebsmittel durch Hunderte von Merkmalsatomen abgebildet und durch einen automatischen Profilabgleich eingesetzt. Der Computer fördert dabei den nur schwer zu durchschauenden Mythos der ‹Objektivität›, da die Interessen und Wertvorstellungen, die in die computerunterstützten Entscheidungssysteme eingegangen sind, unausgesprochen bleiben. Welchen ‹Datenschatten› ein Mensch jedoch wirft, hängt von Position und Beschaffenheit der ‹Lichtquelle› ab, d. h. von den Interessen, die hinter der Erfassung und Auswertung der Daten stehen. Die behauptete ‹Objektivierung› von Personalentscheidungen hat jedoch auch einen zutreffenden Kern: Menschen werden in Personaldatensystemen wie Maschinen als Objekte abgebildet, über die nach den Regeln der formalen Logik entschieden wird. Personaldatensysteme sind damit ein weiterer Schritt, um die Fabrik als große, von einer Zentrale aus steuerbare Produktionsmaschine zu organisieren, auf deren Arbeitsweise die in sie eingebauten menschlichen ‹Maschinenbestandteile› noch weniger Einfluß als bisher haben.

Erst in den letzten Jahren ist diese neue Gefahr von den Betroffenen verstärkt wahrgenommen worden. Bei der Einführung der ersten Personaldatensysteme ab Mitte der siebziger Jahre waren es nur wenige Betriebsräte oder Vertrauensleute, die vor den Folgen für die Belegschaften warnten. Oftmals mußten sie ihren Argumenten selbst gegen den Widerstand und das Unverständnis betrieblicher und gewerkschaftlicher Interessenvertretungen Gehör verschaffen. Einer der ersten großen Konflikte um die Einführung eines Personaldatensystems entstand bei Daimler-Benz, wo es vor allem das Verdienst einer aus der Industriegewerkschaft Metall ausgeschlossenen Gruppe von Betriebsräten und Vertrauensleuten war, die in der Belegschaft eine kritische Haltung gegenüber dem von der Firmenleitung geplanten Personaldatensystem ISA erzeugte. Der Betriebsrat Dieter Marcello kennzeichnete das neue, schwer zu durchschauende Gefährdungspotential dabei wie folgt:

«Uns wird vorgehalten, wir malten zu schwarz. Ob wir nicht gar enttäuscht seien, noch keinen handfesten Fall von Datenmißbrauch aufgedeckt zu haben, ähnlich den Fällen, wie sie auf Tagungen, Podiumsdiskussionen und von einem mahnenden Aufsatz zum anderen kolportiert werden?

Unseres Erachtens lenken diese Beispiele von den eigentlichen Gefahren nur ab, die im Gebrauch der EDV-Systeme liegen, nicht in ihrem Mißbrauch. Deshalb scheinen wir mit unseren Antworten ins Grundsätzliche auszuweichen: Um mit 150000 Mitarbeitern, Männern und Frauen zwischen fünfzehn und fünfundsechzig Jahren, mit ihren unterschiedlichen Qualifikationen, 700000 Fahrzeugeinheiten zu bauen, das sind -zig verschiedene PKW-Modelle und noch unterschiedlichere Nutzfahrzeuge - und um sie so zu bauen, daß dabei ein ansehnlicher Gewinn herausschaut -, dazu braucht es eine Organisation, die in sich selbst notwendigerweise so viel Reibungsverluste erzeugt, daß nur schwer vorauszusagen ist, was von den oben angeordneten Richtlinien unten herauskommt. Diese Richtlinien, und mit ihnen die gesamte Funktionsweise dieses Produktionsapparats, erhofft man mit Hilfe ihrer Festschreibung in Hard- und Software der EDV von oben nach unten durchdrücken zu können. Zugleich wird ein Großteil der informellen durch formalisierte Entscheidungsregeln ersetzt, die durch Menschen bestimmte Verhaltensweise des Personal-Wesens wird durch Technik standardisiert, seine ‹inneren Zustände› werden gesteuert. Es ergibt sich, daß ISA in Teilbereichen wie eine Entscheidungsinstanz wirkt und gleichzeitig in einer Art von Supervision die Tätigkeit der jeweiligen Anwender kontrollierend begleitet. Hierin gründen unsere Befürchtungen vor noch mehr Rigidität, stärkerer Machtkonzentration und vor der Profitmacherei in direkterer und unmittelbarerer Form» (Kursbuch 66, 1981, S. 147).

Da die Firmenleitung bei Daimler-Benz, wie auch in anderen Betrieben, ein Mitbestimmungsrecht des Betriebsrates bei der Einführung eines Personaldatensystems bestritt, führte der Betriebsrat 1979 einen Datenboykott durch (Abb. 84), bei dem 9000 Beschäftigte des Werkteils Untertürkheim folgende Erklärung unterschrieben:

«Hiermit untersage ich der Daimler-Benz AG die Speicherung und Verwendung meiner persönlichen Daten im Rahmen von ISA so lange, bis in einer Vereinbarung zwischen Firmenleitung und Betriebsrat meine schutzwürdigen Belange gewahrt sind.»

Erst danach war die Firmenleitung überhaupt bereit, mit dem Betriebsrat über ISA zu verhandeln. Von der ursprünglichen Forderung nach einer Mitbestimmung über den Umfang der gespeicherten Daten und ihren Verwendungszweck blieb letztlich jedoch nur ein Informationsrecht des Betriebsrates übrig.

Zu einem ähnlichen Ergebnis führte der Konflikt um die Einführung des Personaldatensystems IVIP im größten Betrieb der Firma Siemens in München in der Hofmannstraße. Die Firmenleitung führte dort 1977 IVIP ein, ohne mit dem örtlichen Betriebsrat zuvor eine Vereinbarung abgeschlossen zu haben. Die Personalmanager argumentierten dabei vor allem damit, daß vorerst nur der Abrechnungsteil von IVIP eingeführt werden sollte, der weitgehend dem bisherigen Gehaltsabrechnungsverfahren entsprach. Ohne Einführung von IVIP könnten somit die Gehälter nicht mehr gezahlt werden. Durch Informationsblätter (Abb. 85) und auf Betriebsversammlungen gelang es zwar, eine kritische Aufmerksamkeit in der Belegschaft gegenüber IVIP zu wecken, nachdem jedoch der Konzernbetriebsrat der Einführung zugestimmt hatte, zog auch der örtliche Betriebsrat nach, und der Widerstand verebbte. Auch bei Siemens hatte damit der Betriebsrat nicht mehr Rechte, als nachträglich über den jeweiligen Einführungsstand des Personaldatensystems informiert zu werden. In keinem der bislang bekannt gewordenen Fälle gelang es dagegen den Belegschaften, die Einführung eines Personaldatensystems zu verhindern.

84: Öffentliche Aufmerksamkeit erweckte die Einführung eines Personaldatensystems erstmals, als große Teile der Belegschaft von Daimler-Benz sich mit einer Unterschriftenaktion gegen die Einführung des Systems ISA wehrten.

Von IG-Metall-Betriebsratsmitgliedern und dem IG-Metall-Vertrauenskörper

WAS IST IVIP ?

Im Mai 1977 hat die Betriebsleitung trotz des Einspruches des Betriebsrates das Programmsystem IVIP für die Lohn- und Gehaltsabrechnung und Verwaltungsrationalisierung in den Unternehmensbereichen D und F eingeführt; im Unternehmensbereich N plant sie die Einführung für Oktober dieses Jahres.

Bei einer von uns durchgeführten repräsentativen Mitarbeiterbefragung ergab sich, daß die meisten Betroffenen über IVIP nur zweierlei wissen.

Nachdem das Gehalt in den letzten Jahren nicht gestiegen ist, sind jetzt wenigstens die Abrechnungszettel größer geworden; die Meldezettel sind bunt geworden.
Nur wenige Mitarbeiter hatten genauere Vorstellungen über die Auswirkungen von IVIP.

Ein Personalplaner, der natürlich wußte, was IVIP ist, hatte für sein Arbeitsfeld einen treffenderen Namen gefunden:

IDEALES VERSUCHSFELD FÜR IDEENREICHE PERSONALPLANER

Ein Systemprogrammierer erzählte von den Möglichkeiten, durch Verknüpfung scheinbar harmloser Daten wahrscheinliche Daten über die Intimsphäre von Personen zu erhalten. Er schlug vor, IVIP wie folgt zu nennen:

ICH VERRATE INTIMES VON MEINER PERSON

Ein Kollege aus dem Vertrieb von N wußte zwar, daß IVIP ein hervorragendes Rationalisierungsmittel ist. Irrtümlicherweise geht er aber davon aus, daß nur im alten ZL und nicht im Vertrieb rationalisiert und entlassen wird. Daher sein Motto

IM VERTRIEB IST IMMER PLATZ ???

Nur ein Mitarbeiter im Südkasino, der mit links und Plastik aß und mit rechts wichtige Passagen in der Mainummer der Siemens-Mitteilungen unterstrich, wußte was IVIP heißt:

INTEGRIERTES VERARBEITUNGS- UND INFORMATIONSSYSTEM FÜR PERSONALDATEN

Mehr hätte er aber aus dieser Zeitung auch nicht entnehmen können.

85: Titelseite eines Flugblattes, in dem Mitglieder der Industriegewerkschaft Metall bei Siemens die Belegschaft über das geplante Personaldatensystem IVIP informierten.

Das ‹elektronische Schleppnetz›
des Bundeskriminalamtes

Die Erfahrungen mit der Gestapo, jener polizeiliche und geheimdienstliche Funktionen auf sich vereinenden **Ge**heimen **Sta**atspolizei der Naziherrschaft, hatten dazu geführt, daß in der Verfassung der Bundesrepublik Deutschland Nachrichtendienste und Polizei strikt getrennt und Polizeiaufgaben zur Sache der Bundesländer gemacht wurden. Das Grundgesetz sah jedoch vor, daß «durch Bundesgesetz (...) Bundesgrenzschutzbehörden, Zentralstellen für das polizeiliche Auskunfts- und Nachrichtenwesen, zur Sammlung von Unterlagen für Zwecke des Verfassungsschutzes und für die Kriminalpolizei eingerichtet werden (können)» (Grundgesetz, Artikel 87). Als diese bundesunmittelbare polizeiliche Zentralstelle führte das Bundeskriminalamt (BKA) in Wiesbaden mehr als 20 Jahre lang ein kaum beachtetes Dasein. Dies änderte sich schlagartig nach der ersten tiefen wirtschaftlichen und politischen Krise der Bundesrepublik Ende der sechziger Jahre, in deren Folge auch die staatlichen Institutionen durch die ‹Studentenbewegung› radikal in Frage gestellt wurden. Die Antwort des Staates war der ‹starke Staat›. Am 22. März 1972 beschloß die Bundesregierung ein Schwerpunktprogramm ‹Innere Sicherheit›,

«das neben dem Bundeskriminalamt nun auch verstärkt die anderen Sicherheitseinrichtungen des Bundes, das Bundesamt für Verfassungsschutz, den Bundesgrenzschutz und das Ausländerzentralregister, in den weiteren personellen Ausbau sowie die Verbesserung der technischen Ausstattung, vor allem auch mit Hilfe der Datenverarbeitung und der Arbeitsbedingungen einbezieht. Im Bereich der Verbrechensbekämpfung ist dabei vor allem an den weiteren zügigen Ausbau der Personenfahndung mit Hilfe der elektronischen Datenverarbeitung, den Aufbau der Kfz-Fahndung und der Fahndung nach Rauschgifttätern, an den Ausbau eines allgemeinen, Straftäter und Straftaten umfassenden Auskunftssystems im Verbund mit den Ländern zu denken. Eine entscheidende Voraussetzung für diese Konzeption und für weitere polizeiliche Zusammenarbeit ist der Ausbau des Nachrichtenwesens» (Bundesinnenminister Hans-Dietrich Genscher in seinem Bericht vor dem Innenausschuß des Deutschen Bundestages am 14. 2. 1973).

Allein für das Bundeskriminalamt (BKA) wurden die jährlichen Haushaltmittel im Zeitraum von 1969 bis 1978 von ca. 23 Millionen DM auf ca. 200 Millionen DM gesteigert und damit nahezu verneunfacht. Mit dem Sozialdemokraten Horst Herold war 1971 ein geeigneter Mann Chef des BKA geworden, um die neuen politischen Zielvorgaben zu realisieren. Unter seiner Regie begann eine beispiellose elektronische Aufrüstung der Polizei. Zunächst wurden die bis dahin üblichen Fahndungsbücher in eine zentrale *Fahndungsdatenbank* in der Wiesbadener Zentrale eingespeichert. Die Fahndungserfolge ließen daraufhin nicht lange auf sich warten. Bereits 1976 hatten sich die Fahndungsaufgriffe gegenüber dem Vorjahr von etwa 30000 auf 100000 erhöht. 60 % aller Festnahmen erfolgten dabei an den Grenzübergängen, die über Terminals an das **In**formationssystem der **Pol**izei (INPOL) angeschlossen worden waren.

Mit dieser Automatisierung polizeilicher Routineaufgaben gab sich BKA-Chef Herold jedoch nicht zufrieden. Er sah

«die Hauptaufgabe des Bundeskriminalamtes darin, das in riesigen Mengen angehäufte Tatsachenmaterial zu allen abseitigen, abweichenden Verhaltensweisen in der Gesellschaft forschend zu durchdringen, um rationale Einsichten der Gesellschaft zur Verfügung zu stellen, ihr eigenes Rechtssystem zu korrigieren und Instrumente bereitzustellen, die Kriminalität zu verhindern. Ein solches Instrument könnte das BKA sein und ist es nach meiner Auffassung und meinem Selbstverständnis in allererster Linie ... Polizei und Justiz erheben doch in einem ungeheuren Umfang Daten in jedem einzelnen Fall: von den Feststellungen der Personalien der Eltern über die Frage nach dem erlernten und ausgeübten Beruf bis hin zum Hergang der Tat. Dieses ganze riesige Instrumentarium, tagtäglich von etwa einer Viertelmillion Polizisten ausgeübt und eingeschwemmt, dieses gewaltige Material wird einfach ignoriert. Ich bin ja einverstanden, daß wir die Namen streichen. Aber das andere kostbar erhobene Gut müssen wir ausnützen. Wir müßten zunächst einmal die gewaltige Datenmenge, die die Polizei ja hat, durchdringen und mehrdimensional verknüpfen können. Die heutige Technik würde das bewältigen. Wenn die Datenneurose nicht wäre, wäre das eine einfache Sache. In der deutschen Polizei, schätze ich, wird es vielleicht 15 Millionen Kriminalakten geben. Da ist seit Jahr und Tag alles angehäuft darüber, weshalb Leute Rauschmittel nehmen und weshalb sie in Apotheken einbrechen, um sich solche zu klauen; weshalb Leute abgetrieben haben und weshalb sie dieses und jenes tun, wie sie auf eine kriminelle Laufbahn geraten usw. Das ganze Wissen liegt herum, nur wir wissen nicht, was wir eigentlich wissen. Daß man dieses Wissen nicht ausschöpfen und verbinden kann zu einem Gemälde der Gesellschaft! Dies würde doch die Möglichkeit einer Therapie eröffnen. Oder anders gesagt: Was ich anstrebe, ist die Polizei als gesellschaftliches Diagnoseinstrument» (Horst Herold im Interview mit Sebastian Cobler, Transatlantik 11/1980).

Inzwischen wurden einige Schritte auf dem Weg zu Herolds Vision zurückgelegt. 1974 erließ die Innenministerkonferenz die Polizeivorschrift 384.1, mit der die ‹**be**obachtende **Fa**hndung› (BEFA) über das INPOL-System eingeführt wurde. Beobachtet und kontrolliert werden sollten Personen, gegen die in strafrechtlicher Hinsicht zwar nichts vorlag, die jedoch in einer der neu eingerichteten BEFA-Dateien als mutmaßliche Rauschgift- oder Waffenschmuggler, als vermutete Falschgeldhersteller oder Wechselbetrüger gespeichert waren. Mit der Zunahme politisch motivierter Anschläge wurden darüber hinaus die BEFA-Dateien 6 (Mitglieder krimineller Vereinigungen) und 7 (Terroristen, Anarchisten und andere politische Gewalttäter) eingerichtet. Mindestens 10 000 Bundesbürger wurden über BEFA maschinell beschattet, jeder Grenzübertritt wurde registriert und gespeichert. Im BKA-Computer wurden diese Daten zu weiträumigen, individuellen Bewegungsbildern zusammengesetzt. Damit hatte die Polizei ihre durch die Verfassung festgelegten Kompetenzen eindeutig überschritten. Nach den Erfahrungen der Gestapo-Zeit hatten die Väter des Grundgesetzes eine klare Trennung zwischen den Nachrichtendiensten und der Polizei gezogen. Der Polizei als Exekutivorgan sollte es verboten werden, politisch aktive Bürger zu beschatten, solange gegen diese kein strafrechtlich relevanter Tatverdacht vorlag.

Für Horst Herold stellte das BEFA-Verfahren jedoch einen wichtigen Schritt dar, um die Polizei von dem verfassungsmäßig vorgesehenen Exekutivorgan zu einem ‹sozialhygienischen Frühwarnsystem› zu machen. Nahezu lyrisch meinte er: «BEFA fühlt dem Arzt gleich ständig den Puls der Szene, den Rhythmus, die Bewegungsströme, die Aktivitätsunterschiede, die Intervalle, die aufgewendeten Energien, die räumliche Verteilung, die Konzentrationen» (Bölsche, 1979, S. 67). Die z. T. bizarren Ausweitungen dieser flächendeckenden elektronischen Beschattung vor allem auf Personen, die Kontakt mit Personen hatten, die möglicherweise Kontakt mit Personen hatten, die des Kontaktes mit Terroristen verdächtigt wurden (BEFA 7K), sind in den Berichten des Bundesdatenschutzbeauftragten und in dem lesenswerten Buch von Jochen Bölsche ‹Der Weg in den Überwachungsstaat› (Bölsche, 1979) dokumentiert. Auch wenn einige dieser Ausweitungen inzwischen eingeschränkt wurden, hat nach Ansicht des Datenschutzexperten Wilhelm Steinmüller das polizeiliche Informationssystem nicht aufgehört, ein ‹Sicherheitsrisiko für die Demokratie› darzustellen. Eine kurze Beschreibung seines gegenwärtigen Standes und seiner abzusehenden Weiterentwicklung soll dies verdeutlichen.

Unter dem Gesichtspunkt eines *Rechnernetzes* betrachtet, stellt sich INPOL als ein sternförmiges Rechnerverbundsystem dar. Im Knotenpunkt in Wiesbaden sind 4 Rechner der Siemens-Systemfamilie 7760 eingesetzt. Auf angeschlossenen Plattenspeichern befinden sich die verschiedenen INPOL-Datenbanken, die mit dem Siemens-Datenbanksystem PRISMA verwaltet werden. Die vier Rechner sind arbeitsteilig im Einsatz (Abb. 86). Ein Rechner beantwortet ausschließlich die Fahndungsanfragen, die von den gegenwärtig 2 500 Datenterminals im gesamten Bundesgebiet aus gestellt werden. Zwischen Anfrage und Antwort liegen dabei nicht mehr als 3 Sekunden. Der zweite Rechner dient der Erfassung von Fahndungsdaten und daktyloskopischen Daten (Fingerabdrücken) und der Erfassung und Auskunft aus dem zentralen Personenindex (ZPI), der Haftdatei und der Straftaten-/Straftäterdatei. Über den dritten Rechner werden daktyloskopische Auskünfte erteilt und die PIOS- und SPUDOK-Verfahren abgewickelt, und der vierte dient einem

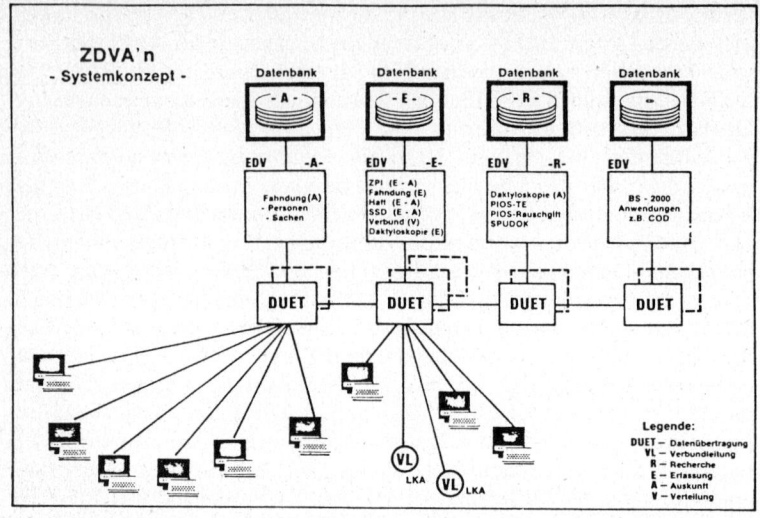

ZDVA'n
- Systemkonzept -

86: In der BKA-Zentrale in Wiesbaden sind vier Siemens-Rechner arbeitsteilig im Einsatz. Sie stellen das Zentrum des bundesweiten INPOL-Netzwerkes dar, mit dem sie über Datenübertragungseinrichtungen (DUET) verbunden sind.

computerunterstützten Dokumentationssystem (COD), mit dem die gesamte kriminalistische Literatur nach Titeln, Autoren und Inhaltsdeskriptoren abrufbar ist. Über ein von der Deutschen Bundespost angemietetes Sonderdatennetz sind an das BKA zehn Landeskriminalämter (LKAs) mit eigenen Großanlagen von Siemens und IBM angeschlossen. Mit den gegenwärtig 2500 angeschlossenen Terminals kann entweder auf die LKA-Datenbestände, vermittelt über die LKA-Rechner auf die BKA-Bestände oder direkt auf die BKA-Rechner zugegriffen werden. Im Jahr 1983 wurden mobile Datenfunkterminals eingeführt, mit denen nun auch aus Zügen, Streifenwagen usw. direkt und ohne menschliche Zwischenglieder INPOL-Daten abgefragt werden können (Abb. 87).

Das INPOL-Netz kombiniert zwei Merkmale moderner EDV-Systeme: Das Netz kann in seinen angeschlossenen Datenbanken beliebige Datenmengen speichern, verknüpfen und auswerten – es ist somit, im Unterschied zu passiven Übertragungsnetzen wie dem Telefon- oder Telexnetz ein *aktives Netz*, das aus Daten neue Daten erzeugen kann. Das zweite Merkmal resultiert aus der Flächenhaftigkeit des Netzes: Dadurch, daß die Systemfunktionen an weit entfernten geographischen Punkten ohne nennenswerte zeitliche Verzögerung zur Verfügung stehen, schrumpft die Raumdimension bis zur Bedeutungslosigkeit: Ein

Straftäter, dessen Fahndungsdaten um 9.15 Uhr von einer Hamburger Polizeidienststelle in das INPOL-System eingegeben wurden, kann bereits um 9.16 Uhr von einem mit Funkterminal ausgerüsteten Grenzpolizisten im Zug nach Straßburg identifiziert und festgenommen werden.

Dieses Netz ist natürlich nur so viel wert, wie die mit ihm realisierten *Verfahren*. Neben der bereits erwähnten Personen- und Sachfahndung werden u. a. folgende Verfahren eingesetzt:

● Mit dem zentralen Personenindex (ZPI), in Bälde ersetzt durch den Kriminalaktennachweis (KAN), kann die Polizei in kurzer Zeit feststellen, ob eine Person ‹bekannt› ist bzw. ob eine Akte über sie existiert. Die bislang nur regional verfügbaren Kriminalaktennachweise werden dadurch zentral zusammengeschlossen und bundesweit verfügbar gemacht. Das KAN enthält außerdem einen Hinweis bei jeder Person, die irgendwann in irgendeinem Zusammenhang ‹erkennungsdienstlich› (ed) behan-

87: Im März 1983 wurden für die Personenkontrolle in Zügen tragbare Datenfunkgeräte eingeführt, mit denen ohne weitere menschliche Zwischenglieder INPOL-Daten abgefragt werden können.

delt wurde, d. h. der die Fingerabdrücke abgenommen wurden. Alle ed-Unterlagen lokaler Polizeibehörden gehen in einer Ausfertigung an das BKA, werden dort ausgewertet, verformelt und gespeichert. Im KAN gespeichert wurden daher erkennungsdienstlich behandelte Hausbesetzer ebenso wie die im März 1981 im Nürnberger Jugendzentrum KOMM angetroffenen Jugendlichen. Dies führt zu einer Perversion des ursprünglichen Kriminalaktennachweises: «Der KAN dient unter diesen Umständen nicht nur als Hilfsmittel zum Auffinden vorhandener ed-Unterlagen, sondern das Vorhandensein der ed-Unterlagen bewirkt, daß gleichwohl eine Speicherung im überregionalen KAN stattfindet. Dadurch kann ein Verdacht gegen die betreffende Person begründet oder verstärkt werden, auch wenn die ed-Unterlagen selbst sie nicht als Tatverdächtigen ausweisen» (Datenschutzbericht 1983, S. 88).

● Die Straftaten-/Straftäterdatei (SSD) soll durch vielfältige logische Verknüpfungen Straftaten mit noch unbekannten Tätern anderer Straftaten oder bereits bekannten Straftätern zuordnen. Durch sie soll das kriminalistische Kombinieren automatisiert werden. Gegenwärtig (1983) werden zu sämtlichen im Saarland angefallenen Delikten Daten für dieses Verfahren eingegeben. Um welche Daten es sich dabei handelt, konnte bislang vom Bundesbeauftragten für den Datenschutz noch nicht ermittelt werden.

● Die *PIOS-Verfahren* haben die Funktion, die Daten von **P**ersonen, **I**nstitutionen, **O**bjekten und **S**achen zu erfassen, sie beliebig logisch zu verknüpfen und auszuwerten. Wesentlich dafür ist die Erfassung von Personen, die selbst nicht Verdächtige oder Beschuldigte sind, die aber im Rahmen der beobachtenden Fahndung, der Überwachung von Häftlingsbesuchern usw. bekannt wurden. Für die Polizei ist PIOS ein präventives ‹Verdachtsverdichtungsinstrument›, das um so besser funktioniert, je mehr Daten gespeichert sind. «Methoden, die zur Terrorismusbekämpfung entwickelt worden sind, sollen nun auch Anwendung auf andere Arten von Kriminalität finden ... Die Speicherung ‹anderer Personen› wird damit zu einer typischen Methode der computerunterstützten Verbrechensbekämpfung» (Datenschutzbericht 1983, S. 85 f).

● Den Charakter einer verteilten Datenbank haben die **Spu**ren**dok**umentationssysteme (SPUDOKs), die örtlich, landesweit und bundesweit eingerichtet werden. Ihr Zweck besteht darin, das gesamte Spurenaufkommen bei Ermittlungsverfahren zu dokumentieren, ohne zuvor eine Reduzierung des Datenumfangs treffen zu müssen. In den SPUDOKs werden damit neben den sachlichen Spuren auch sämtliche Verdächtige, Zeugen und Hinweisgeber zum Teil über Jahre gespeichert.

Die Polizei arbeitet jedoch keineswegs nur mit ihren eigenen Datenbeständen. Ein Direktanschluß besteht z. B. zum Ausländerzentralregister in Köln, in dem persönliche Daten von mehreren Millionen Ausländern

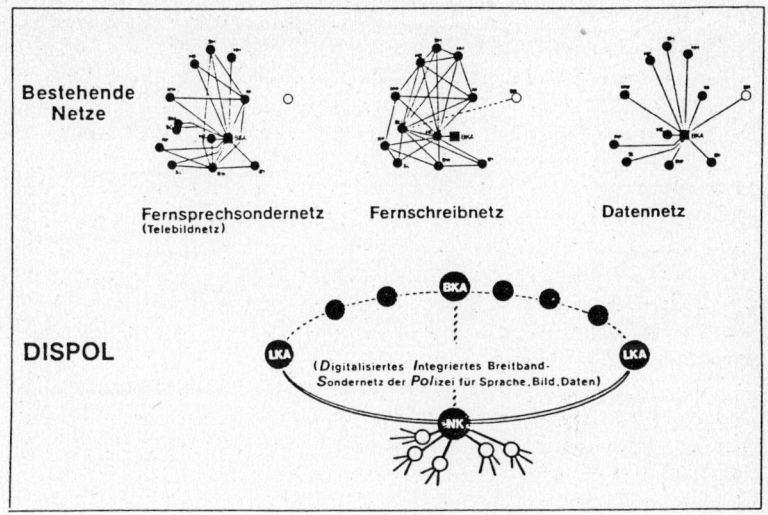

Bestehende
Netze

Fernsprechsondernetz
(Telebildnetz)

Fernschreibnetz

Datennetz

DISPOL

(*Di*gitalisiertes *I*ntegriertes Breitband-
*S*ondernetz der *Pol*izei für Sprache, Bild, Daten)

88: Die bislang noch getrennten Fernsprech-, Fernschreib- und Datensondernetze der Polizei
sollen im Verlauf der achtziger Jahre in DISPOL, ein **D**igitalisiertes **I**ntegriertes Breitband-
Sondernetz der **Pol**izei für Sprache, Bild und Daten zusammengefaßt werden.

gespeichert sind. Direkte Koppelungen gibt es in einigen Bundesländern
auch zu den Meldeämtern. Den Mangel, daß eine bundesweite zentrale
Einwohnerdatenbank durch das Melderechtsrahmengesetz für unzulässig
erklärt wurde, kann die Polizei dabei leicht verschmerzen: Das zentrale
Verkehrsinformationssystem ZEVIS beim Kraftfahrtbundesamt in Flens-
burg speichert für etwa 30 Millionen angemeldete Kraftfahrzeuge auch
die Halterdaten. Durch eine mit Unterstützung des BKA eingerichtete
neue Datenbank kann auf diese Datenbestände nicht mehr nur über das
Kfz-Kennzeichen zugegriffen werden. Im Rahmen der sogenannten
P-Anfrage kann diese Datensammlung auch wie ein (verbotenes) Bun-
desadreßregister verwendet werden. 1982 waren allein in Baden-Württemberg 77 INPOL-Terminals der Polizei an ZEVIS angeschlossen.

Dort, wo noch kein Direktverbund besteht, müssen noch Datenträger
ausgetauscht werden. Beim sogenannten Bundesfahndungstag 1967 waren die Meldedaten von 7 Millionen Bürgern mit den erstmals auf Magnetband gespeicherten Fahndungsdaten des BKA abgeglichen worden.
«Seit dieser Zeit werden monatlich Datenvergleichsbänder erstellt und
den interessierten Dienststellen zur Durchführung maschineller Verglei-
che mit Einwohnermeldedateien und ähnlichen Dateien angeboten»,
heißt es in einem BKA-internen Papier (Bölsche, 1979, S. 92). Bekannt

203

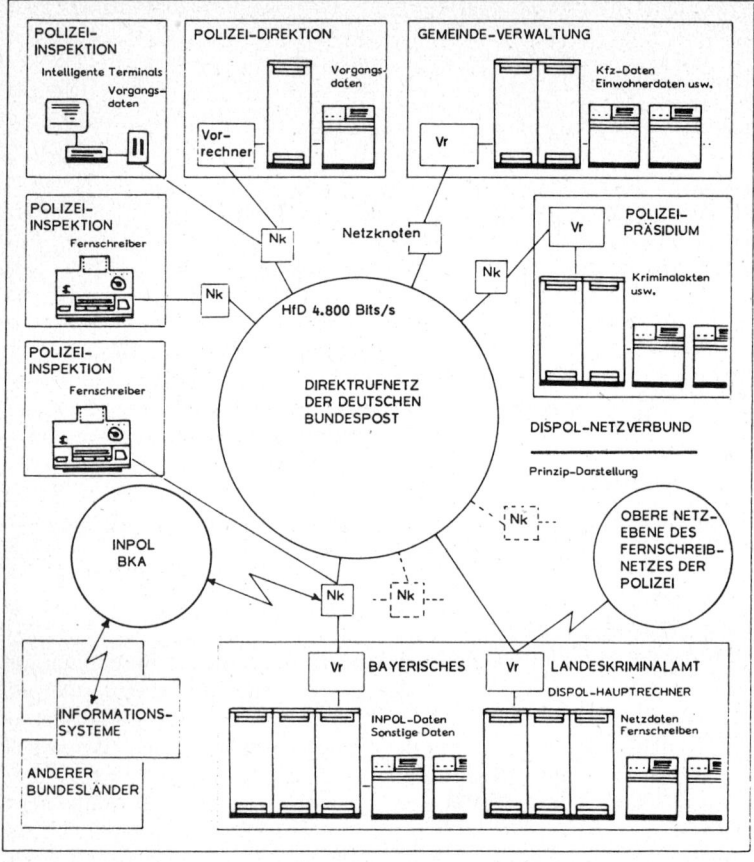

89: Der in Bayern seit 1982 bestehende DISPOL-Netzverbund integriert bereits die bisherigen Fernschreib- und Datennetze in einem einheitlichen digitalen Netz. Neben den verschiedensten Polizeidienststellen sind daran über Netzknoten vor allem auch außerpolizeiliche Informationssysteme, z. B. die Einwohner- und Kfz-Datenbanken der Gemeindeverwaltungen angeschlossen.

wurde in den letzten Jahren eine Vielzahl von Fällen der ‹Rasterfahndung›, bei der die Polizei die Datenbestände von Rentenversicherungsträgern, Ortskrankenkassen, Elektrizitätsversorgungsunternehmen und sogar Drogenberatungsstellen mit ihren eigenen Datenbeständen abglich. Sehr viel unauffälliger dürften solche Verfahren mit dem Entstehen standardisierter Rechnerverbundsysteme in den öffentlichen Verwaltungen werden, mit denen es sich dann erübrigt, daß Beamte mit Stapeln von Magnetbändern bei der um Amtshilfe ersuchten Stelle auftauchen.

Gegenwärtig sind Arbeiten zur Zusammenfassung der bislang noch getrennten Fernsprech-, Fernschreib- und Datennetze der Polizei in einem einheitlichen digitalen Sondernetz (DISPOL) bereits weit fortgeschritten (Abb. 88). Am weitesten gediehen ist diese Entwicklung im Bundesland Bayern, in dem seit 1982 der gesamte polizeiliche Fernschreib- und Datenverkehr in einem einheitlichen Netz zusammengeführt wurde. Damit kann von jedem Polizeifernschreiber aus direkt auf die INPOL-Datenbestände im Bayerischen Landeskriminalamt und im BKA zugegriffen werden. Vor allem aber wird dadurch der direkte Rechnerverbund mit den Informationssystemen anderer Behörden technisch erleichtert (Abb. 89).

Noch weitaus engmaschiger wird dieses elektronische Schleppnetz werden, wenn – wie 1980 durch Gesetz beschlossen – die Personalausweise der Bundesbürger durch eine scheckkartengroße, maschinell lesbare Personalkarte ersetzt werden. Erst mit ihr lassen sich die bislang stichprobenartigen und nach Augenschein erfolgenden INPOL-Anfragen an den Grenzen (Abb. 90) ohne personellen Mehraufwand auf alle Reisenden

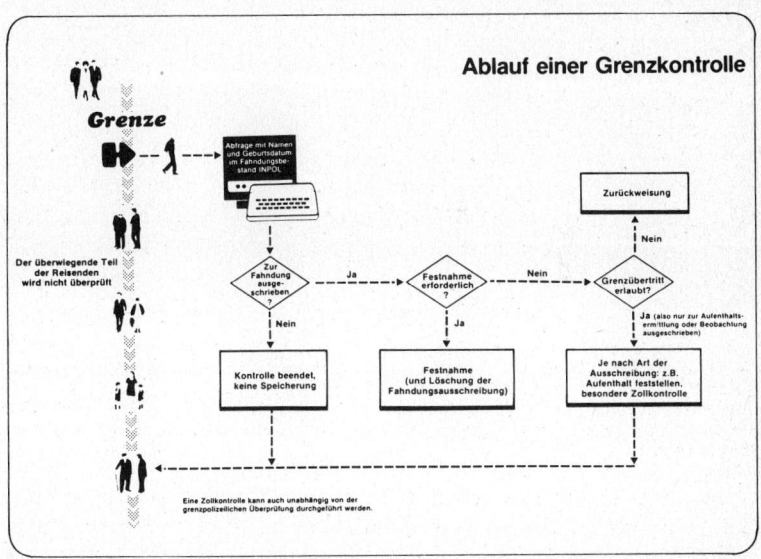

90: Solange noch keine maschinenlesbaren Personalausweise in Gebrauch sind, wird beim Grenzübertritt nur bei einem geringen Teil der Reisenden eine INPOL-Anfrage durchgeführt. Dazu muß für jede zu überprüfende Person Name, Vorname und Geburtstag in ein an das INPOL-System angeschlossenes Terminal eingetippt werden. Eine Ausdehnung der Anfragen auf mehr oder sogar alle Reisenden ist bei diesem Verfahren nicht durchführbar. Erst die Automatisierung der Datenerfassung durch den maschinell lesbaren Personalausweis wird die Ausdehnung der INPOL-Anfragen auf alle Reisenden ermöglichen.

ausdehnen. Durch den Einsatz von Lesegeräten in ‹sicherheitsrelevanten Bereichen›, z. B. an Bahnhöfen oder bei Veranstaltungen, läßt sich das Überwachungsnetz auch im Inland wesentlich dichter knüpfen als bisher. Der Kölner Rechtswissenschaftler Professor Ulrich Klug, ehemaliger Justizsenator in Hamburg, befürchtet daher:

«Technische Möglichkeiten werden, wenn sie erst einmal vorhanden sind, auch gebraucht und mißbraucht. Maschinelles Ausweislesen würde zu einer unverhältnismäßigen Häufigkeit, Dichte und Penetranz perfekter polizeilicher Kontrollen von Bewegungen der Bürger führen. Damit aber würde die im Grundgesetz niedergelegte Freiheit des Bürgers im Kern angetastet» (Bölsche, 1979, S. 133).

7. Der lange Weg zur gesellschaftlichen Kontrolle der EDV

Etwa seit Mitte der sechziger Jahre, rund zwanzig Jahre nach dem Bau der ersten Computer, begannen in den industrialisierten Staaten spezifische gesellschaftliche Wirkungen der EDV spürbar zu werden. Vor allem die zunehmende Computerisierung der öffentlichen Verwaltungen, die in großem Maßstab Bürgerdaten speicherten und verarbeiteten, schien dem Staat eine informationelle Durchdringung der Privatsphäre jedes Bürgers zu ermöglichen. Als Reaktion auf dieses spezifisch neue Gefährdungspotential der EDV wurden in allen Industrieländern Datenschutzgesetze erlassen, durch die dem Wildwuchs der Verdatung rechtliche Grenzen gesetzt werden sollten. Zumindest in der Bundesrepublik Deutschland wurden diese gesetzgeberischen Schritte nicht von Anfang an durch ein breites Datenschutzbewußtsein in der Öffentlichkeit ergänzt. Erst im Verlauf der letzten Jahre, vor allem im Zusammenhang mit der gescheiterten Volkszählung 1983, verbreitete sich ein öffentliches Datenschutzbewußtsein, das für eine wirkungsvolle gesellschaftliche Kontrolle der EDV ebenso unverzichtbar ist wie ein breites Umweltschutzbewußtsein für den Schutz unseres gefährdeten Lebensraumes. Was jedoch noch weitgehend aussteht, sind über Abwehr- und Schutzmaßnahmen hinausgehende positive Entwürfe, die das produktive Potential der EDV auch für weniger herrschaftliche, ‹alternative› Formen gesellschaftlicher Arbeit und gesellschaftlichen Lebens nutzbar machen.

Die Anfänge der Datenschutzgesetzgebung

Früher als in der Bundesrepublik waren die Gefahren einer schrankenlos ausufernden elektronischen Datenverarbeitung in den USA erkannt worden. Den Anstoß zu einer heftigen Diskussion gaben 1965 Pläne zur Einrichtung eines nationalen Datenzentrums, die das Bureau of Budget und das Bureau of Census ausgearbeitet hatten. Letzteres ist etwa mit dem Statistischen Bundesamt in Wiesbaden vergleichbar. Diese Pläne sahen die Zentralisierung des gesamten Datenmaterials vor, das in 20 verschiedenen Bundesministerien angesammelt war. Die Planer dieser Superdatenbank stellten ihre Ziele selbst folgendermaßen dar:

«Der Ausschuß . . . hat der Bundesregierung empfohlen, ein Bundesdatenzentrum einzurichten, das die aus allen Bundesbehörden stammenden statistischen Daten aufnehmen und sie staatlichen und privaten Interessenten zugänglich machen soll ... Das vorgeschlagene Zentrum wäre technisch so einzurichten, daß die Bundesbehörden und die privaten Interessenten direkten Zugang zu den spezifischen Informationen haben, und es hätte Beschreibungen der vorhandenen Daten zu publizieren. In diesem Sinn würde es eine ähnliche Rolle spielen wie die Kongreßbibliothek und systematische und umfassende Informationen bieten ...» (Warner, Stone, 1972, S. 88).

Den Argumenten der Gegner dieses Systems verschafften die Hearings eines Kongreß-Unterausschusses weites Gehör. Sein Vorsitzender eröffnete die Hearings am 26. Juli 1966 mit den Worten:

«Wir möchten es nicht erleben, daß der geplante gute Zweck eines Datenzentrums dadurch entstellt wird, daß lediglich mehr Personen leichteren Zugang zu vertraulichen Informationen erhalten. Auch möchten wir nicht mit ansehen, wie eines Tages das Bild eines Menschen aus den in einer Datenbank gelagerten Informationen zusammengesetzt wird, wo ein Druck auf den Knopf alle behördlichen Daten eines Menschen seit seiner Geburt liefert ... Es ist beängstigend genug, daß es diese Angaben in den Aktenspeichern der Regierung gibt, aber der Gedanke daran, daß sie sich zu einem handlichen Paket zusammenschnüren lassen, ist erschreckend ... Der Vorsitzende wie auch der Ausschuß sind überzeugt, daß sehr genau zu unterscheiden ist, wie die Daten gesammelt werden, ob Vorsorge gegen den unberechtigten Zugriff getroffen ist, ob die nötige Sorgfalt aufgewandt wird und wie es möglich ist, gesetzliche Maßnahmen zum Schutz der Privatsphäre und der Menschenwürde in unserer an Daten reichen Gesellschaft zu treffen ...» (Warner, Stone; 1972, S. 87).

Die Vorstellung vom ‹Schutz der Privatsphäre› (‹Right of Privacy›) bestimmte im wesentlichen die sich anschließende öffentliche Debatte, in deren Folge das Projekt einer nationalen Datenbank fallengelassen wurde.

Einige Jahre später wurde diese Diskussion auch in der Bundesrepublik aufgegriffen, als nach der wirtschaftlichen und politischen Krise von 1966/67 eine Vielzahl von Computerisierungsprogrammen für den staatlichen Bereich durchgeführt wurde und damit eine mit der in den USA vergleichbare Problemlage entstanden war. Anfangs waren es nur wenige Parlamentarier und Wissenschaftler, die die Bundesregierung zu Vorarbeiten für ein ‹Gesetz zum Schutz der Privatsphäre› drängten. Denn auch in der Bundesrepublik zeichnete sich ab, daß die geplante Zusammenführung der Vielzahl von Akten, Karteien und Dateien in den Computern der öffentlichen Verwaltungen den Bürger für den Staat vollständig durchschaubar (‹gläsern›) zu machen drohte.

Ein sieben Jahre lang dauerndes Tauziehen um die Ausgestaltung dieses Gesetzes begann, das dann schließlich im Januar 1977 als Bundesdatenschutzgesetz (BDSG) verabschiedet wurde.

Es war von Anfang an offenkundig, daß das Gesetz gegenüber den sich abzeichnenden Gefahren bestenfalls einen *Individualschutz* für den Bürger bringen würde. Alle darüber hinausgehenden *gesellschaftlichen* Gefährdungspotentiale der EDV blieben ausgeklammert. Da es völlig unklar war, was unter der ‹Privatsphäre› des Bürgers zu verstehen ist, ließ man diesen Begriff sehr schnell fallen.

Die privaten Anwender der Datenverarbeitung, die während der Anhörungen zum Gesetzentwurf vor allem durch Beauftragte der Kreditwirtschaft, der Unternehmerverbände (BDI, VDMA) und der Auskunfteien vertreten waren, versuchten zunächst, das Gesetz zu verhindern, zumindest jedoch seine Ausdehnung auf die Privatwirtschaft für unzulässig zu erklären (Liedtke, 1980, S. 170 f). Damit hatten sie am Ende zwar keinen Erfolg, ihre inhaltlichen Vorstellungen konnten sie jedoch weitestgehend durchsetzen. Dies gelang ihnen vor allem auch deshalb, weil die Gewerkschaften auf eine substantielle Einflußnahme verzichtet hatten. Es sollten noch einige Jahre vergehen, bis sich auch in den Gewerkschaften die Erkenntnis verbreitete, daß betriebliche computerunterstützte Informationssysteme zu einer empfindlichen Machtverschiebung zugunsten der Arbeitgeber führen.

Das Bundesdatenschutzgesetz konnte die Bürger vor den nachteiligen Folgen der elektronischen Datenverarbeitung in entscheidenden Punkten jedoch nicht schützen:

● Dem ‹gespeicherten› Bürger wurden eine Reihe von Rechten eingeräumt (Auskunft über seine Daten, Berichtigung falscher und Löschung unzulässig erfaßter Daten). Davon ausgenommen wurde der Geheimbereich, der über die klassischen Geheimdienste (den BND, den MAD und den Verfassungsschutz) hinaus auf die Polizei, den Bundesgrenzschutz, die Finanzämter und die Staatsanwaltschaften ausgedehnt wurde. Die Informationssysteme in diesem Bereich wurden damit weitgehend gegenüber einer demokratischen Kontrolle abgeschottet.

● Gegen den Austausch personenbezogener Daten zwischen den öffentlichen und privaten Verwaltungen wurden keine wirksamen Barrieren errichtet. Generalklauselartige Ermächtigungen überlassen es den Verwaltungen, zu entscheiden, welche Daten zur ‹rechtmäßigen Erfüllung ihrer Aufgaben› bzw. zur ‹Wahrung berechtigter Interessen der übermittelnden Stelle› ausgetauscht werden können. Für das Zusammenwachsen und die weitere Vernetzung von Informationssystemen stellte das Gesetz somit kein Hindernis dar.

Gewisse Auswüchse bei der Speicherung, Verarbeitung und Übermittlung personenbezogener Daten ließen sich durch dieses Gesetz beseitigen. Gleichzeitig legalisierte es jedoch auch den faktisch erreichten Verdatungszustand der gesamten Gesellschaft. Ergänzt wurde das BDSG durch entsprechende Landesdatenschutzgesetze und mehrere bereichsspezifische Gesetze mit unmittelbarem Bezug zum Datenschutz:

● 1980 wurde das *Personalausweisgesetz* und am 15. 3. 1983 bereits eine ‹Neufassung des Gesetzes über den Personalausweis› verabschiedet, nach dem der bisherige Personalausweis durch eine, in Plastikfolie eingeschweißte, etwa scheckkartengroße Personalkarte ersetzt werden soll (Abb. 91). Stand anfangs das Argument der höheren Fälschungssicherheit im Vordergrund, so zeigte sich jedoch bald, daß das eigentliche Ziel der ‹Sicherheitsexperten› die maschinelle Lesbarkeit war. Einmal eingeführt, verspricht die Personalkarte zum Universalschlüssel für alle irgendwo und irgendwie gespeicherten Personaldatenbestände zu werden, auch ohne das technisch längst überflüssig gewordene 12stellige Personenkennzeichen. Familienname, Vorname und Geburtstag reichen bei modernen Datenbanksystemen völlig aus, um auf Datensätze gezielt zugreifen zu können. *Die maschinell lesbare Personalkarte ist damit das dem Stand der Technik entsprechende Personenkennzeichen.* Ihre Einführung soll 1985 beginnen.

● Ebenfalls 1980 verabschiedet wurde das *Melderechtsrahmengesetz* (MRRG). Es legte zwar den Einwohnerdatensatz bei den Meldebehörden auf 19 Einzeldaten fest und band ihn zudem an die Zwecke der Identitätsfeststellung und des Wohnsitznachweises. Den Bundesländern wurde jedoch die Möglichkeit eingeräumt, durch Landesgesetze zusätzliche Daten auch über diese Zweckbindung hinaus zu speichern. Ende 1983 spei-

91: So soll die maschinell lesbare Personalkarte (PK) aussehen, die ab 1985 den bisherigen Bundespersonalausweis ersetzen soll.

cherten die Meldebehörden im Bundesdurchschnitt bereits 240 Einzeldaten über jeden Bürger (die baden-württembergische Datenschutzbeauftragte Dr. Ruth Leuze in der Frankfurter Rundschau vom 20. 10. 1983). Darüber hinaus wurde das MRRG gleich rasterfahndungsgerecht konzipiert, da es eine regelmäßige Datenübermittlung an Behörden des Geheimbereichs zuläßt. Für den Bereich der sozialen Sicherung und der Gesundheitsvorsorge, in dem für nahezu die gesamte Bevölkerung hochsensible Daten über soziale und gesundheitliche Lebensläufe gespeichert werden, wurde 1980 das ‹Sozialdatengesetz› (X. Buch des Sozialgesetzbuches) verabschiedet. Das bislang gültige, aber oft durchbrochene ‹Sozialgeheimnis› wurde dadurch gleich mehrfach gelüftet: Die Behörden des Geheimbereichs können die Offenbarung personenbezogener Daten von Arbeitsämtern, Krankenkassen, Rentenversicherungen usw. verlangen. Darüber hinaus können die verschiedenen Behörden der Sozialverwaltung auch solche Daten untereinander austauschen, die einem Berufsgeheimnis, z. B. der ärztlichen Schweigepflicht, unterliegen. Das bei fortschreitender Computerisierung für den Schutz von Bürgerrechten besonders wichtige Prinzip der informationellen Trennung wurde damit für den Bereich der Sozialverwaltungen nicht im erforderlichen Maße eingeführt.

Wenn auch das Datenschutzrecht in seiner bislang gültigen Form dem Bürger einen nur geringen Schutz gewährt, so hat es doch zu einer allmählich zunehmenden Sensibilisierung der Öffentlichkeit gegenüber den Gefahren der Datenverarbeitung beigetragen. Möglicherweise liegt darin seine langfristig folgenreichste Wirkung, denn wie schnell Rechtsnormen auch ohne eine spektakuläre ‹Machtergreifung› unterlaufen, verändert oder zurückgenommen werden können, hat Dr. Ruth Leuze in ihrem 3. Tätigkeitsbericht von 1982 illustriert:

«Das Jahr 1982 war ein schwieriges Jahr für den Datenschutz in Baden-Württemberg. Es stand ganz im Zeichen der Bestrebungen, den Datenschutz zurückzudrängen und so zurechtzubiegen, daß die Verwaltung altgewohnte Vorgehensweisen fortsetzen und sogar ausbauen kann. Diese ‹Gegenreformation› auf dem Gebiet des Datenschutzes hatte selbstverständlich ganz erhebliche Auswirkungen auf meine Arbeit. Ich mußte mich nicht nur mit ihr auseinandersetzen, sondern laufend falsche Informationen richtigstellen und den Versuch unternehmen, mich dieser abträglichen Entwicklung so gut es geht entgegenzustellen» (Leuze, 1982, S. 116).

Der Konflikt um die Volkszählung 1983

Bis zum Frühjahr 1983 war der Datenschutz trotz einer Vielzahl von kritischen Presseveröffentlichungen während der vorausgehenden Jahre weitgehend Sache von Experten geblieben. Lediglich Randgruppen bzw.

Teile der bundesdeutschen Bevölkerung fühlten sich durch spezifische Computerisierungsprogramme, wie INPOL und Personaldatensysteme, in ihren Freiheitsrechten bedroht. Dies änderte sich vor der für April 1983 geplanten Volkszählung auf spektakuläre Weise. Die Volkszählung sollte ein gigantisches Datenerfassungs- und -verarbeitungsprojekt werden, das ausnahmslos alle Bürgerinnen und Bürger betraf. Als sich im Frühjahr 1983 innerhalb weniger Wochen im ganzen Land Hunderte von Bürgerinitiativen gegen die Volkszählung bildeten, zeigte sich, daß die Sensibilität der Öffentlichkeit gegenüber den Risiken der Datenverarbeitung spürbar zugenommen hatte (Abb. 92). Die Öffentlichkeitsarbeit dieser Bürgerinitiativen löste die erste wirklich breite Datenschutzbewegung in der Bundesrepublik aus. Schließlich sprach sich laut Repräsentativumfragen die absolute Mehrheit der Bundesbürger gegen die Volkszählung aus; jeder vierte Bundesbürger war sogar bereit, die Volkszählung zu boykottieren. Worum ging es eigentlich?

In der offiziellen Begründung zum Volkszählungsgesetz hieß es:

«Volks-, Berufs- und Arbeitsstättenzählungen bilden in der Bundesrepublik Deutschland wie in anderen Ländern ein Kernstück der statistischen Bestandsaufnahme. Angaben über den neuesten Stand der Bevölkerung, ihre räumliche Verteilung und ihre Zusammensetzung nach demographischen und sozialen Merkmalen sowie über ihre wirtschaftliche Betätigung sind unentbehrliche Grundlagen für gesellschaftspolitische Entscheidungen des Bundes, der Länder und Gemeinden ... Mit der Volks- und Berufszählung wird ein vielfältiges Strukturbild der Bevölkerung in tiefer regionaler Gliederung gewonnen. Ihre Ergebnisse sind insbesondere Unterlage für zahlreiche Verwaltungszwecke» (Offizielle Begründung zum Volkszählungsgesetz, Bundestagsdrucksache Nr. 9/451).

Um dieses ‹Strukturbild der Bevölkerung› zu gewinnen, sollte jeder Bürger darüber Auskunft geben, wo er arbeitet, wie lange er zu seinem Arbeitsplatz braucht, welche Verkehrsmittel er benutzt, von welchen Einkünften er überwiegend lebt, ob er über Nebenverdienste verfügt, ob er alleine, in einer Familie, in einer Wohngemeinschaft oder in Untermiete lebt, wie viele Räume seine Wohnung hat, wie hoch die Mietkosten sind, wie die private Telefonnummer lautet und über vieles mehr. Hunderttausende von dienstverpflichteten Zählern sollten diese Bürgerdaten für die statistischen Ämter zusammentragen, von denen sie zunächst an die Meldebehörden zur Aktualisierung der Einwohnerdatenbanken und dann – zwar anonym – an alle möglichen Behörden, Gemeinden, öffentlichen und privaten Stellen weitergegeben werden sollten (Abb. 93). Die Nichtbeantwortung der Fragen wäre als Ordnungswidrigkeit mit einer Geldbuße von 5 bis 10000 DM bedroht worden. Dennoch hielt jeder vierte Bundesbürger den Erfassungsschutz, d. h. den Boykott der Volkszählung, für die angemessene Form des Datenschutzes.

92: Gegen die für den 27. 4. 1983 geplante Volkszählung bildete sich innerhalb weniger Wochen eine breite Bürgerinitiativbewegung heraus. Ihr vor allem ist es zu verdanken, daß das Problem der wachsenden Verdatung aller Lebensbereiche von der Öffentlichkeit stärker wahrgenommen wird.

Die Argumente der Boykottbewegung gegen die von ihr als ‹Volksaushorchung› bezeichnete Volkszählung konzentrierte sich auf zwei wesentliche Punkte:

1. Die Volkszählung 1983 verletze *wesentliche Grundsätze des Datenschutzes*,
● da sie durch den Melderegisterabgleich zu einer unzulässigen Vermischung von statistischer Erhebung und Verwaltungshandeln führe;
● da sie den Erhebungszweck für jede einzelne Frage offenließ: Der Grundsatz, wonach der konkrete Verwendungszweck der Daten bei der Erhebung bekannt sein muß, daß die erhobenen Daten sich nur auf diesen Zweck beziehen und nicht für unbekannte andere Zwecke verwendet werden dürfen, sei damit verletzt. Niemand könne absehen, wofür seine persönlichen Daten verwendet werden würden;

213

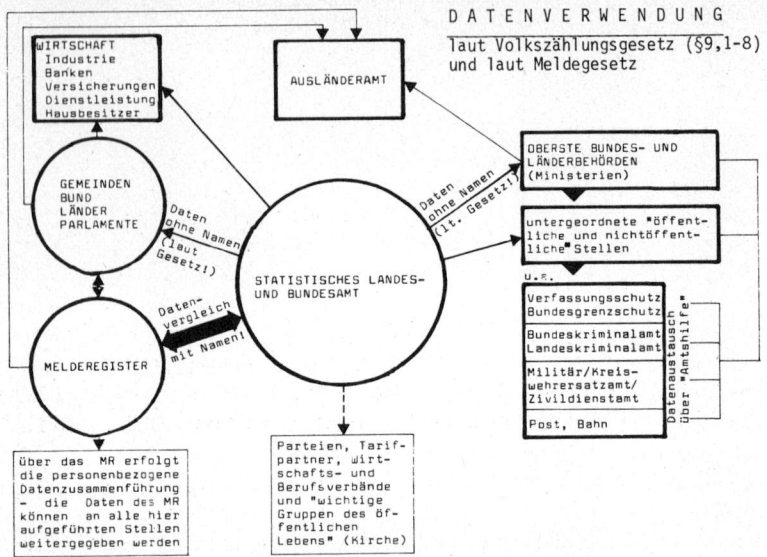

WIRTSCHAFT
Industrie
Banken
Versicherungen
Dienstleistung
Hausbesitzer

AUSLÄNDERAMT

OBERSTE BUNDES- UND
LÄNDERBEHÖRDEN
(Ministerien)

GEMEINDEN
BUND
LÄNDER
PARLAMENTE

Daten
ohne Namen
(laut
Gesetz!)

untergeordnete "öffent-
liche und nichtöffent-
liche" Stellen

Daten
ohne Namen
(lt. Gesetz!)

u.a.

STATISTISCHES LANDES-
UND BUNDESAMT

Verfassungsschutz
Bundesgrenzschutz

Daten-
vergleich
mit Namen!

Bundeskriminalamt
Landeskriminalamt

MELDEREGISTER

Militär/Kreis-
wehrersatzamt/
Zivildienstamt

Post, Bahn

Datenaustausch
über "Amtshilfe"

über das MR erfolgt
die personenbezogene
Datenzusammenführung
– die Daten des MR
können an alle hier
aufgeführten Stellen
weitergegeben werden

Parteien, Tarif-
partner, Wirt-
schafts- und
Berufsverbände
und "wichtige
Gruppen des öf-
fentlichen
Lebens" (Kirche)

93: Nach dem Volkszählungsgesetz 1983 sollten die Daten der Bürger von den Statistischen Bundes- und Landesämtern an eine Vielzahl öffentlicher und privater Stellen weitergegeben werden können. Diese Übermittlungsregelung war ein zentraler Punkt bei der Verfassungsbeschwerde gegen die Volkszählung. Während die Bundesregierung, im Verfahren vor dem Bundesverfassungsgericht, vertreten durch Bundesinnenminister Zimmermann, das Volkszählungsgesetz von 1982 für mit dem Grundgesetz vereinbar hielt, erklärten die Verfassungsrichter besonders die Übermittlungsregelung für verfassungswidrig: «Paragraph 9 Abs. 1 bis 3 des Volkszählungsgesetzes 1983 ist mit Artikel 2 Abs. 1 in Verbindung mit Art. 1 Abs. 1 des Grundgesetzes unvereinbar und nichtig» (Frankfurter Rundschau v. 5. 1. 1984, S. 18).

● da sie durch weitgefaßte Regelungen für die Datenweitergabe die statistischen Ämter zu einem Supermarkt für Bürgerdaten machen würde, und

● da sie durch die im Gesetz enthaltene Möglichkeit, Einzelangaben an öffentliche und private Stellen weiterzugeben, den Grundsatz der Anonymität verletze. Da Einzelangaben den kompletten, beim Bürger erhobenen Datensatz (lediglich ohne die Angabe seines Namens) darstellen, könne jeder Empfänger mit geringfügigem Zusatzwissen die Daten deanonymisieren. Die Kenntnis des Geburtsdatums, des Geschlechts und der Adresse einer bestimmten Person reichen erwiesenermaßen aus, um ihren persönlichen Datensatz auch aus einer großen Menge sogenannter anonymer Einzelangaben herauszurastern.

Nach einer Verfassungsbeschwerde, die im wesentlichen von diesen Argumenten ausging, wurde die geplante Volkszählung durch eine einstweilige Anordnung des Bundesverfassungsgerichts im April 1983 gestoppt. In seinem Urteil vom 15. Dezember 1983 schließlich erklärte das Bundesverfassungsgericht das Volkszählungsgesetz für teilweise verfassungswidrig. Vor allem zur Zulässigkeit der Datenübermittlung führte es aus:

«Die in Paragraph 9 Abs. 1 bis 3 VZG 1983 vorgesehenen Übermittlungsregelungen (unter anderem Melderegisterabgleich) verstoßen gegen das allgemeine Persönlichkeitsrecht ... Paragraph 9 Abs. 1 bis 3 des Volkszählungsgesetzes 1983 ist mit Art. 2 Abs. 1 in Verbindung mit Art. 1 Abs. 1 des Grundgesetzes unvereinbar und nichtig» (Frankfurter Rundschau vom 5. 1. 1984, S. 18).

2. Über datenschutzrechtliche Bedenken hinaus gingen Kritiker, die sich mit der politischen Begründung der Volkszählung befaßten. Dem offiziellen Leitmotiv der Volkszählung ‹Wissen für die Zukunft› begegneten sie mit der Frage: ‹Was für ein Wissen für was für eine Zukunft?› Der Bürger solle zwar eine Fülle persönlicher Daten abliefern, werde aber darüber im unklaren gelassen, welche konkreten Zukunftsprojekte damit geplant würden. Eine Essener Boykottinitiative erklärte dazu:

«Die Bedrohlichkeit der Volkszählung besteht für uns dennoch weniger in den möglichen repressiven Maßnahmen, die auf den einzelnen infolge der Erfassung seiner persönlichen Daten zukommen, als vielmehr in der Tendenz zur technokratischen Verplanung der Gesellschaft, die der Logik einer solchen gigantischen Erfassung wie der Volkszählung und deren maschineller Auswertung innewohnt. Die Daten, die wir jetzt liefern, werden uns Mitte der achtziger Jahre in Gestalt einer ‹bedarfsorientierten Wohnungspolitik›, einer der ‹Arbeitsmarktentwicklung angepaßten Berufsausbildung und -förderung›, eines ‹Förderungsprogramms für wirtschaftlich rückständige Regionen›, eines ‹städtebaulichen Gesamtplans›, einer ‹zukunftsorientierten Nahverkehrsplanung in Ballungsgebieten› wiederbegegnen. Ausgehend von den ‹bereinigten Informationsbeständen› werden sich Scharen von Programmierern und Planern ans Werk machen, um mittels Computersimulation gesellschaftliche Fehlentwicklungen bereits im Vorfeld aufzuspüren, um die Auswirkungen unterschiedlicher politischer Entscheidungen durchzuspielen ... Mit Hilfe der EDV werden die Informationen zu Maßnahmen, Plänen und Strategien aufbereitet, die sich jeglicher Beurteilung durch den ‹normalen Menschenverstand› entziehen: Die Politik wird nur noch absegnen, was ihr in Form objektivierter Sachzwänge zur Entscheidung vorgelegt wird, der Bürger wird auf die Rolle des Informanten, des ‹Datenträgers› reduziert ... Widerstand gegen die Volkszählung meint deshalb auch, sich für die Zukunft Handlungsspielräume zu erhalten.»

In eine ähnliche Richtung zielten die Argumente der Deutschen Vereinigung für Datenschutz, einer Organisation, die sich zur Wahrung der Bürgerrechte gegenüber der Computerisierung gegen Ende der siebziger Jahre gebildet hatte.

«Nach Ansicht der Deutschen Vereinigung für Datenschutz erhöhen die genannten Möglichkeiten der modernen Computertechnologie (riesige Datenmengen, beliebige Verknüpfung und Kombination der Daten untereinander und mit weiteren Daten, Fragwürdigkeit der Ergebnisse und Computersimulation) das Informationspotential der Verfügungsberechtigten. Konsequenz dieses *Informationsübergewichts* in der Verwaltung ist ein Entscheidungszwang für die eigentlich politisch verantwortlichen Gremien Bundestag, Landtage und Gemeinderäte und für andere, am staatlichen Entscheidungsprozeß maßgeblich Beteiligte wie Gewerkschaften, Verbände, Kirchen, Bürgerinitiativen, u. a. Eine Überprüfung oder gar Modifizierung von Planung ist nicht mehr möglich; der Öffentlichkeit und damit dem einzelnen Bürger bieten sich noch weniger Chancen, aktiv am Entscheidungsprozeß teilzunehmen; ein Einbringen subjektiver Betroffenheit unterliegt dem Gesetz der großen Zahl; eine Bürgerbeteiligung – sei sie unmittelbarer oder mittelbarer Art – wird illusorisch. Planungsentscheidungen werden so undurchschaubar – der Bürger wird verplant – er wird zum *Objekt staatlichen Handelns*» (Stellungnahme der Deutschen Vereinigung für Datenschutz zur Volkszählung 1983).

Mit diesen Argumenten begann eine weitere entscheidende Dimension des Problems ins Blickfeld zu rücken. Die anonymen sozialen Apparate, in die jeder Bürger eingebunden ist, erzeugen ‹Sicherheit› nur zum Preis seiner grenzenlosen Verdatung. In Schweden, dem wohl am weitesten entwickelten ‹sozialen Wohlfahrtsstaat›, bietet sich dafür ein anschauliches Beispiel. Dort erließ man zwar als einem der ersten Länder eine Datenschutzgebung, der unaufhaltsam wachsende ‹Datenhunger› seiner sozialen Apparate ist heute jedoch im Begriff, alle datenschutzrechtlichen Prinzipien niederzuwalzen.

Dazu bedarf es keiner Volkszählung, sondern lediglich einer Zusammenfassung der bereits vorhandenen personenbezogenen Dateien aus verschiedenen gesellschaftlichen Bereichen. Das schwedische Statistische Zentralbüro plant daher den Aufbau einer zentralen Datenbank von bisher ungeahnten Dimensionen:

«Das neue System, Fobalt genannt, soll die bislang in Einzelregistern (demographische Register, Unternehmensregister, Autoregister, Einkommensstatistiken und Wohnungsregister) gesammelten Daten koordinieren. Auch die obligatorischen Arbeitgeberangaben über Angestellte und deren Löhne sollen in das Fobaltsystem eingespeichert werden. Neue ‹Arbeitsplatz-› und ‹Wohnungsnummern›, die die schon seit langem bekannte ‹Personennummer› ergänzen sollen, machen es dank der Datenbank möglich, blitzschnell herauszufinden, wer wo mit wem wohnt, wo er arbeitet, wie er motorisiert ist und was er verdient ... Bei Bedarf sollen die Personaldaten mit Informationen anderer Behörden über Krankheiten, Kriminalität oder sozialen Status zusammengekoppelt werden. Fobalt ist eine Volkszählung durch die Hintertür» (Frankfurter Rundschau, 29. 7. 1983).

Der ‹soziale Wohlfahrtsstaat› scheint seiner inneren Logik nach nicht auszukommen ohne totalitäre Züge. Datenschutz kann sich daher in Zukunft nicht mehr darauf beschränken, die große Maschine weiter wachsen zu lassen und damit zwangsläufig ihren Datenhunger zu vergrößern, um dann im nachhinein einige Sicherungen anzubringen, die das Schlimmste verhindern sollen. Datenschutz, verstanden als Menschenrecht, muß an der Verdatung selbst ansetzen und auf einen *insgesamt niedrigeren Bedarf an Verdatung* zielen. Das wird kaum machbar sein, ohne die für die gegenwärtigen hochindustrialisierten Gesellschaften charakteristische Zentralisierung fast aller politischen und wirtschaftlichen Strukturen aufzubrechen und zu einer weniger hierarchischen Form gesellschaftlicher Vernetzung zu kommen.

‹Alternative EDV› und Alternativen zur EDV

Die Tatsache, daß die ersten Jahrzehnte der Entwicklungsgeschichte des Computers untrennbar mit seinem Einsatz als Organisations- und Planungsmittel für große militärische, staatliche und privatwirtschaftliche Organisationen verbunden waren, drängt Parallelen zur Entwicklung der ersten Schreib- und Rechenverfahren im alten Ägypten auf. Auch diese elementaren Datenverarbeitungstechniken waren ursprünglich für Herrschafts- und Kontrollzwecke entwickelt und eingesetzt worden und wurden lange Zeit nur von an der Macht teilhabenden Minderheiten beherrscht. Erst im Verlauf der Industrialisierung entwickelten sie sich in unserer Gesellschaft zu einem kulturellen Allgemeingut und konnten nach dieser Popularisierung ihr produktives und emanzipatorisches Potential für jedermann entfalten. Heute stehen alle Industriegesellschaften in bezug auf die elektronische Datenverarbeitung an der Schwelle eines ähnlichen Popularisierungsprozesses. Die Verkleinerung und Verbilligung von Computersystemen hat wesentlich dazu beigetragen, das Monopol finanzkräftiger Organisationen beim Computereinsatz zu brechen. Während vor zwanzig Jahren Computer noch fast ausschließlich in den klimatisierten Rechenzentren von Großorganisationen zu finden waren, werden sie heute von einer unüberschaubaren Anzahl von Mittel- und Kleinbetrieben und sogar von Einzelpersonen als Organisations- und Arbeitsmittel eingesetzt. So haben wir beispielsweise Teile des Manuskripts für dieses Buch auf einem Textautomaten geschrieben und damit den technischen Arbeitsaufwand bei den wiederholten Überarbeitungen des Textes wesentlich verringern können. Mit der gesellschaftlichen Verbreitung des Computers beginnt auch seine Bedienung und Programmierung den ihr anfänglich anhaftenden Hauch des Geheimnisvollen zu verlieren. Immer mehr Menschen sind am Arbeitsplatz oder zu Hause mit dieser Technologie konfrontiert, und die Jugendlichen in den Computerabteilungen der Kaufhäuser, die BASIC-Programme in Heimcomputer eingeben, zeigen, wie selbstverständlich und frei von Berührungsängsten die nachwachsende Generation mit Computern umzugehen beginnt. Über die Folgen dieses Popularisierungsprozesses kann vorerst nur spekuliert werden. Bis jetzt war jedoch für die massenhafte Verbreitung jeder neuen Technologie, sei es das Auto oder das Fernsehen, jeweils ein spezifischer ökologischer, gesellschaftlicher oder psychisch-sinnlicher Preis zu zahlen.

Die Tatsache, daß die Benutzung eines Computers heute für eine zunehmende Zahl von Menschen in unserer Gesellschaft nichts Mysteriöses mehr an sich hat, verändert allerdings noch wenig am Monopol mächtiger Großorganisationen auf dem Gebiet aller gesellschaftlich relevanten Verwaltungs- und Planungssysteme. Die Computerisierung dieser Systeme und die damit einhergehende massive Verplanung von immer mehr Lebensbereichen hat in der Bevölkerung ein allmählich um sich greifendes Gefühl der Bedrohung hervorgerufen, wie es sich am Konflikt um die Volkszählung 1983 ausdrückte. Der Widerstand gegen die Volkszählung einerseits und die andererseits verstärkte Nachfrage nach Mikrocomputern als beliebte Geschenkartikel spiegeln das widersprüchliche und uneinheitliche Bild wider, das die elektronische Datenverarbeitung heute in der Gesellschaft darstellt; es zeigt ebenso das zwiespältige Verhältnis der Menschen gegenüber dieser Technologie. In diesem widersprüchlichen Verhältnis drückt sich gleichzeitig die Spannweite aktueller Computeranwendungen aus, die es fast sinnlos macht, noch von *der* Datenverarbeitungstechnologie zu sprechen. Computer werden ebenso in Waffensystemen wie zur Realisierung umwelt- und rohstoffschonender Produktionsprozesse eingesetzt. Kleinbetriebe nutzen sie für ihre Buchhaltung ebenso wie Großorganisationen für die beschriebenen Personaldatensysteme. Diese Computersysteme unterscheiden sich nicht so sehr durch die Hardware-Bauteile, aus denen sie aufgebaut sind, sondern durch ihre Funktionen. Und diese verschiedenen Funktionen sind im Gegensatz zu traditionellen Maschinen nicht nur eine Folge unterschiedlicher Anwendung, sondern sind in Form von Programmen und Daten in die Maschinen selbst eingegangen, ja sogar zu ihrem entscheidenden Teil geworden. Zu welchen anderen Zwecken als denen, für die sie geschaffen wurden, sollten Frühwarnsysteme, Personalinformationssysteme oder das polizeiliche Informationssystem INPOL eingesetzt werden können? Erst die Anwendungssoftware ermöglicht es, mit einem Computer konkrete Funktionen auszuführen.

Die Computerhardware, vor allem die Mikroelektronik, erscheint demgegenüber als *Bauelementetechnologie*, mit der völlig verschiedene Maschinen aufgebaut werden können. Es gibt keinen Hinweis dafür, daß sie, wie beispielsweise von der Kernenergietechnologie behauptet wird, sachnotwendig in eine gesellschaftliche Sackgasse führen muß. Der französische Gesellschaftswissenschaftler und Technologiekritiker André Gorz hat die Mikroelektronik sogar als ‹offene Technologie› bezeichnet, die einen wichtigen Beitrag zum Aufbau dezentraler, ökologisch verträglicher und von den betroffenen Menschen beherrschbarer Systeme leisten kann. Es ist sicher nicht die Mikroelektronik, die verhindert, daß z. B. in einem modernen Produktionsbetrieb mittlerer Größe Datenverarbeitungssysteme so aufgebaut werden, daß sie alle wesentlichen Betriebsabläufe *für alle* Beteiligten überschaubar und planbar machen und nicht, wie heute, überwiegend Herrschafts- und Kontrollinteressen dienen. Demgegenüber sind viele der heute eingesetzten Planungs- und Verwaltungsverfahren, obwohl durch Software realisiert, sozial ‹harte› Technologien; denn sie fördern anstatt einer Demokratisierung eher die Verfestigung der vorhandenen Hierarchien und Machtkonzentrationen. Eine ‹alternative EDV› im Bereich des sozialen Lebens setzt daher zuallererst eine ‹alternative› Organisation gesellschaftlicher Prozesse voraus.

Obwohl es möglich zu sein scheint, durch qualitativ andere Zielvorgaben zu qualitativ anderen Datenverarbeitungsverfahren im sozialen Leben zu kommen, die viele der heutigen Datenschutz- und Rationalisierungsprobleme erübrigen würden, bleiben zwangsläufig doch einige Risiken mit dieser Technologie verbunden.

Diese Risiken hängen mit den Grundeigenschaften des Computers zusammen, vor allem mit der Notwendigkeit, Informationen auf Daten reduzieren zu müssen und diese nur nach den Regeln der formalen Logik verarbeiten zu können. Die *Reduktion von Informationen auf Daten* ist so alt wie das Zählen und immer mit einem Verlust an ganzheitlicher Wahrnehmung verbunden. Die Verdatung von Realität bezweckt stets ihre Vereinfachung, um sie überschaubar und damit verfügbar zu machen. Das ist in vielen Fällen nicht nur unbedenklich, sondern sinnvoll und produktiv. Zwischen der Verwaltung eines Ersatzteillagers und der Verwaltung von Menschen muß jedoch eine kritische Grenze gezogen werden, die mit Sicherheit bei jedem System überschritten wird, das komplexe soziale Beziehungen durch Datenprofile abbildet und es ermöglicht, aufgrund dieser ‹Datenschatten› Entscheidungen zu treffen.

Verbunden mit dieser Grundeigenschaft ist die Beschränkung des Computers, Daten nur nach den Regeln der *formalen Logik* verarbeiten zu können. Unter diesem Aspekt ist der Computer weniger der so oft zitierte ‹Denkverstärker›, als vielmehr ein enorm leistungsfähiger, aber einseitiger ‹Denkbeschränker›. Der Computereinsatz wird daher in all den Fällen kritisch, in denen assoziatives, nicht formulierbares und von menschlichen Wertvorstellungen geprägtes Denken wesentlich ist.

Der amerikanische Computerexperte Joseph Weizenbaum hat das bereits Ende der sechziger Jahre mit der öffentlichen Reaktion auf sein Programm ELIZA gezeigt, mit dem die menschliche Umgangssprache analysiert werden sollte (Weizenbaum, 1978, S. 14ff). Weizenbaum hatte dieses Programm so aufbereitet, daß es ein therapeutisches Gespräch zwischen einem Psychiater und seinem Patienten simulieren konnte. Als daraufhin eine Anzahl praktizierender Psychiater ernsthaft die Meinung vertrat, ELIZA könne zu einer fast automatischen Form der Psychotherapie ausgebaut werden, wurde dies für ihn Anlaß zu einer kritischen Auseinandersetzung mit dem verbreiteten Glauben an die ‹Denkfähigkeiten› des Computers.

Ähnliches gilt auf gesellschaftlicher Ebene für Planungs- und Entscheidungssysteme, die die Gefahr beinhalten, daß durch den Formulierungszwang der Modellbildung wesentliche Elemente der Realität ausgegrenzt und unterschlagen werden. Als Betriebsräte bei Daimler-Benz während der Auseinandersetzungen um das Personaldatensystem ISA forderten, ‹Menschen sollen über Menschen entscheiden›, waren ihnen die Risiken dieser maschinellen ‹Denkbeschränkung› sicher ebenso bewußt wie die Tatsache, daß mit dieser Forderung der Interessenkonflikt zwischen Kapital und Arbeit nicht aus der Welt ist.

Gerade wenn es darum geht, die elektronische Datenverarbeitung für weniger herrschaftliche Formen gesellschaftlicher Organisation nutzbar zu machen, darf dem Effizienzsog dieser Technologie nicht in jedem Bereich nachgegeben werden. Es müssen auch Alternativen zur EDV offengehalten werden.

Anhang

Anmerkungen

1 Der Jesuitenorden hatte ab 1609 in Paraguay sechzig sogenannte Reduktionen eingerichtet, in denen mehr als 100000 Indianer angesiedelt wurden. Die Patres behandelten die Indianer als Menschen statt als Wilde und lernten auch die Eingeborenensprachen. Die spanische Regierung vertrieb die Jesuiten im Jahre 1767.

2 Im deutschen Wort ‹Höriger› steckt das Sprachbild, daß ein ‹höriger› im Gegensatz zu einem ‹mündigen› Bürger nur Befehle empfängt. Das ägyptische Wort, das mit ‹Höriger› übersetzt wird, hängt wahrscheinlich mit dem Verb ‹m-r› (binden) zusammen.

3 Dafür waren unter anderem zwei Entwicklungen verantwortlich (Helck, 1975): Die Provinzverwaltungen wurden mächtiger und Arbeiter an den königlichen Totentempeln, die von der Aushebung befreit waren, konnten selbständig handwerkliche Arbeiten ausführen; sie bildeten die Keimzelle einer selbständigen Handwerkerschicht.

4 Für die babylonische Stadt Sippar ist eine vergleichbare Zahl bekannt. Dort lebten etwa 10000 Menschen; aus der Zeit von 1850 bis 1550 v. Chr. sind die Namen von 175 Schreibern und 10 Schreiberinnen überliefert.

5 Die Form der Schriftzeichen änderte sich jedoch im Laufe die Zeit. Die ursprüngliche Hieroglyphenschrift diente für monumentale Inschriften, während im alltäglichen Schriftverkehr die einfacheren Zeichen der hieratischen Schrift verwendet wurden. Im letzten Jahrtausend vor Christus entstand die noch stärker vereinfachte demotische Schrift.

6 Jede Subtraktion läßt sich durch die Komplementbildung in eine Addition umwandeln: $K - c = K - (a-b) = K - a + b$, wobei K die Kapazität der Maschine ist (bei sechs Stellen also 999999).

7 Dieses Verzeichnis erhielt Halley wahrscheinlich durch Vermittlung von Leibniz, der sich sehr für die ‹Politische Arithmetik› und Versicherungsmathematik interessierte. Er plante sogar eine Akademie der Statistik in Dresden und verfaßte eine Schrift über Versicherungen sowie die Berechnung der Zinseszinsen.

8 Der Baseler Arzt Achilles Mieg (1731–1799) legte feine Stoffädchen in Pokkeneiter ein und ließ sie anschließend an der Luft trocknen. So konnten sie, wenn nötig, längere Zeit aufgehoben werden. Die so präparierten Fäden wurden in kleine Ritzwunden am Oberarm für eine bestimmte Zeit eingelegt. Die Wunde kam zum Eitern, der Geimpfte erkrankte gutartig an den Pocken, entwickelte Abwehrstoffe und war so auch gegen die bösartigen Pocken geschützt. Allerdings starben bei dieser Art der Schutzimpfung viele Kleinkinder.

9 2 Volkszählungen (1916, 1918), 6 Viehzählungen bis Ende 1916 (danach vierteljährliche Teilzählungen), vierteljährliche Ernteflächenerhebungen, 1 Woh-

nungszählung, 1 Betriebszählung (1915), diverse Bestandsaufnahmen an Nahrungs- und Futtermitteln sowie sonstige Bedarfswaren.

10 «Für den Zeitraum (1934 bis 1945) kann man eigentlich schon von einer sprunghaften Fortentwicklung des IBM Lochkartenverfahrens sprechen» (IBM Nachrichten, Heft 148, S. 1280). «Darum brachten noch immer Zeiten starker Staatsführung vermehrte Aufgaben für die amtliche Statistik. Das war zu Zeiten Friedrichs des Großen so, so war es zu Bismarcks Zeiten und es trifft erst recht für das Reich Adolf Hitlers zu» (Burgdörfer, 1940, S. VII).

11 Informationsverarbeitende Systeme werden häufig als ‹Black Box› beschrieben, da funktionell gleiche Gebilde physikalisch sehr verschieden aufgebaut sein können. Das System wird dabei als geschlossener ‹Schwarzer Kasten› betrachtet, der Informationseingänge und -ausgänge hat und über dessen innere Struktur nichts Näheres bekannt ist. Bei ‹Black Box›-Systemen interessiert im Allgemeinen nur ihr funktionelles Verhalten, d. h. welche Ausgangsinformation sie auf eine bestimmte Eingangsinformation abgeben.

12 Als ‹Akkumulator› wird heute das zentrale und besonders schnelle Rechenregister von Computern bezeichnet. Der Begriff ‹akkumulieren› bedeutet soviel wie ‹ansammeln›, ‹anhäufen›. Im Unterschied zu heutigen Computern bestand der gesamte interne Speicher des ENIAC aus 20 solcher Rechenregister, in denen sowohl Zwischenergebnisse gespeichert wie auch verarbeitet werden konnten.

13 Bei den Laufzeitspeichern wurden die Daten in einer Schwingung gespeichert, die in einer Quecksilbersäule umlief. Beim Lesen mußte gewartet werden, bis die Schwingung den Lesekopf erreichte; die Zugriffszeit betrug einige hundert Mikrosekunden. Bei der elektrostatischen Speicherröhre wurden die Daten auf einem fernsehähnlichen Bildschirm gespeichert und per Elektronenstrahl abgefragt. Die trägheitslose Steuerung des Elektronenstrahls ermöglichte Zugriffszeiten im Bereich weniger Mikrosekunden.

14 Die Begriffe ‹hardware› und ‹software› gab es in den USA schon vor den Computern. In Kaufhäusern konnte man beispielsweise in der hardware-Abteilung Werkzeuge und in der software-Abteilung Gardinen kaufen.

15 Zur Kennzeichnung von 29 Operationen würden fünf bit genügen. Der IAS-Computer hatte jedoch eine Befehlslänge von zwanzig bit, von denen nur zehn für die Adressierung der 1024 Speicherplätze benötigt wurden.

16 Die erste Abhandlung über Lagerhaltungsprobleme stammt von F. W. Harris aus dem Jahre 1915. Die moderne Lagerhaltungstheorie wurde in den USA von K. H. Arrow, T. Harris und J. Marschak (1951) sowie von A. Dvoretsky, J. Kiefer und J. Wolfowetz (1952) entwickelt.

17 Neben dem eigentlichen Luftraumüberwachungsprogramm (75000 Befehle) enthielt das SAGE-System 20 Eingabeprogramme, 14 Ausgabeprogramme, 15 Buchhaltungsprogramme, 7 Steuerprogramme und 24 Verarbeitungsprogramme. Außerdem waren Simulationsprogramme für Ausbildungs- und Trainingszwecke vorhanden.

18 «Die Bundesregierung betreibt in enger Integration in die NATO auf deutschem Boden bzw. im deutschen Luftraum Frühwarn-Systeme wie zum Beispiel das NATO Air Defense Ground Environment (NADGE), das German Air Defense Ground Environment (GEADGE) und das NATO Early Warning System (NAEW) in Geilenkirchen, die wiederum integriert sind in das amerikanische World Wide Military Command and Control Information

System (WWMCCS) und das North American Air Defense Command (NORAD), welches ebenfalls europäische Frühwarnung bearbeitet» (Frankfurter Rundschau, 13.12.1983, S. 12).

19 Zu diesem Komitee gehörten je ein Vertreter der Computerfirmen Burroughs, IBM, Honeywell, RCA, Sperry Rand und Sylvania sowie ein Mitglied der US-Navy und der US-Air-Force. Chairman war Joseph H. Wegstein vom NBS (National Bureau of Standards).

Quellentexte

1: Gottfried Wilhelm von Leibniz erhielt 1693 von Balthasar Ernst Reimers einen Brief, in dem er über die Fortschritte bzw. Schwierigkeiten beim Bau der Rechenmaschine berichtete:

«Eß wirdt auch gearbeitet daß man 3 Ziffern erlangen wollen undt daß alle wellen gemacht wie auch alle Rader gegossen seint, denn eß gehet bißweilen so genaue nicht ob daß man nicht löcher großer oder kleiner bohret. So hat man die wahl besser, auch hernechst desto besser von statten gehet; und wen man die Rader nicht alle zusahmen auff einmahl gießen lassen und vohrhehro stuckweiß bedungen, so wird man itz nicht umb den Preiß bekommen[,] denn weil sie schwer ann gewicht wägen, alß vor bezahlt worden ist; Ich habe in mein letztes bericht[,] daß es nicht recht von statten gehet[,] nur 5 Rader fertig. Georg der machte sich freye ½ Montag wie auch ½ Dinstag[,] also zeigte ich die worte daß es der gestalt die arbeit nicht wohl von statten gienge. Ich were ihm wohl obligiret doch aber MhH. Hoffrath noch mehr. Er müste doch machen daß man es konte verantworten[,] man sehe nicht auff ein X wen man nur die arbeit nach thete. die gantze tage feiert, seither Dinstag hat sich recht fleißig gehabt, hat also die 6 Rader fertig wie auch in dem daß geheuß gelegt[,] wirdt morgen also den anfang machen mit die Ungleichen. Er vermeinet[,] man wollte kein korbel zum drehen gebrauchen es stunde zu leiren hefftig[,] sonder man macht nur ein scheibe daran 1 kleiner knop wie a[,] daran man drehet undt an so viele wellen scheiben[,] alß man verlanget zu drehen. Die scheibe bleibt fest daran. (...)
Hannover den 24 Febr. 1693

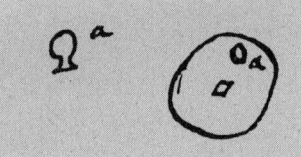

P. S. Man mocht gern wissen ob der Hanß feilen und schraubstock bekommen[,] sonst vermeine eß werde hier wohl bekomen bey Allers fraue da man das ander gekaufft habe.» (Akademie der Wissenschaften der DDR [Hrsg.]: Gottfried Wilhelm Leibniz, Sämtliche Schriften und Briefe, 1. Reihe, 9. Band. Berlin 1975, S. 24)
(X = ein Kreuzer; die Rechenmaschine wurde von Georg Heinrich Kölbing gebaut.)

Im November 1694 schrieb Leibniz an den Kurfürsten Ernst August:
«Nun habe über dieß Meine RechenUhr verfertigen laßen, so eines der admirablesten dinge dieses seculi da die großen zahlen in moment gerechnet werden. Duc de Chemreuse, Mons. Arnaud, M. Huygens die es in Paris gesehen (,) haben mich getrieben es endlich instand zu bringen (,) habe mir einen eignen Kerl deswegen gehalten der mich die woche 2 thl. kostet, ist aber auch eine von den admirabelsten dingen in der Welt.»
(Akademie der Wissenschaften der DDR [Hrsg.]: Gottfried Wilhelm Leibniz, Sämtliche Schriften und Briefe, 1. Reihe, 10. Bd. Berlin 1975, S. 80)
(admirabel = bewundernswert)

2: Aus der österreichischen Patentschrift Nr. 463182 von Otto Schäffler über die Programmierung von Lochkartenmaschinen vom 20. September 1895:

«Die statistische Zähl- und Sortiermaschine, auf welche sich die den Gegenstand der vorliegenden Erfindung bildenden Neuerungen beziehen, setzen die Verwendung sogenannter Zählkarten voraus, welche in eine bestimmte Anzahl Felder und Feldergruppen eingeteilt sind. Die dem betreffenden Individuum zukommenden Momente, werden durch Auslochung der entsprechenden Felder (statt der früher üblichen Eintragung von Strichen) in der Karte markiert.

	a		b	c		d		e						g			i	
I	Fm	sP	(m)	.	.	.	.	AG	AB	AL	(h)	AL	(g)	AB	AL	Jn	Al	GG GB
II	(An)	Hb	w	0	(S)	0	5	0	0	5	0	5	(0)	0	5	0	5	. (0)
III	Bg	EA		1	6	(1)	6	1	1	6	1	6	1	(1)	6	1	6	. .
IV	Dn Kl	St		2	7	2	7	(2)	2	(7)	2	(7)	2	2	7	(2)	7	. .
V	lG	Sp	Ks	3	8	3	8	3	8	3	8	3	3	8	3	8	. .
VI	gG	Vs	sA	4	9	4	9	4 f 9	4	9	.	4 h 9	4	9	. .			
.	.	(0)		1	1	5	1	5	1	1	5	1	5	dt	bm	ld	rk go	AC
.	(0)	.	HA	2	1	6	2	6	2	(2)	6	2	6	(2l)	rt	vh	gk ao	HC
ZA	Bl	(Js)	HM	3	3	7	3	7	3	3	7	(3)	7	sl	sk	(W)	ak Mn	an
(13)	Tb	L	GA	4	4	8	4	8	(4)	4 m	8	4	8	it	rm	gs	alt un	Hh
.	Ir	An	GM	. 0 .		.	(0)	5	5	S	B	(A)	T	mg	fr	gt	(15) lp	sB
.	Cr	.	(0)	(0)	S	B	A	T	D	FS	FB FA FT	.	.	.	cl	mh		

_t_ _s_ _r_ _q_ _p_ _n_ _l_ _k_ _j_

Diese Zählkarten kommen in der Zähl- und Sortiermaschine zwischen die Teile einer Contactvorrichtung, welche an den durchlochten Stellen jeder Karte den Schluß eines elektrischen Stromes bewirkt, der die Elektromagnete der Zählwerke oder der Sortirbehälter bethätigt. Die Combination verschiedener Momente der Zählkarten, wie dies für die Auszählung erforderlich ist, geschieht unter Zuhilfenahme von Relais. Da nun die Zahl und Art dieser Combinationen je nach den verschiedenen Gesichtspunkten, von welchen bei statistischen Erhebungen ausgegangen werden muß, eine sehr große und mannigfaltige ist, so werden auch die für diese Combinationen notwendigen elektrischen Verbindungen nicht nur sehr zahlreich, sondern auch sehr complicirt sein, insbesondere wenn berücksichtigt wird, daß bei derartigen Auszählungen 70–80 Zählwerke, 80–100 Relais und 40 Sortirbehälter in Verwendung kommen, um die große Anzahl Zählkarten (bei der Volkszählung vom Jahre 1891 betrug dieselbe in Österreich 24 Millionen) nach verschiedenen Momentzusammenstellungen zählen und sortiren zu können.

Die Herstellung der bei dem Wechsel der statistischen Erhebungen jedesmal erforderlichen Schaltungen erfordert nicht nur einen Zeitraum von mehreren Tagen, sondern macht auch einen in der Sache erfahrenen Elektrotechniker notwendig, und dies ist hauptsächlich bisher die Ursache gewesen, warum die Anwendung von Zählmaschinen für statistische Zwecke nicht oder schwer durchführbar erschien.

Durch die den Gegenstand der Erfindung bildenden Neuerungen wird diesem Uebelstand abgeholfen.

Die statistischen Zählmaschinen werden zu diesem Behufe mit einem Generalumschalter versehen, welcher zufolge der Einfachheit seiner Construction von jedem an der Maschine Bediensteten gehandhabt werden kann und im Wesentlichen aus einer Reihe von Wechselgruppen oder Plattenwechsln für die einzelnen in Betracht kommenden Organe der Zähl- und Sortirvorrichtungen besteht, wobei durch Stöpselung vermittels einfacher und Schnurstöpsel je nach der gegebenen Momentencombination die hierfür notwendige Verbindung der Platten und Lamellen in den einzelnen Wechseln und die entsprechende Verbindung der Wechsel untereinander hergestellt werden kann, ohne daß das sonst notwendige Einziehen einer grössren Anzahl Drahtleitungen erforderlich wird. Das Stöpseln hat nach besonderen Regeln zu geschehen, welche von der Eigenart der jeweiligen statistischen Ermittlung, nicht aber von der Beschaffenheit des Generalumschalters abhängig sind. Da diese Eigenart aber dieselbe bleibt, ob die erforderliche Schaltung mittels Drahtleitung oder mittels Stöpselung hergestellt wird, so kann im Nachstehenden nur die Beschaffenheit des Generalumschalters ins Auge gefasst, nicht aber auf alle die mannigfaltigen, interimistischen Schaltungen eingegangen werden, welche sich bei dem Gebrauch des Generalumschalters ergeben können.

Es soll daher im Folgenden an der Hand der beiliegenden Zeichnung die Einrichtung eines derartigen Generalumschalters beschrieben und für eine einzige ganz bestimmte Momentencombination erläutert werden.

In den Zeichnungen stellt Fig. 1 eine Zählkarte in natürlicher Größe dar, wie sie für Volkszählungszwecke verwendet wird ...

Die in Fig. 1 dargestellte Zählkarte mit eingeschriebener Felderbezeichnung enthält

in der Feldergruppe a die Grössenkategorie der Ortschaften, Gruppe b zeigt die Stellungen im Haushalt, c die Geschlechter, d die Zehner und Einer des Alters, e die Zonen der Gebürtigkeit, f die Hunderter, Zehner und Einer der Heimatbezirke, g die Zonen der Zuständigkeit, h die Hunderter, Zehner und Einer der Heimatbezirke, i das Zusammentreffen von Gebürtigkeit und Zuständigkeit, j die Glaubensbekenntnisse, k die Familienstände, l die Umgangssprachen, m die Klassen, Gruppen und Arten des Hauptberufes, n die sozialen Stellungen in demselben, o die Klassen, Gruppen und Arten des Nebenerwerbes, p die sozialen Stellungen in demselben, q die Immobilienbesitze, r die Bildungsgrade, s die Gebrechen, t die Dauer der Anwesenheit; alle diese Momente kommen im Depouillement zur Behandlung.

Bezeichnen die in dieser Karte eingezeichneten Kreise die Markirungen der für ein gewisses Individuum gefundenen Momente, so ist demnach aus der vorliegenden Karte zu entnehmen, daß das zugehörige Individuum als in einer Ortschaft dritter Größe (a), als Aftermieter (b) wohnhaft, männlichen Geschlechtes (c), 51 Jahre alt (d), im Inland (e) im 277ten Bezirke geboren (f), nach seiner Aufenthaltsgemeinde (g) im 12ten Heimatbezirke zuständig (h), israelitischen Glaubensbekenntnisses (j), verwitwet (k), polnisch redend (l), Arbeiter (n) der dritten Berufsart 2ten Gruppe in der 4ten Hauptberufsklasse (m), ohne Nebenerwerb (o), ohne Haus- und Grundbesitz (q), des Lebens und Schreibens kundig (r), ohne Gebrechen (s) und als in seinem Aufenthaltsort dauernd anwesend (t) ermittelt worden ist.»

(Adam, 1973, S. 15)

3: Der nationalsozialistische Machtapparat war nicht nur Anwender von Hollerith-maschinen, sondern initiierte auch technische Weiterentwicklungen der Lochkarten-technik:

«Außerdem wurden Zusatzeinrichtungen und Spezialmaschinen beschafft, so daß dem Statistischen Reichsamt heute nicht nur der zentral größte Hollerithmaschinenpark, sondern auch der modernste in ganz Deutschland zur Verfügung steht. Erwähnenswert ist dabei die Tatsache, daß eine ganze Reihe von Verbesserungen und Neukonstruktionen auf Anregung des Statistischen Reichsamtes von der Deutschen Hollerith Maschinen Gesellschaft m.b.H. entwickelt und gebaut wurden. ...

Die Volkszähltabelliermaschine

ist von der Deutschen Hollerith Maschinen Gesellschaft m.b.H. als Spezialmaschine zur Durchführung von Volkszählungsarbeiten auf Anregung des Statistischen Reichsamtes konstruiert und gebaut worden. Sie weicht insofern von den sonstigen Tabelliermaschinen ab, als sie nicht zur Erstellung von Additionen, sondern nur zur Auszählung gleichartiger Fälle angesetzt werden kann. Gruppenkontrolle und Niederschrift der Gruppenbezeichnung sind bei der Volkszähltabelliermaschine genau so möglich, wie bei den anderen Maschinen, jedoch können die in den normalen Tabelliermaschinen vorhandenen 2 Schreibwerke bei der Volkszähltabelliermaschine ebenfalls als Zählwerke benutzt werden. Dadurch und in Verbindung mit der Zählerteilung können bis zu 13 Zählbegriffe in einem Kartendurchgang errechnet werden. Sind die Endsummen des einzelnen Zählbegriffs größer als die Zählerkapazität, so stoppt die Maschine automatisch ab, schreibt die Summe und zählt weiter. In diesem Falle ist die Addition zweier oder mehrerer Summen für die in Frage kommende Gruppe manuell vorzunehmen. ...

Seit ungefähr einem Jahre hat die Deutsche Hollerith Maschinen Gesellschaft auf Anregung des Statistischen Reichsamts ihre neue Tabelliermaschine Type D 11 (mit Queraddition und -subtraktion) derart weiterentwickelt, daß mit ihr auch Divisionen durchgeführt werden können. Die Maschine kann so geschaltet werden, daß sie die einzelnen Rechenoperationen fortlaufend in beliebig festgelegter Reihenfolge nacheinander durchführt. Die Niederschrift der gewonnenen Ergebnisse kann unabhängig vom Zählwerk und an beliebiger Stelle des Rechenbandes erfolgen.

Seit Monaten werden mit zwei Tabelliermaschinen mit Divisionseinrichtung für die Statistik der Industrieberichte und die Statistik der Handwerksberichte allmonatlich über 120 000 Divisionen durchgeführt. Dabei wurde bei reinen Divisionsarbeiten ein Stundendurchschnitt von 300 Divisionen je Stunde festgestellt.

Nunmehr hat die Deutsche Hollerith Maschinen Gesellschaft auf Anregung des Statistischen Reichsamts die dividierende Tabelliermaschine derart umgebaut, daß mit ihr gleichzeitig 2 getrennte voneinander völlig unabhängige Divisionen durchgeführt werden können. ...

Die Tabelliermaschine mit Summenkarten-Lochautomaten

bringt eine wesentliche Beschleunigung und Verbilligung in den Fällen, in denen große Mengen von Lochkarten in derselben Auswertung für mehrere regionale oder sonstige Gliederungen aufgearbeitet werden müssen. Durch Kuppelung eines automatischen Lochers mit einer Tabelliermaschine besteht die Möglichkeit, die in der Tabelliermaschine errechneten und auf dem Tabellierband niedergeschriebenen Gruppensummen automatisch auf eine neue Lochkarte zu übertragen. Für die Weiterverarbeitung (Konzentration) vermindert sich somit die Anzahl der durch die Tabelliermaschine zu schickenden Lochkarten ganz wesentlich. Auch wenn die Summenkarten nur auf ¼ und ⅓ der ursprünglichen Karten zurückgehen, so ist bei großen Statistiken – wie Gemeindefinanz-, Einkommen-, Lohnsteuer-, Einheitswertstatistik usw. – der erzielte Gewinn ganz erheblich, wenn man bedenkt, daß jeweils viele Millionen Einzellochkarten anfallen. ...

Der Rechenlocher

wird für Queradditions-, Subtraktions- und Multiplikationsarbeiten verwendet, falls das errechnete Ergebnis jeder Einzelkarte bei späteren Arbeitsgängen in der Tabelliermaschine gebraucht wird. Dies ist stets dann der Fall, wenn verschiedene Gruppierungen des Materials verlangt werden.

Der Rechenlocher tastet auf der Lochkarte die zur Rechenoperation nötigen Lochfelder ab, führt die Rechenoperationen durch und locht das gewonnene Ergebnis in freie Stellen der Lochkarte ein. Der Rechenlocher hat kein Schreibwerk.

Von den vielseitigen Verwendungsmöglichkeiten seien nur folgende erwähnt:

I. Multiplikation

a) Multiplikand bis 8stellig, Multiplikator bis 6stellig,
b) Multiplikand bis 8stellig, Multiplikator bis 3stellig.
Im Falle b lassen sich 2 Multiplikationen gleichzeitig durchführen.

II. Querrechnung

a) Queraddition
5 Werte mit bis zu 10 Stellen,
b) Quersubtraktion
Minuend und Subtrahend bis zu 11 Stellen. Bei kleineren Werten können bis zu 8 Subtrahenden quergerechnet werden.
c) Queraddition und Quersubtraktion
können beliebig kombiniert werden.

III. Multiplikation und Querrechnung

bei 6stelligem Multiplikator
a) Multiplikation 6 × 8 Stellen und anschließende Addition oder Subtraktion.
b) Der Multiplikand wird vor der Multiplikation erst als Summe oder Differenz errechnet.
c) Bildung des Multiplikators als Differenz und der Multiplikanden als Summe oder Differenz.
Praktische Verwendung findet der Rechenlocher zur Vergleichbarmachung verschiedenartiger Berichts- und Abrechnungszeiten bei der Statistik der Industrieberichterstattung und der Statistik der Lohnerhebung.
Für die Volkszählung wird die Quersubtraktion zur Errechnung des Lebensalters und der Ehedauer Verwendung finden.»
(Verwaltungs-Amtmann Biehler: Lochkartenmaschinen im Dienste der Reichsstatistik. In: Allgemeines Statistisches Archiv 28, 1938/39, S. 90 ff)

4: Andreas Grohmann, der Konrad Zuse in den Jahren 1936 bis 1938 durch persönliche Mitarbeit unterstützte, schrieb über diese Zeit:

«Kuno, wie wir Studentenfreunde Konrad Zuse nannten, war ein vielseitig begabter junger Mann. Er zeichnete außergewöhnlich gekonnt, er mimte – schauspielerte – gekonnt. Er hatte Phantasie und technischen Erfindergeist, wie seine aus Blech und Winkelprofilen gebauten Automaten zeigten. Z. B. der Mandarinenautomat, der Geld kassierte und Mandarinen herausgab, manchmal allerdings mit der Ware auch das Geld wieder zurückgab. Eines Tages, er war gerade mit seinem Diplom fertig und arbeitete seit einigen Monaten als Statiker, erklärte er uns, einigen von seinen Freunden, daß er eine Universal-Rechenmaschine zu bauen beabsichtige. Er suchte Helfer.

Ich hatte gerade, 20jährig, mein Vorexamen als Berg-Ingenieur hinter mir. Ich sagte zu. Im Sommer und Herbst 1936, vor allem aber im Sommer 1937 habe ich monatelang ganze Tage bei Zuse gearbeitet. Ich aß zu Mittag und Abend bei ihm, d. h. bei seiner Mutter. Er hatte sich in der väterlichen Wohnung in einem kleinen Zimmer in der Methfesselstraße in Berlin eine kleine Werkstatt eingerichtet und benutzte außerdem das große Wohnzimmer, aus dem er die Familie verbannt hatte, als Aufbauraum für die Maschine. Ein kleineres drittes Zimmer diente ihm und uns als Aufenthaltsraum während der kurzen Stunden der Entspannung. Oft spielten wir abends hier Schach. Hier war Zuse übrigens nicht der Stärkste. In langen Gesprächen während dieser Entspannungspausen versuchte er, mir die Notwendigkeit des Studiums der mathematischen Logik zu erklären.

Einige seiner Freunde wechselten sich gegenseitig ab. Meistens arbeitete nur einer von uns bei Zuse, äußerstenfalls einmal bastelten wir zu zweit. Die Freunde Buttmann, Schreyer, Herbert Müller, sind in seinem Buch ‹Der Computer mein Lebenswerk› kurz erwähnt. Sein Vater, bereits pensioniert als Postbeamter, ließ sich wieder für ein Jahr reaktivieren, seine Schwester steuerte ihr Gehalt hinzu. Denn außer Essen und Trinken für Kuno und uns, die Mitarbeiter, brauchte er ja auch manche kleine Summe für sein Material. Einige Freunde, die nicht mitarbeiteten, schickten ihm regelmäßig Geld. Darunter befand sich auch mein Bruder Roland, der gerade das Examen als Architekt bestanden hatte und als Referendar in Detmold arbeitete. Er schickte ihm regelmäßig einen Teil seines geringen Referendar-Einkommens.

Fest glaubten wir alle an ihn und seine Erfindung. Wir wußten natürlich nicht genau, wie alles arbeiten sollte. Er hatte zwar versucht, mir z. B. die Vorzüge des Dual-Systems als Kommandosprache für die Maschine zu erklären. Natürlich verstand ich als mathematisch geschulter junger Mann das Prinzip und das Vorhaben, ich war aber nicht in der Lage zu verstehen, wie z. B. das Speicherwerk seiner utopischen Maschine funktionieren sollte.

Was war nun meine Aufgabe? Nun, in der Hauptsache habe ich die Blechrelais für die erste Maschine, die heute unter der Bezeichnung ‹Z1› in die Geschichte eingegangen ist, gebastelt. Keine sehr einfache Arbeit übrigens, denn von der Genauigkeit dieser Handarbeit hing das fehlerlose Arbeiten der Maschine ab. Meistens brauchte man mehrere Exemplare des gleichen Relais. Kuno zeichnete die Form exakt auf Papier. Ich klebte das Papier auf ein Sperrholzbrettchen, befestigte zwischen diesem und einem zweiten Brettchen, das unten lag, die Anzahl der nötigen Bleche, schraubte die zwei Brettchen mit Gewindeschrauben zusammen und sägte mit einer kleinen elektrischen Laubsäge die Form der Relais heraus. Diese Relais

229

fertigte ich zu tausenden. Das war meine Hauptaufgabe. Natürlich half ich später auch beim Zusammenbasteln der einzelnen Werke der Maschine, das ja Hand in Hand mit der Herstellung der Relais ging.

Ich bin ehrlich zu sagen, daß ich blind arbeitete und nicht genau wußte, wie dieses Monstrum, das da entstand, einmal arbeiten sollte. Und trotzdem, die Maschine, einmal fertig, arbeitete unter heillosem Gerassel und gab die exakten Lösungen für komplizierte Aufgaben. Sie nahm fast das ganze Wohnzimmer ein. Sie war nicht mehr aus der Wohnung zu entfernen. Ich glaube, erst nach der Zerbombung des Hauses konnte diese erste Zuse-Universal-Rechenmaschine im Kriege ins Museum geschafft werden.

Nach Fertigstellung dieser ersten mechanischen Maschine konnte Zuse diese der Forschungsanstalt für Luftfahrt vorstellen. Er erreichte eine gewisse Unterstützung und Förderung. Er konnte gegenüber seiner väterlichen Wohnung in der Methfesselstraße eine andere Wohnung mieten, in der er einige Mitarbeiter beschäftigte, mit denen er die Weiterentwicklung dieser Universal-Rechenmaschine betrieb. Von hier aus ist die Geschichte des ersten ‹Computers› bekannt.» (K. H. Czauderna: Konrad Zuse, der Weg zu seinem Computer Z 3. Berichte der Gesellschaft für Mathematik und Datenverarbeitung. Nr. 120, München 1979, S. 80 ff)

5: Konrad Zuse schrieb über die Zeit, als er privat mit wenigen Freunden die mechanische Z1 baute:

«Es war die Zeit der Olympiade 1936, als sich das politische Leben wieder einigermaßen normalisierte. Das Dritte Reich hatte den Ehrgeiz, zumindest nach außen hin attraktiv zu wirken. Man brauchte Ingenieure und war zufrieden, wenn die Studenten ihren Studien nachgingen. Auch der alte ‹Motivgeist› konnte wieder sein Wesen oder sein Unwesen treiben. Wir waren ein ‹reaktionärer Haufen›. Junge Leute, denen die Gleichschaltung des Dritten Reiches nicht gefiel, konnten bei uns offen ihre Meinung sagen und sich verhältnismäßig frei ihren Neigungen entsprechend betätigen.

In diesem Kreis fand ich dann auch die Freunde, die mir beim Bau der ersten Modelle halfen. Ausreichende Geldmittel fehlten. Ich arbeitete in der Wohnung meiner Eltern in Berlin und durfte sogar das größte Zimmer benutzen, um die ersten, noch etwas ungeschlachten Apparate dort aufzustellen. Einige Freunde halfen mir mit kleinen Geldbeträgen, andere arbeiteten praktisch mit. Nicht alle verstanden, was ich vorhatte. Wir hielten unsere Arbeiten geheim. Wurde ich gefragt, was wir denn für geheimnisvolle Apparate bauten, sagte ich, daß wir an einem Tankmesser für Flugzeuge arbeiteten. Damals war nämlich gerade durch das Luftfahrtministerium ein Wettbewerb ausgeschrieben mit einem Preis von 100000 RM für eine gute Lösung dieses Problems. In Wirklichkeit hatte sich keiner von uns je damit befaßt.

Hinter dieser äußerlich friedlichen Kulisse spielte sich aber auch manches Drama ab. Einer meiner Helfer, Herbert Müller, war in jugendlicher Begeisterung der SS beigetreten. Die Entwicklung nach 1933 entsprach aber durchaus nicht seinen Vorstellungen. 1936 waren die Häscher hinter ihm her. Was sich dann im einzelnen abgespielt hat, weiß ich nicht. Es hieß eines Tages, er sei verunglückt.

Ein anderer war Angehöriger der ‹Legion Condor›, dem deutschen Expeditionskorps beim spanischen Bürgerkrieg. Er verdiente dort gut und gab mir einen Teil seiner Ersparnisse. Die jungen Menschen dieser Legion fühlten sich dort in Spanien ebenso als Vorkämpfer eines freien Europa, wie sich heute die Amerikaner in Vietnam als Vorkämpfer einer freien Welt betrachten. Solche Rollen sind aber immer undankbar. Es hätte sicher wesentlich mehr zu einem einheitlichen europäischen Geist beigetragen, wenn wir Deutschen den Dingen in Spanien ihren Lauf gelassen hätten. Entweder hätten dann die anderen Europäer gesehen, was es bedeutet, wenn ein altes europäisches Kulturland kommunistisch wird, oder sie hätten sich zu einer wirksamen Abwehrreaktion zusammenschließen müssen.

In mancher Beziehung waren wir Deutschen unserer Zeit um eine Generation voraus. Dabei bestand allerdings ein Unterschied: Es wäre im damaligen Deutschland nicht möglich gewesen, daß Proteste gegen die Beteiligung am Spanienfeldzug stattgefunden hätten, ähnlich den Protestmärschen in Washington gegen den Vietnamkrieg.

Wenn meine Freunde mich fragten, wann denn meine Maschine endlich fertig würde, sagte ich scherzhaft: ‹Wenn Franco Madrid erobert hat›, was tatsächlich ungefähr zutraf.» (Zuse, 1970, S. 70 ff)

6: Joseph Juley, während des Krieges Entwicklungsingenieur bei Bell Systems, beschreibt den Einsatz der in den Bell Telephone Laboratories entwickelten Relaisrechner zur Justierung von Feuerleiteinrichtungen:
«Unter idealen Bedingungen sollte die Bedienungsmannschaft an der Feuerleiteinrichtung einer Flugabwehrkanone jede Granate am Flugzeug und im Fadenkreuz des Teleskops explodieren sehen. Wenn das Ziel einen unbeschleunigten, geradlinigen Kurs fliegen würde und die atmosphärischen Bedingungen und die Ballistik der Granate wie angenommen wären, dann wäre ein wiederholtes Zusammenfallen von Explosionspunkt und Ziel der Beweis dafür, daß alle komplizierten Schaltkreise der Feuerleiteinrichtung richtig funktionieren, daß alle konstanten Werte korrekt sind und daß alle Einstellungen richtig vorgenommen wurden. Einen direkten Beweis dieser Art könnte man natürlich nur unter Gefechtsbedingungen erhalten ... Um diesen Beweis zu erhalten, wurde ein Flugzeug wie bei einem Bombenangriff geflogen und die Bedienungsmannschaft am Feuerleitgerät verfolgte es wie gewohnt. Da man natürlich keine Granaten auf unsere eigenen Flugzeuge abschießen kann, wurde während dieser Versuchsangriffe natürlich nicht tatsächlich geschossen. Dagegen wurden die Anzeigen an der Feuerleiteinrichtung, die die momentane Position des Flugzeuges ... angeben und diejenigen, die die Ausrichtung der Kanone ... angeben in Intervallen von einer Sekunde photographiert. Mit diesen Daten berechnete eine Gruppe von Rechenkräften ... genau, wo Flugzeug und Granate zum Zeitpunkt der Granatenexplosion sich befunden hätten. Die Differenz zwischen den Positionen von Granate und Flugzeug zu diesem Zeitpunkt gibt die Fehljustierung der Feuerleiteinrichtung an. ... Da solche Versuche bis zu 200 Sekunden dauern können und für jede Sekunde eine große Anzahl von Berechnungen erforderlich sind, würde ein Team von 5 Rechenkräften mindestens eine Woche benötigen, um die gewünschten Ergebnisse zu erhalten. Um Zeit und Arbeitskraft zu sparen, entschloß man sich zum Bau einer Relaisrechenanlage, um diese Berechnungen automatisch durchzuführen. Der Ballistische Computer ist das Ergebnis. Die Arbeit, die zuvor 5 Menschen eine Woche lang fortlaufend beschäftigte, wird durch den Computer in 5 oder 6 Stunden vollendet.» (Joseph Juley: The Ballistic Computer. In: The Origins of Digital Computers. New York 1973, S. 251 f; Übers. d. Verf.)

7: Paul Armer beschrieb die Bedeutung des IBM-Computers 701 für die RAND Corporation folgendermaßen:

«Als IBM zum erstenmal den ‹Defense Calculator› für eine monatliche Miete von ungefähr 8000 Dollar ankündigte, erteilte die RAND Corporation vorsorglich einen Auftrag, obwohl wir gerade selbst eine Maschine, den JOHNNIAC, bauten, um unseren Bedarf an Berechnungen ausführen zu können. Wir konnten dem Preis für die 701 nicht widerstehen und erklärten sogar der IBM, daß sie bei dem angekündigten Preis Verlust machen würde. Als der Preis einige Monate später auf ungefähr 15000 Dollar monatlich erhöht wurde, kündigten wir unseren Auftrag in dem Glauben, daß der JOHNNIAC ausreichen würde.

Mit der Zeit wurde uns jedoch klar, daß der JOHNNIAC nicht rechtzeitig fertig werden würde, um unsere Aufgaben zu erledigen, und so bestellten wir erneut eine 701 und erhielten schließlich die Nummer 11. Obwohl der JOHNNIAC dann doch noch rechtzeitig fertig wurde, teilten wir uns sogar noch eine zweite 701 mit der North American Aviation, als die Naval Aviation Supply die Maschine Nummer 15 an IBM im Austausch für eine IBM 702 zurückgegeben hatte.

Die RAND Corporation hatte einige Programme bereits auf der Maschine Nummer 1 im IBM-Hauptquartier in New York ausprobiert, so daß wir schon Programme zur Verfügung hatten, als unsere Maschine geliefert wurde. Wir benutzten die 701 für atomphysikalische Berechnungen für die Atomic Energy Commission, Berechnungen auf dem Gebiet der Raketen- und Flugzeugtechnik für die US-Air-Force, lineare Programmierung und eine Vielzahl anderer Aufgaben. Die umfangreichste Anwendung war die Erstellung eines Trainingsprogrammes für das USAF Air Defense Command [SAGE-System], welches die Aufgaben des Führungszentrums simulieren sollte. Diese Anwendung führte bei IBM zur Entwicklung des CRT-Displays 740 [Bildschirm-Terminal] und vielleicht auch zur Gründung der System Development Corporation.

Die 701 arbeitete bei uns, bis sie durch eine frühe 704 ersetzt wurde.» (Annals of the History of Computing, April 1983, S. 202, Übers. d. Verf.)

8:

«Unter Nutzung moderner Informations- und Kommunikationstechnik wird im militärischen Bereich der NATO in der Bundesrepublik ein Frühwarn- und Entscheidungssystem (FWES) betrieben und ausgebaut. Dieses zielt strategisch darauf ab, einen atomaren Erstangriff des Warschauer Paktes (z. B. mittels SS-20-Raketen) innerhalb der Raketen-Flugzeiten von wenigen Minuten mit einem atomaren Gegenschlag beantworten zu können. Ein derartiger Gegenschlag ist Teil der geltenden ‹flexible-response›-Strategie der NATO.

Bei einem Fehler in diesem System ist es möglich, daß ein atomarer westlicher Raketenabschuß (‹Gegenschlag›) auch ausgelöst wird, ohne daß ein realer Angriff des Ostens vorliegt. Dies wiederum kann dazu führen, daß es zu einem daraus resultierenden atomaren ‹Gegen-Gegenschlag› des Warschauer Paktes kommt, der das Gebiet der Bundesrepublik durch atomare Explosionen schwer verwüstet (‹Krieg aus Versehen›). Die Beschwerdeführer weisen auf zahlreiche Fakten – z. B. Fehler im nordamerikanischen Frühwarnsystem NORAD – hin, die zeigen, daß die Wahrscheinlichkeit für einen derartigen Fehler sehr hoch ist. Das Risiko, durch ein Versagen des FWES umzukommen, ist weit um Zehnerpotenzen höher als das Todesrisiko im Straßenverkehr oder bei Kernkraftwerken. Es resultiert insbesondere daraus, daß bei dicht zusammengerückten Raketen-Systemen nur eine derart kurze Reaktionszeit bleibt, daß etwaige Fehler nicht mehr rechtzeitig aufgeklärt werden können. Auch ‹mehrfach gesicherte› Systeme ergeben grundsätzlich keine 100prozentige Sicherheit, wie systemtheoretische Überlegungen zeigen.

Durch die Möglichkeit eines atomaren ‹Krieges aus Versehen› sehen die fünf Beschwerdeführer insbesondere ihre Rechte nach Art. 2(2) GG (Recht auf Leben) durch die Bundesregierung verletzt, die im Rahmen der Verteidigung ein derartiges System mit der NATO betreibt. – Die permanente Bedrohung durch ein grundsätzlich unzuverlässiges FWES verletzt zudem die Menschenwürde und die Freiheitsrechte der Beschwerdeführer (Art. 1[1] und Art. 2[1] GG).

Die Beschwerdeführer halten die Handlungen der Bundesregierung im Rahmen der Installation und des Betriebes des FWES auch deshalb für verfassungswidrig, weil es an einer gesetzlichen Grundlage für die Schaffung derartiger Risiken fehlt. Außerdem verletzt die alleinige Entscheidungskompetenz des US-Präsidenten die deutsche Souveränität.

Die Beschwerdeführer bewerten den Betrieb eines FWES als schwere im Widerspruch zur Verfassung stehende Gefahr. Sie besteht unabhängig von den zusätzlichen Problemen, die sich aus der Stationierung von Pershing II und Cruise Missiles ergeben.» (Aus der Klageschrift der fünf Professoren, Frankfurter Rundschau, Nr. 291/1983, S. 12)

9: Auf der Jahrestagung 1979 der Deutschen Gesellschaft für Datenschutz berichtete der Daimler-Benz Betriebsrat Willi Hoss über die Einführung des Personaldatensystems ISA:

«Der kritische Punkt im Umgang mit computergesteuerten Systemen wurde bei uns im Betrieb erreicht, als die allmähliche Zunahme von EDV-Systemen ergänzt wurde durch die Vorstellung eines Personalinformationssystems, genannt ISA. Es ist Ihnen bekannt, daß es sich bei ISA um ein Informationssystem handelt, mit dem durch systematische Gegenüberstellung von Anforderungsmerkmalen der Arbeitsplätze und der Eignungsprofile der Mitarbeiter eine Optimierung von Auswahl- und Einsatzentscheidungen und eine maximale mittel- und langfristige Arbeitskräfteplanung ermöglicht werden soll. Dieses weitreichende System wurde von der Geschäftsleitung der Belegschaft zunächst so offeriert, daß es hauptsächlich dazu diene und geeignet sei, leichtere Arbeitsplätze für ältere Kollegen zu finden. Dr. Oswald, Vorstandsmitglied des gesamten Personal- und Sozialwesens, hat in einer halbstündigen Rede am 31. 8. 79 anläßlich der ersten Verhandlung zwischen dem Vorstand und dem Gesamtbetriebsrat die Prinzipien dieser Politik dargestellt. Ich nehme aus seiner Rede vier Sätze, die, aneinandergereiht, die Strategie des Vorstands deutlich machen. Er sagt als erstes: «Wir haben uns mit dem Problem befaßt, wie Arbeitsplätze erfaßt werden können, die für den Einsatz älterer Mitarbeiter geeignet sind.» Weiter sagt er dann: «Sehr bald wurde uns klar, daß wir uns nicht auf ältere Mitarbeiter beschränken können.» Bei der weiteren Untersuchung: «Es reicht aber nicht aus, die für ältere und leistungsgewandelte Arbeitnehmer geeigneten Arbeitsplätze herauszufinden, wir müssen auch feststellen können, ob diese Arbeitsplätze freigemacht werden können. Wir müssen auch feststellen können, ob der Mitarbeiter, der den betreffenden Arbeitsplatz gerade ausfüllt, nicht seinerseits nur eingeschränkt versetzbar ist.» Und nun kommt der

Ausblick auf die unbegrenzten Möglichkeiten dieses Systems. Ich zitiere: «In Fortführung dieser Überlegungen zeigte sich die Notwendigkeit, die vorgesehenen Daten zu den Arbeitsplätzen und Einsatzbeschränkungen aller Mitarbeiter um weitere Datenumfänge zu ergänzen.»
Man sieht, die Sache weitet sich aus.
Die Erfassung, so wie sie uns vorgestellt wurde, sieht z. Zt. bei Arbeitsplatzdaten etwa 300 Merkmale, Kriterien vor, bei den Mitarbeiterdaten eine Zahl in nämlicher Größe, wobei Daten über die Mitarbeiter gesammelt und gespeichert werden sollten:

- über die Kenntnisse des Mitarbeiters,
- über Einsatz- und Entwicklungsplanung,
- über seinen innerbetrieblichen Werdegang und
- körperlich-gesundheitliche Daten des Mitarbeiters.

Obwohl bestritten wird, daß Verhaltensdaten gesammelt werden sollen und dies auch in den Papieren zur Vorstellung des Systems nicht vermerkt ist, haben wir aber doch einen EDV-gerechten Fluktuationsbogen zu Gesicht bekommen, der seit 1972 verwendet wird. In diesem Erfassungsbogen gibt es Beurteilungsmerkmale und Schlüsselzahlen, die das Verhalten des Mitarbeiters beurteilen, z. B. «Arbeitsverweigerung» = 20; «unbefriedigendes Verstehen mit Vorgesetzten» = 24; «Unzuverlässigkeit» = 28.
Angeregt und ermutigt durch die Auseinandersetzungen, die in der Öffentlichkeit über die Probleme der Datenverarbeitung und insbesondere auch über die sich daraus ergebenden Probleme des Datenschutzes geführt werden und auch im Wissen um die sogenannte Orwellsche Vision, begannen wir im Betrieb eine intensive Diskussion über die Gefahren der Zentralisierung aller Personaldaten im Rahmen von ISA. Wir kamen zu dem Ergebnis, daß es sich hierbei nicht nur um eine quantitative Anreicherung und Zusammenführung von Personaldaten handelt, die bisher in den verschiedensten Karteien und Dateien gesondert geführt werden, sondern daß wir es hier mit einer neuen Qualität einer Datenbank zu tun haben, die zugleich auch eine neue Qualität von Personalpolitik des Unternehmens darstellt: Nämlich eine Informationssammlung mit direkten Auswirkungen auf die Arbeitssituation. Wir diskutierten auch die Fragen, daß durch diese Sammlung von Informationen und ihrer Zentralisierung in einer Datenbank die Firma die totale Kontrolle über die Leistungen einzelner und aller erhält, Kontrolle des Zustandes jedes einzelnen Mitarbeiters, sowohl seinen Fähigkeiten, seines Gesundheitszustandes, seiner Gewohnheiten und sogar des Verhaltens der einzelnen Arbeitnehmer. Wir sind uns dessen bewußt, daß allein durch die Tatsache dieser Speicherung von Daten sich das Verhalten der Belegschaft verändern kann, daß sie sich einem Zustand nähert, wo sie beginnt, sich computergerecht zu verhalten, weil jeder weiß, alles was gemacht wird, kann gespeichert werden.
Wir sind zu der Überzeugung gekommen, daß diese Art der Sammlung von Daten innerhalb eines großen Konzerns, der immerhin innerhalb der Bundesrepublik etwa 140000 Leute beschäftigt, darüber hinaus im internationalen Bereich 175000, für die dort Beschäftigten eine größere Gefährlichkeit besitzt als z. B. die Datensammlung des Herrn Herold im BKA oder die gestern diskutierte Gefahr der Ausgabe des neuen Personalausweises. Im Betrieb handelt es sich um eine Datensammlung, in der Informationen konzentriert sind, die den Arbeiter und sein Ver-

halten, seine Bewegung, seine Leistung durchleuchtet in den 9 Stunden, die er sich täglich im Betrieb aufhält.

Wir müssen erkennen, daß die Personaldatensysteme, die Informationssysteme, als Instrument von Personalpolitik eine größere Gefährlichkeit in bezug auf die erfaßten Personen haben als jede andere Datei, z. B. die bei der LVA angelegte, über die man noch diskutieren kann. Denn wenn ich Leistungen von der LVA erwarte, dann muß ja auch irgendeine Form gefunden werden, daß alles das aufgenommen und gespeichert wird, was an Beiträgen erbracht wurde. Es ist außerdem zu beachten, daß dieses dargestellte ISA-System zur Verbesserung der Personalpolitik des Unternehmens perspektivisch ein Teil, und darüber wird auch schon gesprochen, Teil eines weitreichenderen, größeren Personalinformationssystems ist. Mit der Einführung lochkodierter Werksausweise können weitere Bereiche als die von mir vorhin dargestellten erfaßt werden. Wir haben heute schon Diskussionen darüber, daß die Komm- und Gehzeiterfassung EDV-mäßig betrieben wird. Wir haben den Antrag vorliegen, daß man jetzt probeweise zur bargeldlosen Kantinenabwicklung und Essensausgabe übergehen will. Es ist allerdings bei uns im Betrieb noch nicht konkret beantragt, sondern in der entsprechenden Literatur zu lesen, daß man Werkzeug- und Materialverbrauch, Betriebsmittelverbrauch feststellen kann, daß man das Betreten von bisher frei zugänglichen Werksteilen, Hallen oder Abteilungen kontrollieren kann. Mit der Verwendung des lochkodierten Werksausweises wird es möglich, die Persönlichkeit in ihrer Bewegung, in ihrer Tätigkeit, in ihrem Verhalten zu erfassen und auch zu manipulieren. Man kann feststellen, um nur zwei, drei Beispiele zu bringen, was, wann und wer mit wem zum Essen geht. Man kann feststellen, wer sich wo mit wem im Betrieb bewegt. Man kann feststellen, welche Kostenbelastungen der einzelne Mitarbeiter dem Betrieb verursacht, indem alles EDV-mäßig gespeichert und ausgewertet wird, z. B. Abteilungen verschiedener Werke oder auch einzelner Personen miteinander verglichen werden . . ., wenn wir den Dingen freien Lauf lassen!»

(Aus: Gefährdet die Informationstechnologie unsere Freiheit? Jahrestagung der Deutschen Vereinigung für Datenschutz 1979, München 1980.)

Literaturverzeichnis

1. Bücher

Ackoff, R., u. a.: Industrielle Unternehmensforschung. München 1966.

Adam, A.: Vom himmlischen Uhrwerk zur statistischen Fabrik. Wien 1973.

Alternative Liste Berlin: Das neue Landesmeldegesetz für Berlin. Berlin 1982.

Aly, G. und K. H. Roth: Die restlose Erfassung. Berlin 1984.

Armand, R., R. Lattés und J. Lesourne: Die Industrialisierung des Geistes. Wien 1972.

Augarten, S.: State of the Art. A Photographic history of the integrated circuit. New Haven 1983.

Babbage, C.: Comparative View of the various Institutions for the Assurance of Lives. London 1826.

Babbage, C.: Über die Ökonomie von Maschinen und Fabrikwesen. Berlin 1833.

Babbage, C.: Passages from the life of a philosopher. London 1864.

Bammé, A., u. a.: Maschinen-Menschen, Mensch-Maschinen. Hamburg 1983.

Barthel, G.: Konnte Adam schreiben? Köln 1972.

Bauer, F. L. und C. Goos: Informatik. 2 Bände. Berlin/Heidelberg/New York 1971.

Beauclair, W. de: Rechnen mit Maschinen. Eine Bildgeschichte der Rechentechnik. Braunschweig 1968.

Bechtel, H.: Matthäus Schwarz. Frankfurt 1953.

Berkeley, E.: Die Computer-Revolution. Frankfurt/M. 1966.

Bernal, J. D.: Wissenschaft. 4 Bände. Reinbek 1970.

Bernoulli, D.: Die Grundlage der modernen Wertlehre. Leipzig 1896.

Bernoulli, J.: Ars conjectandi (Kunst des Vermutens). Basel 1713.

Bleicken, J.: Verfassungs- und Sozialgeschichte des römischen Kaiserreiches. 2 Bände. Paderborn 1978.

Bölsche, J.: Der Weg in den Überwachungsstaat. Hamburg 1979.

Boesel, R.: Die Lochkarte im Fabrikbetrieb. Berlin 1930.

Brinch Hansen, P.: Betriebssysteme. München/Wien 1977.

Brödner, P. und D. Krüger: Der programmierte Kopf. Berlin 1982.

Brunner, H.: Die Lehre des Cheti, Sohnes des Duauf. Glückstadt 1944.

Brusberg, H.: Der Entwicklungsstand der Unternehmensforschung. Wiesbaden 1965.

Buchholz, E.: Blaise Pascal – Ein Lebensbild. Göttingen 1939.

Bundesbeauftragter für den Datenschutz: Fünfter Tätigkeitsbericht. Bonn 1983.

Burgdörfer, F. (Hrsg.): Die Statistik in Deutschland nach ihrem heutigen Stand. Berlin 1940.

Cantor, M.: Geschichte der Mathematik. Leipzig 1900.

Churchman, C., u. a.: Operations Research. Wien/München 1966.

Czauderna, K. H.: Konrad Zuse, der Weg zu seinem Computer Z 3. Berichte der GMD, Nr. 120. München 1979.

Dantzig, G. B.: Lineare Programmierung und Erweiterungen. Berlin 1966.

Deutsche Vereinigung für Datenschutz: Gefährdet die Informationstechnologie unsere Freiheit. Jahrestagung 1979. München 1980.

Dülmen, R. van: Entstehung des frühzeitlichen Europas. Fischers Weltgeschichte. Frankfurt/M. 1982.

DV-Programme:

1. DV-Programm: Programm für die Förderung der Forschung und Ent-

wicklung auf dem Gebiet der Datenverarbeitung für öffentliche Aufgaben. Bonn, 1967 (unveröffentlicht). 2. DV-Programm: Zweites Datenverarbeitungsprogramm der Bundesregierung. Bonn, 1971.

Eggebrecht, A., J. Fleming und G. Meyer: Geschichte der Arbeit. Köln 1980.

Elias, N.: Über den Prozeß der Zivilisation. 2 Bände. Frankfurt/M. 1979.

Feindler, R.: Das Hollerith-Lochkarten-Verfahren. Berlin 1929.

Flaskämper, P.: Allgemeine Statistik. Hamburg 1953.

Friedrichs, G.: Computer und Angestellte. Frankfurt/M. 1971.

Friedrichs, G. und A. Schaff: Auf Gedeih und Verderb. Bericht an den Club of Rome. Wien 1982.

Fromm, E.: Die Revolution der Hoffnung. Für eine Humanisierung der Technik. Frankfurt/M. 1981.

Fuchs, W.: Knaurs Buch der Denkmaschinen. München/Zürich 1968.

Ganzhorn, K. und W. Walter: Die geschichtliche Entwicklung der Datenverarbeitung. Stuttgart 1975.

Gardiner, A.: Egyptian Grammar. Being an introduction to the study of hieroglyphs. Oxford 1957.

Geoffrey, D.: Herman Hollerith. New York 1982.

Gericke, H.: Geschichte des Zahlenbegriffs. Mannheim/Wien/Zürich 1970.

Gewald, K., K. Kaspar und N. Schelle: Netzplantechnik. Bd. 3. München 1977a.

Gewald, K., G. Haake und W. Pfaller: Software Engineering. München 1977b.

Gipper, H.: Gibt es ein sprachliches Relativitätsprinzip? Untersuchungen zur Sapir-Whorf-Hypothese. Frankfurt/M. 1972.

Goldstine, H. H.: The Computer from Pascal to von Neumann. Princeton 1972.

Gottinger, H. W.: Grundlagen der Entscheidungstheorie. Stuttgart 1974.

Graef, M.: 350 Jahre Rechenmaschinen. München 1973.

Graunt, J.: Natural and political Observations upon the bills of Mortability. London 1662.

Gumin, H.: Herrn von Leibniz' Rechnung mit Null und Eins. Berlin/München 1966.

Hardmann, N.: Überwachung total: Der neue Personalausweis. Göttingen 1983.

Harman, M.: Stretching man's mind. New York 1975.

Hartner, W.: Zahlen und Zahlensysteme bei Primitiv- und Hochkulturvölkern. Hildesheim 1968.

Haug, W. F. (Hrsg.): Automation in der BRD. Berlin 1975.

Heidinger, W.: 25 Jahre Deutsche Hollerith Maschinen Gesellschaft. Berlin 1935.

Helck, W.: Zur Verwaltung des mittleren und neuen Reiches. Leiden 1958.

Helck, W.: Geschichte des alten Ägypten. Leiden 1968.

Helck, W.: Wirtschaftsgeschichte des alten Ägypten im 3. und 2. Jahrtausend vor Chr. Leiden 1975.

Henle, P. (Hrsg.): Sprache, Denken, Kultur. Frankfurt/M. 1975.

Hilberg, R.: Die Vernichtung der europäischen Juden. Berlin 1982.

Hoffmann, G., A. Podlech und B. Tietze (Hrsg.): Numerierte Bürger. Wuppertal 1975.

Hogg, I. van: Anti-Aircraft. A history of air defense. London 1978.

Horkheimer, M.: Zur Kritik der instrumentellen Vernunft. Frankfurt/M. 1967.

Horowitz, D.: Kalter Krieg. Berlin 1969.

Hoschka, P. und U. Kalbhen: Datenverarbeitung in der politischen Planung. Frankfurt/M. 1975.

Howell, F. C.: Der Mensch der Vorzeit. Reinbek 1966.

Huber, F.: Daniell Bernoulli. Basel 1958.

100 Jahre Berliner Statistik. Berlin 1962.

In the Matter of J. Robert Oppenheimer. Transcript of Hearing before Personal Security Board. Washington D. C. United States Atomic Energy Commission. Washington 1954.

Jäger, E. L.: Lucas Paccioli und Simon Stevin. Stuttgart 1876.

Jankuhn, H.: Der Ursprung der Hochkulturen. Propyläen Weltgeschichte. Berlin 1962.

Kaldor, M.: Rüstungsbarock. Berlin 1981.

Kaufmann, H.: Die Ahnen des Computers. Düsseldorf 1974.

Kellenbenz, H.: Deutsche Wirtschaftsgeschichte. 2 Bände. München 1981.

Koch, F. A.: Bürgerhandbuch Datenschutz. Hamburg 1981.

Koch, P.: Bilder zur Versicherungsgeschichte. Karlsruhe 1978.

Koxholt, R.: Die Simulation – ein Hilfsmittel der Unternehmensforschung. München 1967.

Krakauer, S.: Die Angestellten. Frankfurt/M. 1980.

Kursbuch 66: Die erfaßte Gesellschaft. Berlin 1981.

Kursbuch 75: Computerkultur. Berlin 1984.

Lauersen, W.: Organisation und Aufgabe des Maschinellen Berichtswesens des Reichsministeriums für Rüstung und Kriegsplanung. Hamburg 1945. Bundesarchiv R3/17a.

Lenneberg, E.: Biologische Grundlagen der Sprache. Frankfurt/M. 1977.

Leuze, R.: Datenschutz für unsere Bürger. 3. Tätigkeitsbericht der Landesbeauftragten von Baden-Württemberg für den Datenschutz 1982.

Lewicki, A.: Einführung in die Mikroelektronik. München/Wien 1966.

Liebermann von Sonnenberg, E. und A. Kääb: Die Volkskartei. München 1943.

Liedtke, W.: Das Bundesdatenschutzgesetz. Eine Fallstudie zum Gesetzgebungsprozeß. Düsseldorf 1980.

Lorenz, C.: Die Statistik in der Kriegswirtschaft. Hamburg 1936.

Lueder, A. F.: Kritische Geschichte der Statistik. Göttingen 1817.

Mackensen, L. von: Bedingungen für den technischen Fortschritt. Technikgeschichte Bd. 36. Düsseldorf 1969.

Martin, E.: Die Rechenmaschinen und ihre Entwicklungsgeschichte. Pappenheim 1925.

Mayr, G. von: Verwaltungspolitik und Statistik. Berlin 1920.

Melman, S.: Pentagon Capitalism. New York 1970.

Metropolis, N., J. Howlett und G.-C. Rota (Hrsg.): A history of Computing in the twentieth century. New York 1980.

Menninger, K.: Zahlwort und Ziffer. Göttingen 1957.

Mowshowitz, A. (Hrsg.): Human Choice and Computers II. Amsterdam 1980.

Müllert, N. (Hrsg.): Schöne elektronische Welt. Reihe Technologie und Politik, Bd. 19. Reinbek 1982.

Mumford, L.: Mythos der Maschine. Frankfurt/M. 1980.

Naddor, E.: Lagerhaltungssysteme. Frankfurt/M./Zürich 1971.

Naschold, F. (Hrsg.): Politische Planungssysteme. Opladen 1973.

Nienhaus, U.: Berufsstand weiblich. Berlin 1982.

Oberliesen, R.: Informationen, Daten und Signale. Hamburg 1982.

Ogger, G.: Die Fugger. München/Zürich 1978.

Orwell, G.: 1984. Frankfurt/M./Berlin/Wien 1976.

Pechartscheck, K.: Neugestaltung der Industriestatistik. Berlin 1939.

Pirker, T.: Büro und Maschine. Tübingen 1962.

Pölsnitz, G. Freiherr von: Die Fugger. Frankfurt/M. 1960.

Quade, E. S. und W. I. Boucher: System Analysis and Policy Planning. Applications in Defense. New York 1968.

Randell, B.: The Gentle Art of Computer Programming. Newcastle 1970.

Randell, B.: The origins of digital computers. Berlin 1975.

Randell, B.: The Colossus, Int. Research Conf. on the History of Computing. University of California 1976.

Reiboldt, H. und R. Vollmer: Der Markt sind wir. Stuttgart 1978.

Rodgers, W.: Die IBM-Saga. Hamburg 1971.

Rosen, S. (Hrsg.): Programming Systems and Languages. New York 1967.

Rümelin, G.: Reden und Aufsätze. Tübingen 1875.

Saaty, T.: Mathematical Methods of Operations Research. New York 1959.

Schlesinger, A.: Die tausend Tage Kennedys. Bern/München/Wien 1966.

Schneider, H. J.: Problemorientierte Programmiersprachen. Stuttgart 1981.

Schwidetzky, I. (Hrsg.): Über die Evolution der Sprache. Frankfurt/M. 1973.

Steinbuch, K.: Die informierte Gesellschaft. Stuttgart 1966.

Steinbuch, K.: Automat und Mensch. Berlin 1971.

Steinbuch, K. und W. Weber (Hrsg.): Taschenbuch der Informatik. Berlin/Heidelberg/New York 1974.

Steinmüller, W.: Strukturen der Datenzeit. In: Das Orwellsche Jahrzehnt und die Zukunft der Wissenschaft. Hochschultage der Freien Universität Berlin. Berlin 1980.

Steinmüller, W. (Hrsg.): Datenschutz, ADV-Recht. München 1980.

Strasser, J. und K. Traube: Die Zukunft des Fortschritts. Bonn 1981.

Strauss, E.: Sir William Petty. London 1954.

Süßmilch, J. P.: Die göttliche Ordnung. Berlin 1761.

Taylor, F.: Die Grundsätze wissenschaftlicher Betriebsführung. München 1913.

The Origins and Development of Operational Research in the Royal Air Force. London 1963.

Totoh, W. und C. Haase: Leibniz. Hannover 1966.

Trask, M.: The story of Cybernetics. London 1971.

Troitzsch, U.: Die Technik. Braunschweig 1982.

Tropfke, J.: Geschichte der Elementarmathematik. Bd. 1: Arithmetik und Algebra. Berlin 1980.

Turck, J. A. V.: Origin of modern calculating Machines. New York 1972.

Turing, S.: Alan M. Turing. Cambridge 1959.

Ullrich, O.: Weltniveau. Berlin 1979.

Vogel, K.: Vorgriechische Mathematik. 2 Bände. Hannover 1958.

Vogel, K.: Die Grundlagen der ägyptischen Arithmetik in ihrem Zusammenhang mit der 2:n Tabelle des Pypyrus Rhind. München 1929.

Vorndran, E.: Entwicklungsgeschichte des Computers. Berlin 1982.

Waerden, Barthel L. van der: Erwachende Wissenschaft. Band 1. Basel 1956.

Warner, M. und M. Stone: Die Computer-Gesellschaft. München 1972.

Watson, J. Thomas: IBM – Ein Unternehmen und seine Grundsätze. München 1964.

Weik, M.: A survey of domestic electronic digital computing systems. Aberdeen 1955.

Weik, M.: A second survey of domestic electronic digital computing systems. Aberdeen 1957.

Weik, M.: A third survey of domestic electronic digital computing systems. Aberdeen 1961.

Weik, M.: A fourth survey of domestic electronic digital computing systems. Aberdeen 1964.

Weizenbaum, J.: Die Macht der Computer und die Ohnmacht der Vernunft. Frankfurt/M. 1978.

Wexelblat, Richard L.: History of Programming Languages. Academic Press, New York 1981.

Wheeler, H.: Die strategischen Rechner. In: Jungk, R., Eskalation der neuen Waffen – Friede oder Untergang? München 1969.

White, E. und D. Brown: Die ersten Menschen. Reinbek 1977.

Whorf, B.: Sprache, Denken, Wirklichkeit. Reinbek 1963.

Wiedenfeld, K.: Die Organisation der Kriegsrohstoff-Bewirtschaftung. Hamburg 1936.

Wiener, N.: Cybernetics or Control and Communication in the Animal and the Machine. Boston 1948.

Wiener, N.: Mensch und Menschmaschinen. Frankfurt/M. 1966.

Wille, H., u. a.: Netzplantechnik. 3 Bände. München/Wien 1967.

Wilson, A.: Strategie und moderne Führung. München 1969.

Wolf, W.: Die Welt der Ägypter. Stuttgart 1955.

Wolf, W.: Die Kunst Ägyptens. Stuttgart 1957.

Wußing, H. und W. Arnold: Biographien bedeutender Mathematiker. Köln 1978.

Zacher, H.: Die Hauptschriften zur Dyadik von G. W. Leibniz. Frankfurt/M. 1973.

Zahn, F.: Die amtliche Statistik und der Krieg. Jena 1916.

Zur Megede, W.: Am Wege zur Automation. Antiker Traum – moderne Wirklichkeit. Berlin/München 1974.

Zuse, K.: Der Computer mein Lebenswerk. München 1970.

2. Zeitschriften

ACM SIGPLAN Not. New York, USA.

AFIPS conference proceedings. Baltimore, USA.

Allgemeines Statistisches Archiv, München.

Annals of the History of Computing. Arlington, USA.

The Computer Journal. London, England.

Computing Surveys. Baltimore, USA.

Datamation. Barrington, USA.

Der Spiegel. Hamburg.

Diebold-Statistik. Frankfurt/M.

Die Lochkarte. Frankfurt/M.

Electronics. New York, USA.

Elektronische Rechenanlagen, München.

Fortune. Chicago, USA.

Frankfurter Rundschau. Frankfurt/M.

Hollerith-Mitteilungen. Berlin-Lichterfelde (bis 1931).

Hollerith-Nachrichten. Berlin-Lichterfelde (ab 1931).

IBM-Journal of Research and Development. New York, USA.

IBM-Nachrichten. Sindelfingen.

IEEE transactions on military electronics. New York, USA.

Journal of the ACM. Baltimore, USA.

Konkret. Sonderheft: Atomkrieg. Hamburg.

National Bureau of Standards Circular. Washington D. C, USA.

Newsweek. New York, USA.

NTZ, Nachrichtentechnische Zeitschrift. Berlin.

Operations Research. Baltimore, USA.

Operations Research. New York, USA.
Stern. Hamburg.
Transatlantik. München.
US Naval Research. Annapolis, USA.

Wechselwirkung. Berlin.
Zeitschrift für ägyptische Sprache und Altertumskunde. Leipzig.
Zeitschrift des Vereins Deutscher Ingenieure. Berlin.

Personen- und Sachregister

Bildquellen

1 Foto von L. G. Freeman aus: Die Cambridge Enzyklopädie der Archäologie (Hrsg. A. Sherratt). München, Christian Verlag 1980. Abb. 11, S. 76

2 Foto eines Wolfknochens mit Zahlkerben, gefunden bei Kaschau, Tschechoslowakei – ca. 3000 v. Chr. Aus: K. Absolon: The worlds earliest portrait – 3000 years old. In: Illustrated London News. London 1937 (2. Oktober)

3 Schminkpalette des Königs Narmer (Schiefer, Vorderseite) – 1. Dynastie, um 2750 v. Chr. Original im Egyptian National Museum, Kairo. Foto (H. Brugsch) aus J. Pirenne: Histoire de la civilisation de l'Egypte ancienne, Bd. 1. Neuchatel, Edition de la Baconnière 1961. Abb. 6 (nach S. 28)

4 Zeichnung nach einem Relief auf der Keule des Königs Narmer – 1. Dynastie, um 2750 v. Chr. (Original im Ashmolean Museum, Oxford). Aus W. Wolf: Die Kunst Ägyptens. Gestalt und Geschichte. Stuttgart, W. Kohlhammer Verlag 1957. Abb. 55, S. 92

5 Malerei auf Stuck aus dem Grab von Djeserkere-sonb, Theben, Ägypten – um 1415 v. Chr. Foto aus W. Wreszinski: Atlas zur altägyptischen Kulturgeschichte, Bd. 1, 1. Leipzig 1923. Taf. 11

6 Reste eines Reliefs aus dem Grab des Mereku-ka in Sakkara – etwa 2400 v. Chr. Foto aus W. Wreszinski: Atlas zur altägyptischen Kulturgeschichte, Bd. 3 – Gräber des Alten Reiches (unter Mitwirkung von H. Grapow, bearbeitet von H. Schäfer). Leipzig 1936. Taf. 68 A (Ausschnitt)

7 Zeichnung nach Papyrus Boulaq XVIII, 31 (18. Jh. v. Chr.) aus A. H. Gardiner: Egyptian grammar. Being an introduction to the study of hieroglyphs. Oxford 1927. S. 201

8 Holztafel (Wandkleidung) aus dem Grab Hesirê bei Sakkara – um 2650 v. Chr. Original im Egyptian National Museum, Kairo. Foto des Museums

9 Tafel aus K. Manninger: Zahlwort und Ziffer. Eine Kulturgeschichte der Zahl, Bd. 1 (Zahlreihe und Zahlsprache). Göttingen, Vandenhoeck & Ruprecht 1957. S. 53

10 Multiplikationsbeispiel nach Papyrus Rhind (gefunden wahrscheinlich bei Theben) – nach 1800 v. Chr. Aus B. L. van der Waerden: Erwachende Wissenschaft, Bd. 1 (Ägyptische, babylonische und griechische Mathematik). Basel, Stuttgart, Birkhäuser Verlag 1956. S. 29

11 Inschrift auf der Rostra-Säule, aufgestellt auf dem Forum Romanum 260 v. Chr, heute im Palazzo dei Conservatori, Rom. Foto aus K. Menninger: Zahlwort und Ziffer. Eine Kulturgeschichte der Zahl, Bd. 1 (Zahlreihe und Zahlsprache). Göttingen, Vandenhoeck & Ruprecht 1957. S. 54

12 Zeichnungen aus K. Menninger: Zahlwort und Ziffer. Eine Kulturgeschichte der Zahl, Bd. 2 (Zahlschrift und Rechnen). Göttingen, Vandenhoeck & Ruprecht 1958. S. 270/271

13 Rechentafel aus weißem Marmor – wahrscheinlich 4. Jh. v. Chr., gefunden auf der Insel Salamis, heute im National Archaeological Museum Athen (Foto des Museums) und Rechenbeispiel (Tafel nach Entwurf der Autoren)

14 Rechenbeispiel – Tafel nach Entwurf der Autoren

15 Römisches Relief – 2. Jh. n. Chr. Staatliche Skulptursammlungen, Dresden. Foto aus O. D. Potthoff: Illustrierte Geschichte des deutschen Fleischer-Handwerks vom 12. Jahrhundert bis zur Gegenwart. Berlin o. J., S. 11

16 Holzschnitt aus A. Ries: Rechnung auff den Linihen und Federn, auff allerley handthierung gemacht ... Erfurt 1533 (Drucker Melchior Sachse). Titelblatt

17 Kupferstich von Herisset nach Zeichnung von M. Gallon aus: Machines et inventions approuvées par l'Académie royal des sciences ... (Hrsg. M. Gallon), Bd. 4, Paris 1735, Nr. 262 (aus dem Jahr 1725), Bl. 1, bei S. 140

18 Kupferstich von Bénard aus: L'Encyclopédie – Recueil de planches sur les sciences, les arts libéraux et les arts méchaniques, Bd. 5. Paris 1767. Algèbre et arithmétique, Bl. 2

19 Nachbildung der Rechenmaschine von G. W. Leibniz – gebaut in den zwanziger Jahren u. Jh.s bei Grimme u. Co. A. G. Braunschweig (Original – 1694, in der Nachlaßsammlung der Niedersächsischen Landesbibliothek Hannover). Aus den Sammlungen des Deutschen Museums; Fachgebiet: Datenverarbeitung; Bereich: Mechanische Rechenmaschinen. Foto: Deutsches Museum München, Bildstelle

20 Rechenmaschine Arithmomèter von Chr. Thomas aus Colmar – 1818. Aus den Sammlungen des Deutschen Museums; Fachgebiet: Datenverarbeitung; Bereich: Mechanische Rechenmaschinen. Foto: Deutsches Museum München, Bildstelle

21 Foto von Antoine Claudet – um 1850. National Portrait Gallery, London

22 Analytical engine – entworfen 1833 von Ch. Babbage, weitergebaut 1880/1910 von H. P. Babbage. Additions- und Druckwerk (a) und Lochkarte (b). Science Museum London. Foto des Museums

23 Ölgemälde von Margaret Carpenter – um 1835. National Physical Laboratory, London

24 Tafel aus: Festschrift zur 25-Jahr-Feier der Deutschen Hollerith Maschinen Gesellschaft. Berlin-Lichterfelde 1935. Abb. 2 u. 3, S. 53

25 Zeichnung nach: Erfindung und Entwicklung der Hollerith Lochkarten-Maschinen. Berlin, Deutsche Hollerith Maschinen Gesellschaft m. b. H., o. J. Abb. 3, S. 5

26 Zeichnung nach: Patentschrift Nr. 49593. Berlin, Kaiserliches Patentamt, Klasse 42, Instrumente – 16. 11. 1899. Bl. 2, Fig. 6

27 Kollage von Ludvik Vesely unter Verwendung der Zeichnung von R. Lipus aus: Illustrirte Zeitung, Bd. 148. Leipzig, Berlin, Wien, Budapest, New York 1917. Nr. 3840 – Kriegsnummer 131, S. 149

28 Werbeplakat der Deutschen Hollerith Maschinen Gesellschaft – um 1920. Zentrale Bildstelle IBM Deutschland GmbH, Stuttgart

29 Foto – 1933. Zentrale Bildstelle IBM Deutschland GmbH, Stuttgart

30 Werbeplakat der Deutschen Hollerith Maschinen Gesellschaft – um 1930. Zentrale Bildstelle IBM Deutschland GmbH, Stuttgart

31 a) Lochkarte System Hollerith – 1910 (Volkszählung in Württemberg). Aus: E. Aikele: 1890–1965. 75 Jahre Lochkarten. In: IBM Nachrichten, Jg. 15. Stuttgart, IBM Deutschland 1965, Hf. 175, S. 2843

b) Lochkarte System Hollerith – 1933 (Volks- und Berufszählung in Deutschland). Aus Biehler: Lochkartenmaschinen im Dienste der Reichsstatistik. In: Allgemeines statistisches Archiv, Bd. 28. Jena 1938, Hf. 2, Abb. 1, S. 91
c) Lochkarte System IBM – 1961 (Volks- und Berufszählung in der Bundesrepublik). Zentrale Bildstelle IBM Deutschland GmbH, Stuttgart

32 Konrad Zuse – Foto 1941. Siemens Museum München

33 Z1 – Foto 1938. Siemens Museum München

34 Alan M. Turing – Foto 1947. Aus S. Turing: Alan M. Turing Cambridge 1959. S. 83

35 Verschlüsselungsmaschine ENIGMA – Foto 1941. Bilderdienst Süddeutscher Verlag München

36 Tafel nach Entwurf der Autoren

37 Tafel nach Entwurf der Autoren

38 Britischer Röhrenrechner COLOSSUS (hergestellt im Department of Communications of the British Foreign Office) – Foto um 1943. Aus B. Randell: The COLOSSUS. In: A history of computing in the twentieth century. A collection of essays (Hrsg. N. Metropolis, J. Howlett u. G.-C. Rota). New York, London, Toronto, Sydney, San Francisco, Academic Press 1980. Abb. 3, S. 50

39 Tafel aus K. Steinbuch: Automat und Mensch. Über menschliche und maschinelle Intelligenz. Berlin, Göttingen, Heidelberg, Springer-Verlag 1961. S. 82

40 Speicherprogrammierter Rechenautomat HARVARD MARK I (geplant von H. H. Aiken 1937, gebaut von IBM und Computation Laboratory der Harvard University USA 1939/1944). Foto: Zentrale Bildstelle IBM Deutschland GmbH, Stuttgart

41 Rechenautomat in Röhrentechnik ENIAC (entworfen von J. W. Mauchly und J. P. Eckert, gebaut 1943–146 an der Moore School of electrical engineering der Universität Pennsylvania, USA). Foto: Siemens Museum München

42 Foto: Remington Rand GmbH, Abteilung Univac, Frankfurt a. M.

43 Tafel nach J. von Neumann: First draft of a report on the EDVAC. Philadelphia 1945

44 Foto von A. W. Rickards (1952) aus H. H. Goldstine: The computer from Pascal to von Neumann. Princeton, Princeton University Press 1973

45 Amerikanisches Luftraumüberwachungssystem, gestützt auf Rechenautomaten in Röhrentechnik WHIRLWIND (gebaut von Digital computer laboratory am Massachusetts Institute of Technology, Cambridge, USA, 1947/1950). Foto aus R. R. Everett: Whirlwind. In: A history of computing in the twentieth century. A collection of essays (Hrsg. N. Metropolis, J. Howlett u. G.-C. Rota). New York, London, Toronto, Sydney, San Francisco, Academic Press 1980, Abb. 12, S. 378

46 Tafel nach Entwurf der Autoren

47 Erster Computer der Univacreihe – UNIVAC I (gebaut von Eckert-Mauchly Computer Corp., später von Division of Remington Rand Inc. Philadelphia, USA 1949/1951). Foto: Remington Rand GmbH, Abteilung Univac, Frankfurt a. M.

48 Foto und Zeichnung der Magnettrommel aus J. P. Eckert: A survey of digital computer memory system. In: Proceeding of I. R. E., Bd. 41. New York, The Institute of

Radio Engineers Inc. 1953. Nr. 10, S. 1401

49 Electronic Data Processing Machine IBM-701 (gebaut von I. B. M. 1952–53). Foto: Zentrale Bildstelle IBM Deutschland GmbH, Stuttgart

50 Zeichnungen von K. Ernsberger aus Th. Lutz u. V. Hauff: Programmfibel. Eine verständliche Einführung in das Programmieren digitaler Rechenautomaten. Stuttgart, Franckh'sche Verlagshandlung, W. Keller & Co. 1969. Abb. 1.4.3 u. 1.4.4, S. 43

51 J. W. Forrester mit seiner Matrice (entwickelt 1953 und in WHIRLWIND I eingebaut). Foto aus W. de Beauclair: Rechnen mit Maschinen. Eine Bildgeschichte der Rechentechnik. Braunschweig, Fried. Vieweg & Sohn 1968. Abb. 117/8.3.6.1, S. 251

52 Foto aus K. C. Redmond & Th. M. Smith: Project Whirlwind. The history of a pioneer computer. Bedford, Digital Equipment Corporation 1980. S. 208

53 Tafel nach Entwurf der Autoren

54 Flußdiagramm aus Hannemanns Lehrbuch über Microcomputertechnik

55 Beispiel eines Computertextes in FORTRAN IV-Programm. Autoren des Buches

56 Magnetplattenspeicher der Simultanabrechnungs-Anlage IBM 305 RAMAC (Random Access Memory Accounting) – 1956. Foto: Zentrale Bildstelle IBM Deutschland GmbH. Stuttgart

57 Transistorierte Computer ATLAS ICBM GUIDANCE (hergestellt von Borroughs Corporation. Electro Data Division, Detroit, USA – 1957). Heute in Smithsonian Institution, Washington. Foto des Instituts

58 Tafel nach Entwurf der Autoren

59 Tafel aus A. Lewicki: Einführung in die Mikroelektronik. München u. Wien, R. Oldenbourg Verlag 1966. Abb. A2-2, S. 24

60 Mikroelemente und Mikromodul. Foto: US Army electronics Command / RCA

61 Zeichnung aus der amerikanischen Patentschrift Nr. 2.981.877 vom 30. 7. 1959 (Integrierte Halbleiter-Hybridschaltung in Planardiffusionstechnik von Robert N. Noyce)

62 Foto von Stan Augarten aus seinem Buch: State of the art. A photography history of the integrated circuit. New Haven und New York, Ticknor & Fields 1983. S. 11

63 Mikroelektronischer Bordrechner D 37B (gebaut von Autonetics, Tochtergesellschaft von North American Aviation). Foto aus A. Lewicki: Einführung in die Mikroelektronik. München u. Wien, R. Oldenbourg Verlag 1966. Abb. D 3.2-2, S. 429

64 Solid Logic Technology (SLT) der IBM und Vergleich der fertigen Schaltung mit einer Briefmarke. Foto: Zentrale Bildstelle IBM Deutschland GmbH, Stuttgart

65 Foto von Stan Augarten aus seinem Buch: State of the art. A photography history of the integrated circuit. New Haven und New York, Ticknor & Fields 1983. S. 27

66 Foto von Stan Augarten aus seinem Buch: State of the art. A photography history of the integrated circuit. New Haven und New York, Ticknor & Fields 1983. S. 31

67 Personal Computer APPLE II – 1975. Foto: Apple Computer GmbH, München

68 Tafel aus U. Rembold: Prozeß- und Mikrorechensysteme. Planung und Implementierung. München u.

250

Wien, R. Oldenbourg Verlag 1979, Abb. 2.4, S. 26

69 Tafel aus H. J. Schneider: Problemorientierte Programmiersprachen. Stuttgart, Teubner Verlag 1981. S. 18

70 Foto (1943) aus L. Peillard: Die Schlacht im Atlantik. Paris 1974, S. 320

71 Tafel nach Entwurf der Autoren

72 Karte nach Entwurf der Autoren

73 SEAC (Standards Electronic Automatic Computer, gebaut von Electronic Computer Laboratory, National Bureau of Standards, Washington 1948/1950). Foto aus W. de Beauclair: Rechnen mit Maschinen. Eine Bildgeschichte der Rechentechnik. Braunschweig, Fried. Vieweg & Sohn 1968. Abb. 19/6.1, S. 121

74 JOHNNIAC – Computer für Operations Research (gebaut von Electronic Research Association, Division der Remington Rand Corporation – 1953). Foto: Rand Corporation and Telemeter Magnetics Inc., Santa Monica, Californien

75 Zeichnung nach L. J. Craig: Information system organization for tactical command and control. In: IEEE Transactions on military electronics, Bd. 9. New York, The Institute of electrical and electronics engineers, Inc. 1965. Nr. 2, S. 92

76 Groß-Radarstation des amerikanischen Frühwarnsystems (DEW) in Alert, Alaska. Foto: Bilderdienst Süddeutscher Verlag München

77 Luftaufnahme vom Pentagon in Washington. Foto: Bilderdienst Süddeutscher Verlag München

78 Tafeln der Autoren

79 Tafel aus A. Wilson: Strategie und moderne Führung. München, List Verlag 1969. Abb. 4, S. 134

80 Tafel aus A. Wilson: Strategie und moderne Führung. München, List Verlag 1969. Abb. 6, S. 172/173

81 Foto – 1967. Bilderdienst Süddeutscher Verlag München

82 Tafel aus J. Friedrich: Soziale Auswirkungen von Personalinformationssystemen im Betrieb. In: Verdatet, verdrahtet, verkauft – AK Rationalisierung. Bonn u. Stuttgart, Alektor Verlag 1982

83 Tafel aus J. Friedrich: Soziale Auswirkungen von Personalinformationssystemen im Betrieb. In: Verdatet, verdrahtet, verkauft – AK Rationalisierung. Bonn u. Stuttgart, Alektor Verlag 1982

84 Foto (1981) aus der Stern-Serie: Bürger im Würgegriff der Computer

85 Titelseite des Flugblattes: Informationen, Argumente. Für die Belegschaft des Standortes Siemens München–H. Herausgegeben von IG-Metall-Betriebsratsmitgliedern und dem IG-Metall-Vertrauenskörper. Nr. 3, 1977

86 Tafel aus: online. Journal für Informationsverarbeitung, Jg. 20. Köln, Verlagsgesellschaft R. Müller GmbH 1982, Hf. 1

87 Foto (1983) aus N. Hardmann: Überwachung total. Der neue Personalausweis. Göttingen, Verlag Die Werkstatt 1983. S. 39

88 Tafel aus: online. Journal für Informationsverarbeitung, Jg. 20. Köln, Verlagsgesellschaft R. Müller GmbH 1982, Hf. 1

89 Zeichnung aus H. F. W. Schramm: Fernschreib- und Datenverkehr im integrierten Sondernetz. In: online. Journal für Informationsverarbeitung, Jg. 20 Köln, Verlagsgesellschaft R. Müller GmbH 1982, Hf. 7, S. 59

90 Tafel aus N. Hardmann: Überwachung total. Der neue Personalausweis. Göttingen, Verlag Die Werkstatt 1983. S. 39

91 Foto: Bilderdienst Süddeutscher Verlag München
92 Foto (1983): Bilderdienst Süddeutscher Verlag München
93 Tafel aus der Informationsbroschüre der Evangelischen Studentengemeinde München zur Volkszählung 1983
94 Zählkarte aus der österreichischen Patentschrift Nr. 463 182 (20. 9. 1895) von Otto Schäffler. Fig. 1

Tabellen

1 Nach S. Melman: Pentagon Capitalism. New York 1970. S. 77/78
2 Nach Angaben in M. Weik: A second survey domestic electronic digital computing systems (1957) und A third survey domestic electronic digital computing systems (1961); weiter in: A history of computing in the twentieth century, Hrsg. Metropolis, Howlett, Rota (1980); und in: Annals of the History of Computing, Bd. 5 (1983)
3 Nach Angaben in W. de Beauclair: Rechnen mit Maschinen. Eine Bildgeschichte der Rechentechnik (1968), S. 20
4 Nach Angaben in M. Weik: A third survey of domestic electronic digital computing systems (1961)
5 Nach Angaben von J. von Neumann und Stanislaw M. Ulam

Deutsches Museum

Kultur-
geschichte
der
Natur-
wissenschaften
und der
Technik

C 2061/3

Deutsches Museum

Kultur-
geschichte
der
Natur-
wissenschaften
und der
Technik

C 2061/3 a